인재 확보 전략

HARVARD BUSINESS REVIEW ON FINDING AND KEEPING THE BEST PEOPLE

Original work copyright ⓒ 1994, 2000, 2001
Harvard Business School Publishing Corporation
All rights reserved.

Korean translation copyright ⓒ 2009 by Book21 Publishing Group

This Korean edition is published by arrangement with
Harvard Business School Press, Boston through KCC, Seoul.

이 책의 한국어판 저작권은 한국저작권센터(KCC)를 통한
저작권자와의 독점 계약으로 (주)북이십일에 있습니다.
저작권법에 의해 한국 내에서 보호를 받는 저작물이므로 무단전재와 무단복제를 금합니다.

인재 확보 전략

최고 인재를 고용하고 유지하는 방법

로버트 워터맨 외 지음
이상욱 옮김

| 발간사 |

시대를 뛰어넘는 현대경영학의 진수

　지금으로부터 100년 전인 1908년은 경영의 역사에서 상당히 의미 있는 해라고 볼 수 있다. 한때 세계 최고의 기업이었지만 지금은 파산 위기에 몰린 미국 자동차 회사 GM이 설립된 해가 1908년이며, 그보다 5년 앞서 설립된 포드가 본격적으로 조립식 생산방식을 도입해 '모델 T'라고 불리는 자동차를 생산하기 시작한 해도 1908년이다. 그러나 무엇보다 주목해야 할 것은 전 세계 경영학 교육의 메카라 불리는 '하버드 비즈니스 스쿨'이 1908년에 설립되었다는 점이다. 물론 최초의 경영학 교육기관은 1881년 설립된 펜실베이니아 대학의 와튼 스쿨이다. 그럼에도 불구하고 우리가 하버드 비즈니스 스쿨에 주목하는 것은 이 대학이 경영학 교육은 물론 실제 기업 경영에 미친 지대한 공헌 때문일 것이다.

실사구시의 전통

　공교롭게도 하버드 비즈니스 스쿨의 시작은 경영학의 출발을 알리는 신호탄이었다. 1636년 설립된, 미국에서 가장 오래된 대학 중 하나였던 하버드가 본격적으로 경영학 교육에 뛰어들었다는 상징성 외에도, 하버드 비즈니스 스쿨은 경영학 교육의 정체성을 확립하는 데 결정적인 역할을 했기 때문이다. 경영학의 역사에서 해묵은 논쟁 중의 하나는 학문의 정체성을 둘러싼 논란이다. '경영학은 과연 과학인가 아니면 기술인가?'

사실 기업의 역사는 경영학의 역사보다 훨씬 길다. 굳이 기업의 역사를 들먹이지 않더라도 화학 산업의 선두주자인 듀폰이 1802년에 설립되었으며, 석유 산업의 원조인 '스탠다드 오일'과 유통 산업의 개척자인 '시어스'는 1870년과 1886년에 이미 설립되었다. 따라서 경영학이 존재하지 않던 시절에도 기업은 경영자에 의해 운영되고 있었다. 그러나 듀폰의 설립으로부터 100년이 훨씬 지난 1911년 프레데릭 테일러라는 한 경영자에 의해 경영학은 과학이라고 하는 역사적인 출발을 알리게 되었다.

미드베일과 베들레헴 철강회사의 엔지니어였던 테일러는 생산 현장에서 쌓았던 자신의 경험과 연구 성과들을 정리해서 1911년에 『과학적 관리법의 원리The principles of scientific management』라는 책을 출간하였다. 이 책이 바로 후대 경영학자들에 의해 테일러가 경영학의 아버지로 칭송되는 결정적인 근거가 되었다. 한 가지 재미있는 사실은 그가 하버드 대학에 합격하고도 시력 악화로 진학을 포기하고 경영자의 길을 걸었다는 점이다. 아무튼 이 책에서 그는 작업에 소요되는 시간과 작업자의 동작에 대한 연구를 통해 하루의 공정한 작업량을 측정하고 이에 근거해서 근로자들을 관리하였다. 즉, 단순한 감이나 오랜 경험과 같은 주먹구구식 방법이 아니라, 과학적 지식을 이용해서 기업 현장의 생산성을 향상시킬 수 있다는 점을 최초로 실증하였던 셈이다.

이로부터 개발된 경영학적 지식들이야말로 바로 이러한 테일러의 사상에 기반을 두고, 과학적인 연구결과와 방법론들을 통해 기업 경영의 효율성을 제고시키는 역할을 해왔다. 이처럼 경영학은 과학적인 지식을 활용해서 기업 현실의 문제를 풀어간다는 의미에서 과학이면서 동시에 기술이라는 양면성을 갖고 있다고 봐야 한다. 하지만 하버드 비즈니스 스쿨이야말로 경영자들이 당면한 기업 현실의 문제를 해결하기 위한 과학적 지식과 방법을 연구하고 전파시키는 경영학 교육 본연의 모습, 즉 원형을 창조하고 발전시킨 기관이라고 할 수 있다. 하버드 비즈니스 스쿨이 경영학 교육에 끼친 지대한 영향은 크게 다음 3가지로 요약할 수 있다. 기업 사례의 개발과 활용, MBA 교육의 시작, 『하버드 비즈니스 리뷰』의 발간 등이다.

기업 사례란 경영자들이 직면한 실제의 경영상황을 설명해주는 자료로, 학생들이 특정 기업이 처해 있는 실제적인 상황을 분석하고 토론하여 최종적인 의사결정을 해봄으로써 경영자들이 실제 경영에서 얻은 것과 유사한 경험을 갖게 하는 데 목적이 있다. 수업 시간에 주어진 사례를 분석하고 토론하는 과정에서 학생들은 단순한 강의로는 얻을 수 없는 경영의 지혜를 스스로 터득할 수 있다. 사실 사례는 오래전부터 의학이나 법학 분야에서 교육목적으로 널리 활용되어왔다. 병원에 있는 실제 환자의 사례 혹은 법정에서의 판례는 실제 의사나 판·검사, 변호사가 되기 이전에 학생들에게 충분한 교육과 연습으로서의 가치를 지닌 교육 자료이자 방법이었다.

하버드 비즈니스 스쿨은 경영학 최초로 1910년부터 강의 외에 학생들에게 토론의 기회를 주는 사례교육을 도입하였다. 뿐만 아니라 기업의 경영자들이 학교에 초빙되어 기업이 당면하고 있는 문제점을 제시하고, 이러한 문제점에 대해 학생들과 토론하는 수업이 진행되었다. 하버드 비즈니스 스쿨에 의해 시작된 사례교육 방법은 경영에 관한 일반적 지식을 다양한 현실에 적용시킬 수 있는 능력을 배양하는 효과적인 방법이었다. 강의식 교육이 교수의 주도적 역할에 의해 일반적인 지식을 학생에게 전수시키는 것이라면, 사례교육 방법은 학생의 적극적 참여에 의해 스스로 깨우치는 것에 초점을 두는 방법이라 할 것이다.

게다가 사례는 허구의 이야기가 아니라 생생한 기업 현장의 스토리였다. 강의실에서 가르치는 지식이 주로 보편적이고 일반적인 지식인 데 반해, 실제 경영 현상은 매우 다양하고 복잡했기 때문에 사례는 이러한 이론과 현실 간의 차이를 메워줄 수 있는 효과적인 수단이었던 셈이다. 지금도 하버드 비즈니스 스쿨은 경영학 모든 분야의 교육용 사례를 개발해서 배포하는 선두 기관으로 자리매김하고 있다. 과학적 지식뿐만 아니라 활발한 사례 개발과 교육을 통해 하버드 비즈니스 스쿨은 실사구시의 학풍을 확고히 정립할 수 있었다.

『하버드 비즈니스 리뷰』의 발간

1921년 하버드 비즈니스 스쿨이 최초로 경영자를 육성하는 MBA 교육을 시작할 무렵, 경영학계에는 2가지 의미 있는 일이 시작되었다. 첫 번째로 당시 신임 돈햄Donham 학장의 전폭적인 후원하에, 앞서 설명한 사례교육이 경영학 교육과정에 확고히 자리 잡기 시작했다. 법학자였던 돈햄 학장은 이미 사례교육에 익숙했고, 경영학에서도 사례교육이 중요하다는 확신을 갖고 사례교육 방법을 전 교과과정에서 채택하도록 노력했다. 이후 사례교육은 미국의 각 대학으로 번져나갔다.

두 번째로 『하버드 비즈니스 리뷰』라는 경영 학술지가 1922년부터 발간되기 시작했다. 『하버드 비즈니스 리뷰』는 여타 학술지와 다른 독특한 특성을 갖고 있었는데, 이는 하버드 비즈니스 스쿨의 실사구시 학풍과도 밀접한 관계가 있었다. 우선 『하버드 비즈니스 리뷰』는 일반적인 학술지와는 달리 철저하게 경영자를 위한 학술지였다. 통상 학술지라고 하면 학자들이 까다로운 기준에 맞춰 연구한 내용을 발표하기 때문에 일반 경영자들보다는 학자나 박사과정 학생들이 즐겨보는 것이 현실이다. 물론 엄밀한 과학성을 추구하는 것은 학술지로서 갖추어야 할 중요한 요건이지만, 학술지들이 너무 지나친 자기검열 기준에 따라 경영학 지식을 다루다보니 경영자들이 쉽게 읽고 이해하는 것이 어렵게 되어버렸다.

하지만 『하버드 비즈니스 리뷰』는 거의 유일하게 창간 이후 지금까지 독창적이면서 혁신적인 경영 아이디어를 다루면서도 결코 경영자들을 실망시키지 않는 풍부한 시사점을 갖춘 경영의 주제들을 담고 있다. 엄격한 학문적인 기준에서는 『하버드 비즈니스 리뷰』는 학술지가 아니라 경영 잡지에 불과하다는 혹독한 비판도 있지만, 기업계는 물론 학계나 기타 컨설팅 업계에서도 『하버드 비즈니스 리뷰』를 인정하는 것은 시대를 관통하는 촌철살인의 문제의식과 독창적인 아이디어를 담고 있기 때문이다. 이제 막 100년을 넘긴 경영학의 역사에서 한 시대를 대표하는 핵심적인 이론과 개념들이 『하버드 비즈니스 리뷰』를 통해 발표되었다는 것은 주목할 만한 일이다.

예컨대 마이클 포터의 산업구조분석5 forces model, 게리 하멜의 핵심역량core competence, 마이크 해머의 리엔지니어링reengineering, 로버트 캐플란의 균형성과표balanced scorecard 등 경영학의 역사에서 하나의 변곡점을 만들어낸 주요 개념과 이론들이 『하버드 비즈니스 리뷰』를 통해 소개되었다. 뿐만 아니라 20세기 초의 GM, 포드, 듀폰, 코닥, P&G는 물론 20세기 후반 GE, IBM, 인텔, 마이크로소프트, 애플, 구글 등 수많은 성공 기업의 사례도 이 학술지를 통해 전 세계적으로 널리 알려지게 되었다. 어디 그뿐인가? 우리는 『하버드 비즈니스 리뷰』를 통해 피터 드러커, 테오도르 레빗, 로자베스 모스 캔터, C. K. 프라할라드, 잭 웰치, 마이클 델 등 세계적인 석학이나 성공한 경영자의 사상과 경험들을 접할 수도 있다. 전 세계적으로 유명한 학자나 성공한 기업가, 똑똑한 컨설턴트들이 자신의 원고를 『하버드 비즈니스 리뷰』에 게재하고 싶어 안달인 것은 그만큼 이 학술지가 업계에 미치는 엄청난 영향력을 잘 알고 있기 때문이다.

그 동안 『하버드 비즈니스 리뷰』는 시대를 앞선 트렌드와 시대를 넘어서는 고전이라는 두 마리 토끼를 동시에 잡아왔다. 이 학술지에 실린 글들 중 상당수는 당시의 트랜드를 잘 반영하고 있지만, 그렇다고 해서 이 글들이 일시적인 유행에만 머문 것이 아니라 시대를 관통하는 경영학의 고전들이 되었다. 마이클 포터의 산업구조분석에 대한 연구가 없었다면 경영자들은 아직도 산업 내에서 벌어지는 기업 간 경쟁에 대해서 체계적으로 대응할 수 없었을 것이다. 마이크 해머의 리엔지니어링 개념이 소개되지 않았다면, 아마도 많은 경영자들이 기업 내 다양한 프로세스의 중요성을 인식하지 못했을 것이고, 여전히 고객들은 다양한 부서들의 틈바구니에서 불편함을 겪었을 것이다. 또한 로버트 캐플란이 균형성과표를 소개하지 않았다면, 경영자들은 아직도 단기적인 재무 성과지표들에만 집착한 나머지 장기적인 관점에서 기업의 성과에 영향을 미치는 고객이나 내부 프로세스, 종업원 등에 대한 성과 측정과 개선이 이루어지지 않았을 것이다.

현대 경영학의 결정판

이런 관점에서 이번에 21세기북스에서 발간되는 '하버드 비즈니스 클래식'은 지난 100년간 발전되어온 현대 경영학의 진수를 제대로 살펴볼 수 있는 좋은 기회라고 생각된다. 1990년대 말부터 『하버드 비즈니스 리뷰』에서는 학술지에 실렸던 우수한 논문이나 기고문 중에서 시대를 넘어서는 글들을 엄선해서 주제별 단행본을 출간하고 있다. 예컨대 변화관리, 리더십, 브랜드 관리, 윤리 경영 등 다양한 주제별로 『하버드 비즈니스 리뷰』에 발표되었던 주옥같은 글들을 묶어서 정리하는 방식이다. 즉, 시대별로 발간되는 『하버드 비즈니스 리뷰』를 주제별로 묶어서 재발간하는 셈이다. 이 단행본들을 이번에 21세기북스에서 '하버드 비즈니스 클래식'이라는 제목으로 소개하게 된 것이다.

하버드 비즈니스 클래식은 다음과 같은 3가지 측면에서 경영자들이나 학생들에게 큰 도움을 줄 수 있다고 생각한다. 첫째, 다양성이다. 각각의 단행본들이 다루고 있는 주제들에 대한 다양한 시각을 살펴볼 수 있다. 굉장히 복잡한 경영의 이슈들을 하나의 이론이나 주장으로 이해한다는 것은 애초부터 불가능한 일이었을 것이다. 예컨대 기업의 영원한 숙제인 '성장 전략'만 하더라도 한두 개의 이론이나 사례로 해결할 수 있는 이슈가 아니다. 기업이 성장하기 위해서는 기존 사업을 혁신시킬 수도 있고, 다른 기업을 인수합병할 수도 있다. 마찬가지로 신규 사업으로 다각화할 수도 있고 파트너들과의 전략적 제휴를 활용할 수도 있다. 하버드 비즈니스 클래식은 성장 전략에 대해 유일무이한 하나의 해답을 제공하려고 애쓰지 않고, 각기 다른 시각에서 연구되어온 다양한 시각을 제공한다. 그리고 마치 토론을 통해 스스로 해답을 찾아가는 사례교육 방법처럼, 다양한 시각을 담은 글 속에서 독자들 스스로 깨달음을 얻도록 유도하고 있다.

둘째, 연계성이다. 각 단행본들이 담고 있는 글들은 다루는 주제에 대한 다양한 시각을 담고 있지만, 이 글들이 따로 노는 것이 아니라 하나의 주제에 맞게 서로 연결된다는 점이다. 예컨대 '변화관리'의 경우 총 8개의 논문으로 구성되어 있는데, 첫 번째 논문이 변화의 8단계를 설명했다면, 다른 논문은 경영자들이 8단계 모델에 따라 변화를 주도할 때 고려해야 하는 비전, 리더십, 저항, 프로그램 등의 주제를 각기 다루고 있다. 따라서 독자들은 성공적인 변화관리를 위한 다양한 주제들을 읽으면서도, 이들 서로 다른 논문들을 통해 변화관리를 성공하기 위한 공통점이나 보완점들을 발견할 수 있다. 다양한 논문들은 각기 다른 시각을 제공하지만, 이들 관점들이 하나의 체계를 갖추고 있기 때문에 독자들이 일독을 끝냈을 무렵에는 머릿속에 주제와 관련된 큰 그림이 그려지는 셈이다.

셋째, 실용성이다. 책에 담긴 논문들은 연구를 위한 연구, 소수 학자들을 위한 현학적 수사를 배제한 철저하게 실무적인 이슈와 시사점들을 다루고 있다. 이미 언급한 것처럼 『하버드 비즈니스 리뷰』는 창간 때부터 경영자를 위한 학술지라는 독특한 위치를 고수했다. 아무리 이론이 훌륭하더라도 실제 기업 경영에 대한 시사점이 부족하고 경영자들이 이해하기 힘든 개념이나 숫자들로 채워져 있다면 결코 『하버드 비즈니스 리뷰』에 소개되기 어렵다. 따라서 『하버드 비즈니스 리뷰』에 실린 글들은 저마다 다양한 주제를 다루고 있지만, 실제 기업 경영에 미치는 영향력이라는 공통적인 잣대를 기준으로 평가되고 있다. 경영자들에게 큰 영향력을 미친 논문이 우수한 논문인 셈이다. 예컨대 마케팅에 관한 책을 보면 브랜드, 가격전쟁, 웹 마케팅, 마케팅 실험 등 철저하게 기업의 성과와 직결되는 실천적인 마케팅 주제들을 다루고 있다.

최근에도 기업을 둘러싼 환경은 끊임없이 변하고 있다. 따라서 기업 경영을 주제로 다루고 있는 경영학도 예외는 아닐 것이다. 20세기 기업 경영에 도움이 되었던 경영학의 제반 지식이 21세기에도 그대로 적용되리라는 보장은 없다. 그러나 온고이지신이라고 했던가? 전통적인 것이나 새로운 것 어느 한쪽에만 치우치지 않아야 한다는 논어의 가르침처럼, 21세기를 위한 새로운 경영을 만들어나감에 있어 20세기 경영학의 핵심이라고 할 수 있는 하버드 비즈니스 클래식에 담긴 주옥같은 글들은 분명 독자들에게 결정적인 도움이 될 것이다.

이동현
〈하버드비즈니스클래식〉 기획위원
가톨릭대학교 경영학부 교수

| 저자 소개 |

로버트 워터맨 Robert H. Waterman, Jr. 은 『초우량 기업의 조건』의 공저자다. 1982년에 이 책을 발간한 이후 그는 『기업 변신 요인』 『미국은 무엇을 제대로 해야 하는가』 등의 책을 냈다. 21년 동안 근무했던 맥킨지를 떠나 '워터맨 그룹'을 설립하고, 기업 컨설팅, 경영자 교육, 사회활동에 열중하고 있다. RLS재단과 세계야생동물기금WWF 등 비영리 조직의 이사로 활동하며 자문과 봉사활동을 병행하는 색다른 이력을 쌓고 있다.

주디스 워터맨 Judith A. Waterman은 커리어 매니지먼트 그룹의 창립자이자 CEO다. 직업 탐색, 배치, 경력관리 서비스를 미국의 상위 20개 대학교의 졸업생들에게 제공하는 e프로넷의 창립이사다.

벳시 콜라드 Betsy A. Collard는 스탠퍼드 대학교에서 자원봉사 관계 사무소 관리자로 있다. 20년 동안 커리어 액션 센터에서 프로그램 및 혁신담당 관리자를 지내면서 『포춘』 선정 500대 기업을 위해 경력개발 프로그램과 서비스를 발전시키는 책임을 맡았다. 『하이테크 산업에서 직원을 붙잡기 위한 책』을 저술했다.

피터 캐펠리 Peter Cappelli는 펜실베이니아 대학교의 와튼스쿨에서 경영학 교수로 있다. 인적자원 센터의 책임자이기도 한 그는 미국 경제조사국의 리서치 어소시에이트를 맡고 있다. 최근에 『직장에서 새로운 거래』를 썼다.

다이안 코투 Diane Coutu는 『하버드 비즈니스 리뷰』의 선임 편집위원이며, 조직관리와 심리학을 전공했다. 이전에는 맥킨지컨설팅에서 커뮤니케이션 전문가로 일했으며 『타임스』와 『월스트리트저널』 유럽판의 외국 통신원으로도 활동했다.

수지 왯로퍼 Suzy Wetlaufer는 『하버드 비즈니스 리뷰』의 편집자이다.

클라우디오 페르난데즈 아라오즈Claudio Fernández-Araóz는 아르헨티나 부에노스아이레스에 있는 헤드헌팅 전문업체인 에곤 젠더 인터내셔널의 파트너이자 이사다. 여기서 그는 전 세계 53개 사무소에 흩어져 있는 컨설턴트들을 위한 경력개발 프로그램을 담당하고 있다. 에곤 젠더 인터내셔널에 합류하기 전에는 맥킨지컨설팅을 위해 스페인과 이탈리아에서 프로젝트 관리자로 일했다.

허미니아 아이바라Herminia Ibarra는 하버드 경영대학원 조직행동 교수로 사회적 네트워크, 전문직 정체성, 여성의 경력을 포함해 다양한 주제를 연구하고 있다. 최근에는 사람들이 중년에 중요한 직업변화를 하는 이유와 방식에 대한 책을 쓰고 있다.

제임스 왈드롭James Waldroop은 페레그린 파트너스의 공동창립자이자 대표다. 1981년 이후 하버드 경영대학원에서 일하면서 MBA 경력개발 프로그램의 부책임자로 있다. 티모시 버틀러와 함께 인터넷 기반 쌍방향 경력 평가 프로그램인 커리어 리더를 개발했다. 이 프로그램은 현재 전 세계에 걸쳐 100개의 MBA 프로그램과 기업에서 사용되고 있으며, 기업 경력 흥미 항목표, 경영관리 및 전문직 보상 프로파일, 경영관리 및 전문직 능력 프로파일 등이 포함되어 있다. 그는 『최대의 성공: 당신을 성공시키는 12가지 행동 패턴』『기업에서 직업 발견하기』「코치로서의 경영자」「당신이 진정으로 원하는 직무를 찾아라」「최고의 인재를 괴롭히는 8가지 결점」등의 책과 논문을 공동으로 발표했다.

티모시 버틀러Timothy Butler는 1984년부터 하버드 경영대학원에서 일하면서 MBA 경력개발 프로그램의 책임자로 있다. 과거에는 앨버니 소재 뉴욕 주립대학교의 심리학과 교수로 있었다. 그의 연구는 경영자 지도와 경력개발 평가 및 상담에 초점을 두고 있다.

차례 | 인재 확보 전략

발간사 ··· 4

저자 소개 ·· 12

1 CHAPTER 직원을 멀티 플레이어로 만들어라 ······ 17
로버트 워터맨, 주디스 워터맨, 벳시 콜라드
기업 경쟁력 강화를 위한 새로운 고용관계 | 경력 탄력성의 기본 원리 | 직원의 경력개발을 지원하라 | 경력관리모델의 위험요소를 통제하라 | 신뢰를 확보하라 | 고위경영진의 지원

2 CHAPTER 충성심 없는 시대의 인재 확보 전략 ······ 45
피터 캐펠리
시장이 직원을 움직인다 | 보수 이외의 것을 준비하라 | 인력감소에 대비하라 | 경쟁자와 협력하라

3 CHAPTER 전문 경영인 채용에서 피해야 할 10가지 함정 71
클라우디오 페르난데즈 아라오즈
고위경영자 채용, 절반의 성공 | 움직이는 표적을 맞히는 기술 | 고위경영자 채용의 10가지 함정 | 필요한 역량을 파악하라 | 실행에 옮겨라 | 현명하게 채용하는 용기

4 CHAPTER 평범한 직원에서 프로페셔널한 파트너로 ······ 109
허미니아 아이바라
직원과 경영자 사이의 균열 뛰어넘기 | 경영자가 되는 3단계 과정 | 역할모델을 선택하라 | 테스트하고 또 테스트하라 | 모든 면을 평가하라 | 파트너의 역할 | 조직 차원에서 지원하라 | 지도교사를 훈련시켜라 | 1인 기업가로의 도약

5 CHAPTER 백만장자 직원을 어떻게 관리할 것인가 ········ 139
수지 왯로퍼

까다로운 백만장자 채용하기 | 그들의 능력을 붙잡아라 | 그들에게 정보와 기회를 집중시켜라 | 인재 확보에 적합한 문화 형성 | 유연한 복귀 계획을 수립하라 | 부자를 이끄는 부자들

6 CHAPTER 직장 내 세대차이를 어떻게 해결할 것인가 ········ 161
다이안 코투

최고 세일즈맨의 분노 | 디지털 신동의 등장 | 변화의 유산 | 책임자는 누구인가 | 나이 어린 지도교사 | 갈등 폭발하다 | CEO 역할은 무엇인가?

7 CHAPTER 인재들의 나쁜 습관 없애기 ········ 187
제임스 왈드롭, 티모시 버틀러

문제 직원들의 6가지 유형 | 나쁜 습관의 4가지 원인 | 영웅형 | 실력지상주의형 | 우격다짐형 | 비관형 | 반항형 | 홈런타자형 | 심리적 결함을 함께 관리하라

8 CHAPTER 채용보다 어려운 인재 유지 전략 ········ 215
티모시 버틀러, 제임스 왈드롭

업무에 흥미를 느끼지 못하는 직원들 | 표준화된 인력 배치의 문제 | 다양한 직무재구성 기법

출처 및 주석 ········ 241

1

직원을 멀티 플레이어로 만들어라

로버트 워터맨
Robert H. Waterman, Jr.

주디스 워터맨
Judith A. Waterman

벳시 콜라드
Betsy A. Collard

기업이 적당한 성과와 충성심에 대한 대가로 직원에게 최소한의 직업 안정성을 제공했던 낡은 계약 관행이 사라졌다는 것은 이미 많은 사람이 동의하고 있다. 우리는 IBM이 종신고용을 약속했던 시절을 기억한다. 사실 우리는 대부분의 기업이 직원의 성과와 충성심에 대한 대가로 안정된 직장을 제공할 것이라고 믿고 있었다. 그러나 이제는 더 이상 그렇지 않다. 일부 탁월한 기업은 이러한 구시대의 계약이 여전히 존재한다고 주장하지만, 다운사이징·직급단순화·적정규모화·일시해고·구조조정 등의 시련을 겪은 대부분의 기업은 구시대의 계약이 유효하지 않다는 결론을 내렸다. 어느 경영 사상가들은 전통적인 채용보다는 채용능력에 초점을 맞추어야 한다고 주장한다. 이것은 어느 분야에서 일하든 경쟁력 있는 기술을 보유해야 한다는 것을 의미한다.

이 장에서 저자들은 회사 안팎에서 직원의 고용가능성을 높이는 책임을 회사와 직원이 함께 지는 새로운 계약에 대해 설명하고 있다. 직원들의 능력을 평가하고 계발할 수 있는 도구와 개방적 환경 그리고 기회를 제공하는 것은 회사의 책임이다. 반면 자신의 경력을 관리하고 회사의 목적에 부응하는 것은 직원의 책임이다. 이렇게 되면 근로자들은 '경력 관리에 필요한 탄력성이 높은 노동력'을 창출하여 취업능력을 높일 수 있으며, 회사는 끊임없이 변화하는 이 시대에 번영을 구가할 수 있을 것이다.

애플컴퓨터, 썬마이크로시스템즈, 레이켐, 쓰리콤과 같은 기업들은 이미 이러한 방향으로 움직이고 있다. 저자들은 지금까지 이루어온 성과를 토대로 다양한 경력 탄력성 프로그램이 포함하고 있는 기본 요소와 함정을 분석하고 있다.

경력 탄력성을 중시하는 기업은 앞으로 엄청난 전략적 우위를 점할 것이다. 직원들이 성장하고 변화하며 학습하도록 격려할 때 기업은 더 발전해나갈 것이기 때문이다.

기업 경쟁력 강화를 위한 새로운 고용관계

　많은 사람이 회사와 직원 사이의 종신계약이 사라진 것을 슬퍼하고 있다. 우리는 IBM이 종신고용을 약속했던 시절을 기억한다. 사실 우리는 대부분의 기업이 직원의 성과와 충성심에 대한 대가로 안정된 직장을 제공할 것이라고 믿고 있었다. 그러나 이제는 더 이상 그렇지 않다. 일부 탁월한 기업은 이러한 구시대의 계약이 여전히 존재한다고 주장하지만, 다운사이징·직급단순화·적정규모화·일시해고·구조조정 등의 시련을 겪은 대부분의 기업은 구시대의 계약이 유효하지 않다는 결론을 내렸다.

　그렇다면 구시대의 계약을 대신할 수 있는 것은 무엇인가? 몇몇 경영사상가들은 전통적인 '채용'에 초점을 맞추는 데서 벗어나 이제는 '채용능력'에 초점을 두어야 한다고 주장하고 있다. 즉, 하나의 직업, 한 회사 그리고 하나의 경력경로에 집착하는 태도를 과감히 포기해야 한다는 것이다. 오늘날 중요한 것은 어느 분야에서 일하든 경쟁력 있는 기술을 보유하는 것이다.

하지만 그것만으로 충분한가? 기숙사와 공장 그리고 이메일 시스템을 오가는 고독한 직원들만으로 충분한가? 기업은 직원을 어떻게 책임질 것인가? 경쟁에서 이기기 위해 조직을 축소하는 데만 관심을 가지고 구성원들에게는 신경을 쓰지 않아도 괜찮은가? 경영자는 회사보다 개인 경력에만 충실한 직원들에게 만족할 수 있을까? 과연 상호 신뢰와 애정에 바탕을 둔 관계를 유지하지 않고서 경쟁력을 구축하고 활력에 찬 팀을 양성하며 고객을 깊이 이해하고, 가장 중요한 공동체 의식과 공동 목표의식을 창출할 수 있을까? 회사가 직원에게 그리고 직원이 회사에게 무엇인가를 기여할 수 없는 상태에서 어떻게 상호 신뢰와 애정의 관계를 구축할 것인가?

이에 대한 해답은 회사 안팎에서 직원의 고용가능성을 높이는 책임을 회사와 직원이 함께 지는 식으로 새로운 계약을 맺는 것이다. 종신계약이 가능했던 시절에는, 직원들이 자신의 경력에 영향을 미치는 중요한 의사결정을 상사에게 위임했다. 그 결과 직원들은 의존적이 되어갔으며 그들이 보유한 기술도 정체 상태에 머물렀다. 그러나 새로운 계약 아래서 기업주들은 직원들이 높은 생산성을 올리고 회사의 목적과 공동체에 참여하는 대가로 고용가능성을 크게 향상시킬 수 있는 기회를 제공한다. 결국 직원들의 경력을 관리하는 책임은 직원 자신에게 있다. 그러나 직원들의 능력을 평가하고 계발할 수 있는 도구와 개방적인 환경 그리고 기회를 제공하는 책임은 회사에 있다. 그리고 직원들이 회사에 머무는지 여부에 관계없이 그들을 돌보는 책임도 모든 경영자에게 있다.

이렇게 되면 직원은 '경력 관리에 필요한 탄력성이 높은 노동력'을 갖출 수 있고 기업은 경쟁을 유지하는 데 필요한 기술을 갖춰 나날이 변화하는 비즈니스 세계에서도 번창할 수 있을 것이다.

탄력성이 높은 노동력이란 지속적으로 학습하고 변화에 뒤지지 않기 위해 변신할 준비가 되어 있는 직원 집단을 의미한다. 이들은 자신의 경력 관리에 책임을 지면서 동시에 회사가 성공하는 데 공헌한다. 각 개인은 시장동향을 잘 파악하고 있으며 앞으로 회사에 필요한 기술과 행동도 이해하고 있다. 또한 자신의 기술, 즉 자신의 강점과 약점을 인식하고 있으며 개인의 성과와 장기적 고용가능성을 높이기 위한 계획을 가지고 있다. 이것은 변화하는 비즈니스 세계에 신속하고 유연하게 대응할 수 있는 심리적 준비태세와 능력을 갖추고 있음을 의미한다. 이렇게 되었을 때 기업과 직원의 윈윈관계는 더 이상 불가능한 일이 아니다.

벤치마킹을 통해 자신의 기술을 끊임없이 새롭게 하는 인력은 변화에 대응할 뿐만 아니라 변화를 미리 예상한다. 고객에게 더욱 가까이 다가가고 기술과 시장동향에서 우위를 점하며 유연성을 확보해 경쟁력을 유지하는 것은 소수 경영진의 책임이 아닌 모든 사람의 책임이 되고 있다. 모든 직원은 회사의 전략을 형성하고 회사의 집단적인 시야를 조직 내부에서 시장의 힘으로 전환시키는 데 몰입하게 된다. 즉 직원들이 좀 더 자신에게 충실할 때 회사에도 충실하게 된다.

이는 결코 허황된 이야기가 아니다. 많은 기업이 이미 이러한 방향으로 움직이고 있다. 이들 중 대부분이 실리콘밸리에서 활동한다는 것은 놀라운 일이 아니다. 특히 애플컴퓨터와 워크스테이션 제조업체인 썬마이크로시스템즈, 전문 산업재 제조업체인 쓰리콤이 선구적인 기업들이다. 이 기업들에서 실시하고 있는 '경력 관리에 필요한 탄력성이 높은 노동력을 창출하는 프로그램(경력 탄력성 프로그램)'은 다양하며 접근방법 역시 조금씩 다르다. 하지만 직원들이 각자의 능력을 평가하고 단련하며 위임받은 권한을 통해 능력을 향상시킴으로써 노동시장에서 경쟁력을 유지하도록 한다는 목적은 동일하다. 이에 대한 대가로 기업은 직원들이 회사에 더 많이 기여하기를 기대한다. 레이켐의 회장 겸 CEO인 로버트 샐디치는 새로운 계약을 열렬하게 지지하는 사람이다. 그는 종종 이렇게 말한다. "기업은 직원들을 이용해 이윤을 거두어들인다는 생각에서 벗어나 그들을 끊임없이 계발하는 방향으로 변화해야 한다."

이러한 접근방식을 취하려면 태도와 가치관을 근본적으로 바꾸어야 한다. 첫째, 충성심에 대한 전통적인 정의를 포기해야 한다. 즉, 기업은 더 이상 재능 있는 직원이 회사를 떠나는 것을 배신으로 보지 않아야 하며 직원들도 회사가 그들의 능력을 필요로 하지 않을 때 회사에 배신당했다고 생각하지 않아야 한다. 오히려 직원들은 그들이 기업 공동체에 소속되어 있는 동안 가치 있고 신뢰와 존중을 받는 구성원이었다고 느껴야 한다.

둘째, 경력을 쌓는 경로(경력경로)에 대한 통상적인 생각을 바꾸어야 한다. 경력경로는 과거에는 한 회사에 머무르면서 하나의 전문 분야에서 승진하는 것을 의미했다. 그러나 오늘날에는 그렇지 않다. 직원이 다양한 기술을 가지고 있거나 기능별 경계를 넘어서 쉽게 이동할 수 있을 때, 또는 정해진 임무와 특별 프로젝트를 번갈아 수행하는 데 불편함을 느끼지 않을 때, 그리고 한 기업 내에서 적재적소를 더 이상 발견할 수 없어 다른 기업으로 이동하는 데 불편함을 느끼지 않을 때 회사와 직원 모두 발전할 수 있다.

셋째, 상사뿐만 아니라 모든 직원은 고객이 중요시 여기는 상품과 서비스를 제공하는 것이 기업의 목적이고, 만약 그렇지 못하다면 기업 내의 어느 누구도 일자리를 갖지 못할 것이라는 점을 명확히 인식해야 한다. 여기서 추론되는 결과는 조직은 이러한 상품과 서비스를 창출하는 데 기여하는 사람들에게만 기회를 준다는 것이다.

넷째, 조직과 직원 사이에 새로운 관계가 정립되어야 한다. 부모와 자식 사이처럼 전통적인 관계에서 성숙한 인격과 인격 간의 관계로 바뀌어야 한다. 이것은 조직의 핵심 구성원뿐만 아니라 모든 직원에게 해당된다. 성장과 새로운 기술 습득의 기회는 모든 사람에게 제공되어야 한다.

장기적으로 볼 때, 기업은 경력 탄력성을 고취시킬 수 있을 때 많은 이익을 얻을 수 있다. 아울러 이러한 접근방식을 채택해야 하는 현실적인 이유도 있다. 직원들이 이것을 요구하기 시작한 것이다. 사람들은 다른 직업을 얻는 데 필요한 기술이 자신에게 부족하다는 것을 깨닫고는 분노하고 있다. 또한 기업주가 오래된 종신계약을 깨트린 후 이를 대신할 아무것도 제공하지 않는 데 분노하고 있다.

썬마이크로시스템즈는 이러한 직원의 분노를 인식하고 1991년에 경력 탄력성 프로그램을 도입했다. 여기에는 '민첩한 조직'을 만들겠다는 강한 집념과 직원이 인격체로 존중받아 마땅하다는 강력한 믿음이 전제되어 있다. 실리콘밸리의 많은 기업처럼, 썬마이크로시스템즈는 사업영역을 재검토하고 제조운영 부문을 개편하며 노동력의 구성을 재검토했다. 이에 따르면 직원의 전체 규모에는 거의 변화가 없었으나 노동력 구성에는 큰 변화가 있었다. 수백 명의 판매사원을 증원한 반면, 제조 부문에서 일하는 수백 명의 직원을 재배치한 것이다. 이것은 제조 부문의 직무가 단계적으로 축소되고 있으며 이들이 회사 내에서 다른 직무를 찾거나 그렇지 않으면 퇴직 프로그램을 받아들여야 한다는 것을 의미했다. 그리고 대부분이 퇴직했다.

인적자원 담당 관리자로 있으면서 경력 탄력성 프로그램의 아이디어를 생각해낸 마리안느 잭슨은 이렇게 말한다. "우리는 직원들의 삶을 통제해나가는 책임이 직원 자신에게 있다고 확신했다." 현재 다른 첨단기술 회사에서 일하고 있는 마리안느 잭슨은 구식의 계약 관행을 경력 탄력성에 기초한 '새로운 계약'으로 대체하는 조직들이 미래에 극적인 우위를 점할 것이라고 믿고 있다. 우리도 그렇게 생각한다. 그러한 조직은 최고 인재를 끌어들이고 유지하는 데 유리하다. 이런 조직들은 미래의 경쟁에서 승리하는 데 필요한 능력을 계발하는 데에서도 앞설 것이다.

오늘날 경력 탄력성 프로그램을 선도적으로 도입하고 있는 몇몇 기업들은 신중히 앞으로 나아가고 있으며, 운영방법을 배우는 과정에 있다. 이들 기업이 지금까지 이룩한 발전을 통해 우리는 모든 프로그램에 포함되어야 할 몇 가지 기본적인 요소와 극복해야 할 위험을 발견할 수 있었다.

경력 탄력성의 기본 원리

경력 탄력성 프로그램에 성공하기 위해 필요한 요소는 직원들이 자신에게 가장 적합한 직무 유형이 무엇인지 알 수 있도록 그들의 기술, 흥미, 가치, 기질을 정기적으로 평가하도록 도와주는 시스템이다. 또 다른 요소는 직원들이 자신의 기술을 정기적으로 벤치마킹할 수 있게 해주는 시스템이다. 이러한 시스템은 직원들이 자기 자신뿐만 아니라 업무를 이해하는 데에도 도움을 주기 때문에 직원들은 일상적으로 자신에게 적합한 직무를 발견하고 기술을 개발할 수 있게 된다. 이러한 시스템들은 적재적소에서 일할 수 있도록 자극과 자각 그리고 활력을 불어넣는 데 도움을 준다. 많은 사람이 자신의 능력과 적성에 맞는 직무를 수행할 때 생산성이 얼마나 높아질지 상상해보라.

자기평가란 개인의 효과성, 성공, 행복에 영향을 미치는 요인들을 체계적으로 평가하는 과정이다. 자신의 능력을 제대로 발휘할 수 있는 환경, 활력을 불러일으키는 관심사, 탁월한 성과를 올릴 수 있는 기술을 이해할 때 개인은 자신이 크게 기여할 수 있는 기업과 직무를 선택할 수 있다. 또한 자신의 스타일이 다른 사람들에게 어떤 영향을 미치는지 이해할 때 자신의 능력을 최대한 효과적으로 발휘할 수 있다. 이와 같이 자신을 이해하는 것이 경력 탄력성을 증진시키기 위한 첫 번째 단계다.

레이켐의 직원 프랭크 아라고나의 예를 들어보자. 그는 전열선을 제조하는 공장의 고객서비스 담당 부서에서 근무하는 상급 직원이었다. 한 부서에서 8년간 근무한 그는 어느 날 자신이 막다른 골목에 다다랐다는 것을 느꼈다. 이제 자신은 배울 수 있는 모든 것을 습득했으며, 가능한 범위 내에서 가장 높은 지위로 승진해서 더 이상 올라갈 여지가 없다고 생각했다. 그가 선택할 수 있는 길은 이직을 하거나 현 상태에 안주하는 것뿐이었다.

그래서 그는 회사가 새로 설립한 직업 센터에서 점심시간에 개최하는 몇몇 세미나에 참석하기 시작했다. 이 센터의 도서관을 활용하고 자기평가를 위해 직업 상담사와도 이야기를 나누었다. 그 결과 그는 오래전부터 느껴왔던 욕구를 확인할 수 있었다. 또한 그는 사학자가 되고 싶다는 생각이 비현실적이라는 것을 깨달았다. "직업 센터는 내가 현실을 정확히 파악하고 새로운 시각에서 사물을 볼 수 있게 해주었다"라고 그는 말한다. 자기 자신을 좀 더 깊게 이해하게 된 그는 어느 동료에게 해외영업 부서에 자리가 있다는 이야기를 듣고 흥미를 갖게 되었다. 그 자리는 고객서비스 부서에서 배운 기술을 활용할 수 있을 뿐만 아니라 새로운 도전과제가 될 것이라고 생각했다. 또한 국제화라는 측면이 그의 내부에 잠재해 있던 탐험가적 기질과 맞았다. 그는 면접을 통해 이 직무를 맡게 되었다. 이로써 그는 승진과 임금인상을 동시에 따낼 수 있었다. 프랭크 아라고나와 레이켐 모두 승자가 된 것이다.

기업은 직원들이 자기평가를 하도록 권장할 수 있으며 필요한 도구를 제공하여 도움을 줄 수 있다. 물론 어떤 사람들에게는 리처드 볼스의 『당신의 파라슈트는 어떤 색깔입니까?』와 같은 자기계발 서적을 읽는 것처럼 자신의 강점과 가치관을 파악하는 일이 단순할 수 있다. 그러나 대부분의 사람들은 이보다 더 복잡한 과정을 통해 도움을 얻는다. 예를 들어 MBTI나 SII Strong Interest Inventory와 같이 개인의 동기부여와 흥미사항을 발견하기 위해 고안된 검사와 평가 도구를 활용하거나 전문 카운슬러에게 조언을 구할 수도 있다.

앞에서 언급한 것처럼, 경력 탄력성을 증진시키는 과정에 필요한 두 번째 단계는 직원이 경쟁력 있는 기술을 가지는 것이다. 이를 위해 기업은 직원이 기술을 벤치마킹하고 회사 안팎의 노동시장에서 무엇을 요구하는지를 경험할 수 있게 해야 한다.

하지만 이 말이 회사가 경쟁력을 유지하기 위해서 노동력에 필요한 기술이 무엇이며 어떤 훈련을 시켜야 하는지 판단하는 권리를 포기해야 한다는 의미는 아니다. 요점은 기업이 직원에게 경쟁력 있는 기술을 가지게 할 뿐만 아니라 모든 직원도 능력을 계발하기 위해 필요한 훈련과 도전적인 직무경험을 회사에 요구할 수 있어야 한다는 것이다. 직원들은 막다른 골목에 처하거나 환경변화에 대처하기 힘든 직무만을 수행했을 때 겪는 위험을 최소화할 권리가 있다. 바꾸어 말해서 기술을 벤치마킹하고 개발하는 일련의 과정에서 기업주와 직원은 동반자가 되어야 한다는 것이다.

직원의 경력개발을 지원하라

직원들이 자신의 기술을 발전시키기 위해서는 회사와 직원의 관계가 전통적으로 그래왔던 것보다 훨씬 더 개방적이어야 한다. 경영자는 회사의 사업방향과 시장상황에 대해 직원과 지속적으로 대화해야 한다. 그렇지 않으면 직원들은 회사에 필요한 기술이 무엇인지, 기술을 개발해야 하는지 또는 이직할 준비를 해야 하는지 알 수 없다. 경영자들은 직원들에게 미래에 대비할 수 있도록 가능한 한 많은 시간을 줄 의무가 있다. 예를 들어 썬마이크로시스템즈의 경영진은 회사 기능의 아웃소싱과 같이 직원의 직무나 경력에 영향을 미치는 전략적 의사결정을 내리게 되면 "결정하자마자 알려주겠다"라고 직원들에게 약속해왔다.

쓰리콤에서는 대부분의 부서가 매주 사업의 현황과 시사점에 관해 토론한다. 쓰리콤이 네트워크 운영체제를 '3+Open'에서 넷웨어와 로터스 노츠로 바꾸었을 때, 이러한 토론을 통해 MIS 부서에서 일하는 40명의 직원들은 대부분 쓰리콤의 컴퓨터 네트워크가 순조롭게 전환되도록 지원했다.

그들은 이러한 변화가 가까운 장래에 일어날 것이고 변화에 적응할 수 있는 기술을 습득하지 못하면 회사를 떠나야 한다는 데 동의했다.

또한 회사가 그들에게 새로운 기술을 습득하는 데 필요한 시간과 자원을 제공할 것임을 오래전부터 알고 있었다. MIS 및 인적자원 관리담당 부회장인 데브라 엥겔은 이렇게 말하고 있다. "대부분의 사람들은 변화를 추진하고 새로운 기술을 습득하는 데 열성적이었다. 변화를 원치 않거나 변화의 필요성을 느끼지 못한 몇몇 사람만이 회사를 떠났다."

회사는 구성원들이 직무 기회를 탐색할 수 있도록 도와주고 평생학습과 직무이동을 촉진하며, 불가피한 경우에는 '비난받지 않는 이직'을 지원해야 한다. 예를 들어 레이켐에서는 조직 차원에서 360명 이상으로 구성된 내부인력으로 네트워크를 구축했다. 이들은 직원들이 업무의 성격과 직무요건을 배우고 싶어하면 언제든지 시간을 내서 대화를 나눈다. 그들의 이름과 기초정보는 '사이더sider'라는 전산화된 데이터베이스에 입력되어 있다. 애플은 구성원들에게 휴가 중인 직원들의 직무를 대신 맡아보도록 하고 있다.

우리가 연구한 기업들은 대부분 조직 내부와 외부의 직무기회에 대한 정보를 모든 직원이 이용할 수 있도록 하고 있다. 뿐만 아니라 이들 기업은 직원들이 전문가로 성장하기 위한 계획을 세우고 이력서 작성 및 면접에 필요한 참고자료와 훈련 기회를 제공하고 있다. 전문가들을 초빙하여 시장동향을 알려주기도 한다. '직업 센터'나 회사의 운영 부문들이 서로 연결된 컴퓨터 네트워크를 통해 이루어지는 이러한 지원은 필수적이다. 회사는 이러한 기반을 통해 직원들이 사내 또는 필요한 경우 사외에서 새로운 직무를 발견하는 데 도움을 줄 뿐만 아니라 자신의 기술을 갈고 닦을 수 있게 해준다.

기업이든 개인이든 자기평가 없이 벤치마킹을 하면 잘못된 의사결정을 내릴 수 있다. 제대로 된 경력 탄력성 프로그램을 갖추지 못한 어느 첨단 기술 회사를 예로 들어보자. 그곳에 근무하는 어느 전기 엔지니어는 프로젝트 관리자가 되면 연봉이 상당히 오른다는 것을 알게 되었다. 그는 그 길을 택했고 대외적으로 성공한 듯 보였다. 그러나 프로젝트 관리자가 된 후 언제나 12시간 이상 일했고, 근무를 마칠 때쯤이면 그는 완전히 녹초가 되었다. 집에 돌아와서 그가 한 일이라고는 혼자 구석에 웅크리고 앉아서 책을 읽는 것이었다. 그는 "집에 돌아와서까지 사람들과 함께 있고 싶지 않았다"고 고백했다. 이러한 상황은 결혼생활에 도움이 되지 않았으며 결국 그는 이혼하게 되었다.

문제는 이런 것이었다. 그는 천성적으로 혼자 일하기를 즐기는 일종의 완벽주의자였다. 끊임없이 다른 사람들과 어울려서 함께 일해야 하는 업무는 그에게 적합하지 않았다. 결국 그는 프로젝트 관리자로서 6년을 보낸 후에야 이것을 깨닫고 혼자 일할 수 있는 엔지니어링 업무로 되돌아가기로 결정했다. 그러나 엔지니어링 업무를 너무나 오랫동안 멀리 했기 때문에 이를 따라잡기 위해서는 다시 교육을 받아야 했다. 회사는 그의 결정을 충분히 이해했으며 학비까지 부담해주었다. 현재 그는 예전보다 만족하고 있으며, 회사는 소중한 직원을 떠나보내지 않아도 되었다.

회사는 자기평가와 벤치마킹을 촉진할 뿐만 아니라 직원들이 쉽게 학습하고 유연성을 갖추도록 해주어야 한다. 근로자들은 지속적인 훈련을 받을 권리가 있다. 경영자는 직원들의 수평 이동을 수용해야 하며 직원들이 경험의 폭을 넓히거나 만족과 생산성을 위해 일보 후퇴하는 것을 수용해야 한다. 직원이 바라고 있고 또한 충분한 자격이 있다면, 회사 내에서 직무를 바꿀 수 있는 권리를 부여해야 한다. 경영자는 그러한 이동을 일방적으로 가로막는 권력을 행사해서는 안 된다.

만약 어느 직원이 직무를 수행할 자격을 갖추고 있지 않다면, 회사와 직원은 그에 적합한 훈련을 받을 수 있도록 노력해야 한다. 때에 따라 직원이 근무시간 내에 사내 훈련과정을 선택할 수도 있을 것이다. 또는 직원들이 개인시간을 활용해 대학이나 직업학교에서 과정을 이수할 수 있도록 회사가 비용을 지불할 수도 있다.

기업은 개별 직원의 평생학습에 대한 욕구를 지원하기 위해서 교육에 필요한 시간과 자원을 투입해야 한다. 레이켐의 로버트 샐디치 회장은 조직의 리더에게만 자원을 이용할 수 있게 해서는 안 된다고 믿고 있다. 직원들도 자원을 사용할 수 있도록 장려해야 한다는 것이다. 그는 이렇게 말한다. "나는 회사 내의 사람들에게 학습을 위해 더 많은 시간과 돈 그리고 에너지를 투자해도 좋다고 말했다. 1년 후에 나는 '해도 좋다'라고 말하는 것만으로는 충분하지 않다는 것을 깨달았다. 이제 학습은 누구에게나 필수적이며 모든 직원은 학습계획 또는 자기계발 계획을 가져야 한다고 생각한다."

다른 기업의 리더들도 그의 말에 동의하고 있다. 모토로라의 임원들은 회사가 직원교육에 투자한 비용의 1달러당 33달러의 이익을 거두고 있다고 추정하고 있으며, 모든 직원이 근무시간의 최소 5퍼센트를 훈련 또는 교육에 쏟아야 한다고 생각하고 있다. 『비이성의 시대』의 저자인 찰스 핸디는 관리직의 경우 20퍼센트까지 요구된다고 말한다. 물론 정확한 수치계산은 중요하지 않다. 그 수치를 정확하게 측정할 수 없을뿐더러 실제 업무에서 훈련의 성과가 어떻게 나타나는지 가치를 평가할 수도 없다. 중요한 점은 지속적인 학습이 절대적으로 필요하다는 것이며, 조직이 직원의 계발에 헌신하고 있다는 것을 직원들 스스로 느껴야 한다는 것이다.

이와 함께 직원들은 회사가 사업방향을 전환할 때 정당한 이유로 갑자기 자신의 기술을 더 이상 필요로 하지 않을 수 있다는 것을 인식해야 한다. 반면 조직을 떠나기로 결정한 사람들 또한 떳떳하게 떠날 수 있어야 한다. 쓰리콤의 데브라 엥겔은 이렇게 말한다. "새로운 계약은 상황이 변할 때 능동적으로 직업을 선택할 수 있도록 사람들에게 활력을 불어넣는 것이다. 이러한 관계는 서로를 비난하는 전통적인 관계보다 훨씬 건전하다." 회사의 마지막 중요한 책임은 비난받지 않는 이직을 마련하는 것이다.

이직이 자발적이건 비자발적이건 간에, 회사는 직원의 경력 관리를 지원해야 한다. 썬마이크로시스템즈의 인적자원 담당 부회장인 케네스 알바레스는 이렇게 표현하고 있다. "회사는 존엄성을 가지고 직원의 모든 경력을 관리하는 방법을 찾아야 한다. 우리는 사람들을 채용하는 일에는 능숙하다. 하지만 직원들이 이곳에 있을 때만큼은 그들의 경력 관리를 도와주는 것도 마찬가지로 잘해야 한다. 그리고 직원들이 이 조직을 떠날 때라고 깨달았을 때에도 채용과정 때와 같은 자세로 이 과정을 다루어야 한다."

케네스 알바레스의 말은 직원들이 회사를 떠나기로 하고 이를 실행하는 데 필요한 자원을 제공해야 한다는 것뿐만 아니라 그들을 계속 가치 있는 사람으로 대우해야 한다는 것을 의미한다. 그리고 기업은 그들이 다시 돌아왔을 때 회사와 그들의 이익에 도움이 된다면 되돌아오는 것을 환영할 것이라는 점을 떠나는 직원에게 환기시킬 수도 있다.

경력관리모델의 위험요소를 통제하라

지금까지 언급한 방식으로 경력 관리에 필요한 탄력성이 높은 노동력을 창출하는 것은 말처럼 쉽지 않다. 회의적인 경영자들은 이렇게 질문할 것이다. "새로운 직무와 훈련을 요구할 수 있는 자유를 직원들에게 어떻게 제공할 수 있겠는가? 그렇게 되면 혼란을 초래하지는 않을까? 생산성이 증대되기보다는 오히려 급격히 저하되지는 않을까? 기업이 직원 개개인의 경력 관심사를 핵심제품 개발보다 우선순위에 둔다는 것은 불합리한 것이 아닐까? 물론 내부인력의 네트워크를 활용해 새로운 직무나 경력을 탐색한다는 것은 그럴듯하다. 하지만 과연 과다한 업무에 시달리는 사람들이 이러한 탐색을 위해서 다른 직원들과 교류하는 데 많은 시간을 쏟을 것이라고 어떻게 기대할 수 있는가?"

사실 이러한 모든 위험은 현실적인 것이다. 그러나 미래의 경영자들에겐 선택의 여지가 없다. 오늘날처럼 유동성이 높은 시대에는 자립적인 근로자를 개발하는 일에 헌신하지 않으면 회사는 한층 더 커다란 위험에 직면하게 된다. 인재들은 이러한 회사에 머무는 것이 이익보다 손해가 더 크다고 생각하기 때문이다. 많은 경영자가 이미 이것이 큰 문제로 대두되고 있다고 말하고 있다.

실리콘밸리에 있는 수많은 기업에서 매일 재연되고 있는 사례를 들어보자. 워크스테이션 회사에 근무하는 어느 유능한 여성 소프트웨어 엔지니어는 새로운 운영체제 출시를 위해 개발업무를 맡고 있는 팀의 핵심 멤버다. 이 회사에 8년을 근무한 이 엔지니어는 이미 기존의 3가지 버전을 담당했으나 지금은 이 일에 흥미를 잃었다. 자신의 기술을 발전시킬 수 있는 새로운 도전과제를 찾는 과정에서, 그녀는 쌍방향 TV 시장에서 발판을 마련할 수 있는 디코더 장치담당 사업 부문에서 직무기회를 발견했다.

이 사업 부문의 책임자는 그녀가 프로젝트에 합류한다면 무척 기쁠 것이라고 말했다. 그러나 그녀의 관리자는 그녀를 놓아주려 하지 않았다. 그녀가 떠나면 팀이 출시기한을 맞추기가 어렵기 때문이었다. 관리자는 쌍방향 TV가 미래에 커다란 시장을 형성할지는 모르지만, 워크스테이션 사업이 기반을 잃는다면 미래는 없을 것이라고 그녀를 설득했다. 그러나 한 달 후, 그녀는 회사를 그만두고 쌍방향 TV 소프트웨어를 개발하는 신생기업에 합류했다. 전 회사의 회장은 그녀가 이직했다는 사실을 알고는 낙담하면서 이렇게 말했다. "만약 내가 좀 더 일찍 알았더라면 프로젝트 관리자를 문책했을 텐데."

우리가 제안한 모델에는 경영자들을 불안하게 만드는 또 다른 위험요소가 있다. 즉, 민감한 정보를 직원과 공유하는 문제다. 흔히 회사는 사업을 철수하거나 조직개편을 결정한 사실을 직원에게 바로 알려주면 이익보다는 손실이 더 크다고 생각한다. 직원의 사기와 생산성이 저하되고 회사를 떠나는 사람이 생기며 해당 부서의 성과가 급속히 악화되어 결과적으로 회사를 곤란에 빠뜨리게 될 수도 있기 때문이다.

그러나 썬마이크로시스템즈와 애플, 쓰리콤의 경영진들은 선택의 여지가 없다고 생각한다. 전통적인 부모-자식 같은 관계는 더 이상 유효하지 않기 때문에 직원들과 정보 공유는 피할 수 없다. 실제로 직원과 정보를 공유하는 기업들은 직원들이 하나의 인격체로 대우받는 것을 고맙게 여긴다고 말한다. 쓰리콤의 건물관리 부서에서 일어난 일이 그 예다.

쓰리콤은 1992년, 회사의 건물관리 아웃소싱 여부를 분석하기로 결정한 후, 부서 직원 35명에게 이를 즉각 통보했다. 최종 결정까지는 9개월이 걸릴 테지만 그 전에 당사자들의 의견을 반영할 것이라고 밝히고 매월 진전사항을 알려주기로 약속했다. 해당 직원들에게는 만약 아웃소싱이 결정되면 2개월분의 이직 수당을 받고 회사를 떠날 것인지 아니면 다른 업무를 맡을 것인지의 여부를 선택하도록 2주간의 시간을 주겠다고 말했다.

그 결과 대부분의 직원들이 최종 결정 시점까지 9개월 동안 근무했으며 이직 수당을 받았다. 도중에 그만둔 일부 사람들은 이직 계획을 미리 회사에 알려 업무가 차질 없이 진행되도록 했다. 데브라 엥겔은 이렇게 말한다. "우리가 그들에게 매우 개방적이었고 그들이 우리에게 개방적이었던 것은 우연이 아니다."

일단 조직이 변화가 불가피하다는 것을 받아들이면, 경력 탄력성 프로그램을 도입했을 때 수반되는 위험을 최소화할 수 있도록 시스템이 작용한다. 예를 들어, 쓰리콤에서는 상사와 갈등 관계에 있는 직원이 전근을 요청하면 이를 거부할 수 없으며 단지 직무이동의 시기만을 조정할 수 있다. 데브라 엥겔은 이렇게 말한다. "만약 상부에서 이를 주저한다면, '그 직원이 내일 그만둘지도 모른다' 라는 사실을 상기해야 한다."

레이켐과 애플은 직원들이 정보 공유에 지나치게 많은 시간을 낭비하지 않는 방법을 고안했다. 이들 기업은 회사 전 직원에게 정보 수집을 위한 개인 면담을 담당하는 일을 자원하도록 요청했다. 어떤 사람이 지원을 하면, 그는 인터뷰 대상 인원을 스스로 결정한다. 그런 후에 더 많은 인원을 인터뷰하거나 그 일을 그만둘 수도 있다.

사실상 관리자들 자신도 이러한 네트워크에 참여함으로써 많은 이득을 얻는다. 정보 네트워킹을 통해 관리자들은 정상적인 업무과정에서 접할 수 없는 다양한 사람을 만나볼 수 있다. 이를 통해 테스크포스 팀을 구성하거나 빈자리를 충원할 사람이 필요할 때, 더 많은 잠재적인 후보자들을 확보할 수 있다. 그리고 이러한 과정을 통해 조직은 노동력을 빈번히 감축해야 하는 오늘날에 이룩하기 힘든 목표를 달성할 수 있다. 즉, 공동체 의식을 구축할 수 있는 것이다.

신뢰를 확보하라

직원들이 경력 탄력성 프로그램에 흥미를 갖더라도, 단순히 흥미만으로 여기에 참여하지는 않는다. 커리어 센터를 설립하면 프로그램의 신뢰성을 확보하는 데 도움이 된다. 썬마이크로시스템즈, 레이켐, 애플 등의 기업은 직원들이 자기평가를 하고 상담을 받으며 효과적인 직무면접 방법과 네트워킹 구축방법에 관한 세미나에 참여하는 장소(안식처)로 커리어 센터를 설치해왔다. 직원들은 이곳에서 경력 관련 참고자료를 얻고 회사 내부 및 외부의 직무기회를 확인하고 사업전략에 관한 토론에 참여하며 무엇보다 자신의 경력에 대해 전략적으로 사고하는 방법을 배운다.

 커리어 센터의 위치는 매우 중요하다. 사람들의 눈에 잘 띄고 쉽게 접근할 수 있는 곳이어야 한다. 그래야만 직원들에게 커리어 센터를 이용하는 것이 떳떳한 일이라는 인상을 줄 수 있다. 인적이 드문 곳에 위치해 있으면 정반대로 인식될 것이다. 레이켐과 썬마이크로시스템즈는 본사의 센터를 쉽게 이용할 수 없는 다른 지사의 직원들을 위해 여러 개의 위성 센터를 설립하거나 여러 지역을 담당할 수 있는 이동 센터를 설립하려고 계획 중에 있다.

 썬마이크로시스템즈와 애플은 전직 관리에도 커리어 센터를 활용한다. 그러나 많은 임원들은 이것을 활용하기 전에 장단점에 대해 신중히 평가를 해야 한다고 지적하고 있다. 커리어 센터를 활용했을 때의 장점은 경력개발과 전직 관리에 필요한 기술과 자원이 중복된다는 것이다. 따라서 센터를 이중적으로 활용하면 매우 경제적이다.

 단점은 특히 초기 단계에 나타나는데, 직원들이 경력 탄력성 프로그램을 위장된 전직 관리 프로그램이라고 추측할 수도 있다는 것이다. 따라서 경영진이 센터를 활용하도록 장려할 때 그 의도를 오해할 수도 있다. 이러한 이유로 레이켐은 개관한 커리어 센터를 전직 관리에 활용하지 않고 있다. 이곳의 유일한 목적은 경력 탄력성을 증진시키는 데 있다.

 직원들이 초기에 커리어 센터를 이용할 때 갖는 두려움을 완화시키기 위해서 많은 기업은 직원들이 커리어 센터를 활용하도록 권장하라고 경영자들에게 요구한다. 하지만 직원들이 센터를 이용했는지, 무슨 일이 이루어졌는지 알 권리를 가져서는 안 된다고 덧붙인다. 또한 프로그램의 목적이 직원이 경력을 관리하도록 도움을 주는 데 있으며 상급자들이 직원을 관리하려는 것이 아니라는 점을 직원들에게 확신시키기 위해서, 이들 기업은 경력 관리 프로그램이 정규적인 직무수행평가 과정과 분리되어야 한다고 생각한다.

아마도 인간적인 면이 경력 탄력성 프로그램에서 가장 중요한 요소일 것이다. 카운슬러나 커리어 관리 전문가와 개별적인 접촉 없이는 프로그램이 성공하리라는 것은 기대하기 어려운 일이다. 이들이 없으면 많은 직원은 경력과 관련된 정보를 효과적으로 활용할 수 없을 것이다. 아마 시도조차 하지 않을 것이다. 그런 면에서 썬마이크로시스템즈와 레이켐, 애플 등의 기업은 이 점을 잘 이해하고 실행하고 있는 것 같다. 이들 기업의 커리어 센터에는 시설을 활용하는 방법을 가르쳐주는 담당 전문가들이 있기 때문이다.

중요한 것은 직원들이 카운슬러가 그들의 이해를 대변한다고 믿는 것이다. 직무를 바꾸거나 회사를 옮길 생각을 하고 있는 사람들에게는 비밀 유지가 가장 중요한 관심사다. 회사 내부의 카운슬러가 직원의 신뢰를 확보하기는 어렵지만 불가능한 일은 아니다. 예를 들어, 애플의 커리어 자원 센터에서 카운슬러로 있는 캐롤 던은 이러한 명성을 얻어왔다. 회사 외부에 있는 커리어 카운슬러를 활용하고 있는 어느 경영자는 이렇게 말한다. "직원들은 종종 인적자원 부서가 경영진의 이해를 대변하고 있다고 믿는다." 외부 카운슬러를 활용하면 프로그램의 진정한 목적이 직원을 위해 존재한다는 확신을 심어줄 수 있다.

외부 카운슬러를 활용하는 또 다른 장점은 비용효과성이다. 경력 탄력성이 높은 근로자를 개발하는 데 선도적인 많은 기업은 이런 방식을 활용해왔다.

썬마이크로시스템즈, 애플, 레이켐은 캘리포니아 주 팔로알토의 비영리기관인 커리어 액션 센터에 주목했다. 이 센터는 실리콘밸리에서 일하는 여성들의 경력개발을 돕기 위해 1970년대 초에 설립되었는데, 지금은 수천 명의 실리콘밸리 근로자들을 위해 봉사하는 기관이 되었다.

썬마이크로시스템즈, 애플, 레이켐의 커리어 센터 책임자는 기업 내부 직원들이 맡고 있지만, 커리어 액션 센터에서 온 경력 전문가와 카운슬러도 센터에 합류하고 있다. 회사의 내부인과 외부인으로 구성된 스태프는 매우 강력한 시너지 효과를 발휘하고 있다. 내부인들은 회사의 문화, 네트워크, 운영을 잘 알고 있으며, 외부인들은 전문지식, 객관성 그리고 비용유연성을 제공해준다.

이러한 파트너십의 아이디어를 한층 더 발휘하기 위해 실리콘밸리에 있는 중간 규모의 기업들은 쓰리콤의 주도하에 경력 탄력성 서비스를 모든 직원에게 제공하는 컨소시엄 구축을 연구하고 있다. 여기에 포함된 기업은 퀀텀과 애스팩트 텔레커뮤니케이션스, 노벨, 옥텔 커뮤니케이션스, 실리콘 그래픽스, 클라리스 그리고 ELS 등이 있다. 이러한 아이디어가 호소력을 갖는 이유는 다양하다.

첫째, 컨소시엄을 형성하면 개별 회사가 할 수 있는 것보다 더 많은 서비스를 제공할 수 있다. 둘째, 기업들은 서로 배울 수 있다. 마지막으로, 어느 한 기업의 정략적 이해관계나 재무상태의 부침에 비교적 영향을 받지 않기 때문에 직원에게 좀 더 나은 서비스를 제공할 수 있다. 단점은 이러한 공동의 센터를 개별 기업의 주류 운영 부문으로 통합하기가 어렵다는 것이다.

어떤 기업들은 경력 탄력성 프로그램을 널리 이용할 수 있고 주된 기능의 일부가 되도록 첨단기술을 사용하고 있는데, 대표적인 기업이 애플이다. 애플은 다량의 경력정보를 'e-캠퍼스'라는 컴퓨터 네트워크에 입력시켜 그것을 일상 업무와 연결하고 있다. 직원들은 디지털 경로를 돌아다니다가 도서, 전문협회, 교육과정, 논문 및 애플의 직원들이 동료에게 추천하는 기타 정보가 들어 있는 '자원 및 추천' 제도를 이용할 수 있다.

커리어 센터에 비해서 전자 네트워크가 갖는 가장 큰 장점은 누구나 쉽게 정보에 접근할 수 있다는 것이다. 전 세계에 퍼져 있는 애플의 모든 직원은 경력 관련 정보에 동등하게 접근할 수 있다. 게다가 컴퓨터 시스템은 남에게 공개되지 않고 사용자의 편의에 따라 이용이 가능하며 정보 갱신도 쉽다. 단점은 회사와 직원이 첨단기술에 지나치게 의존하기 때문에 인간적인 면을 상실할 수 있다는 것이다.

컴퓨터 네트워크는 자료를 널리 이용할 수 있는 탁월한 방법이다. 그러나 취업능력을 유지하려고 노력하는 개인이나 조직의 경쟁력을 유지하려고 노력하는 경영자에게는 자료에 의미를 부여하는 패턴과 분석이 가장 가치 있는 도구다. 그리고 이러한 것들을 실행하려면 통상적으로 개인적인 접촉이 필요하다.

고위경영진의 지원

고위경영진의 가시적인 지원이 없다면 경력 탄력성 프로그램은 착수조차 할 수 없다. 사실 직원들이 회사의 요구점을 예상하고 경력상의 결정을 내릴 수 있도록 하기 위해 관리자들이 회사 전략과 시장 조건에 대한 지식을 직원과 항상 공유할 것이라고 기대할 수는 없다. 그리고 직원들이 회사의 눈과 귀가 되어야 하며 전략을 세우는 데 도움이 될 수 있다는 생각을 대부분의 관리자가 쉽게 받아들일 것이라는 가정 또한 가능하지 않다. 극복해야 할 전통이 너무 많이 남아 있기 때문이다.

우리가 연구한 기업들 가운데 레이켐은 고위경영진의 가시적 지원이라는 측면에서 두드러진다. 커리어 센터의 개관식 때 수석 부회장인 해리 포슬웨이트Harry Postlewait가 연설을 하였으며, 로버트 샐디치 회장도 참석하려고 했으나 독감 때문에 참석할 수가 없었다. 로버트 샐디치 회장을 포함한 다수의 임원들은 경력과 관련된 정보를 검색하는 회사 내 어느 누구라도 인터뷰에 응해주기로 하고 데이터베이스에 자신들을 올려놓았다.

로버트 샐디치 회장을 비롯한 레이켐의 고위경영진은 사내에 공동체 의식을 함양시키기 위해서는 자신이 진정으로 관심을 가지고 있다는 것을 직원들에게 보여주어야 한다고 생각하고 있다. 그렇기 때문에 레이켐의 정책에는 더 이상 가망이 없는 직무를 맡고 있거나 개발이 필요한 사람들에게 회사 내에서 자리를 찾아주고 전직은 최후의 수단으로 사용하며, 재능 있는 사람들이 떠날 때 회사로 복귀할 경우 언제든지 환영할 것이라는 점을 주지시키려고 노력하고 있다. 직원에 대한 진정한 관심을 통해서만 직원들은 자신의 운명에 대한 책임이 경영진에게 있지 않고 자신에게 있다는 것을 믿게 된다. 이것은 오늘날과 같이 급변하는 세상에서 충성심을 확보하기 위한 새로운 기반이 된다. 잠재적으로 볼 때 이것은 가장 커다란 경쟁우위가 된다.

경력 탄력성 프로그램의 이익을 최대한 살리려면 프로그램이 사업전략 및 인적자원 전략의 다른 요소들과 조화를 이루어야 하며 이들의 지원을 받아야 한다. 예를 들어 서열에 얽매이지 않고 유연하게 보상을 해주는 보상체계나 직원들이 자기계발을 할 수 있는 시간을 주는 유연한 업무조정과 같이 이러한 접근방식을 지원하는 시스템을 갖추어야 한다.

원래부터 자기 의존성이 강한 사람들로 모인 다른 기업들과 레이켐을 비교해보자. 레이켐의 고위경영진은 경력 탄력성이 높은 직원을 육성하기 위해 회사가 헌신하고 있다는 것을 아직 입증하지 못하고 있다. 회사에서는 대체로 교육과 훈련을 지원하고 있지만, 아직 많은 직원은 고위경영진이 진정으로 관심을 쏟고 있지 않다고 느끼고 있다. 그리고 고위경영진은 직원들에게 회사의 사업방향을 계속 알려주고 전략수립에 그들을 동참시키고 있다는 평가를 받지 못하고 있다. 따라서 이번 조사에서 나타났듯이 직원들이 경력개발을 그들의 주요 관심사로 언급했다는 것도 이상한 일은 아니다.

직원들의 경력 탄력성을 지원하는 것이 가장 우선되어야 한다는 신념은 주로 인적자원 부서에 국한되는 것처럼 보인다. 시작 단계에서는 그것이 훌륭한 것일 수 있다. 그러나 경력 관리에 필요한 탄력성이 높은 노동력을 구축하는 책임은 너무나 중요하기 때문에 장기적으로는 어느 한 부서에만 맡길 수 없다. 초기 단계부터 고위경영진을 참여시켜야 하는 이유가 바로 여기에 있다. 그런 다음에 조직의 계층을 따라 참여가 확산되어야 한다. 이것이 레이켐에서 취해왔던 방식이다. 최초에 아이디어의 도입과 구체화를 전담했던 인적자원 부서는 이제 전사적인 경력 탄력성 프로그램을 창출하기 위한 노력에서 운영 부문 관리자와 파트너 관계를 유지하는 것이 자신의 역할이라는 것을 인식하고 있다.

물론 우리는 운영 부문 관리자들이 직무가 너무 많다고 탄식한다는 것을 잘 알고 있다. 관리자는 구성원들이 과업을 잘 수행하도록 지원하고 조언하며 성원을 보내는 코치, 조정자, 지휘자 및 팀 리더의 역할을 맡아야 한다. 또한 최종 업무결과에 책임을 지는 역할도 여전히 맡고 있다. 그러다 보니 어떤 사람들은 "그렇게 많은 모순과 불확실성이 존재하는 일을 우리가 어떻게 맡을 수 있는가?"라고 반발하기도 했다.

이에 대한 우리의 대답은 오늘날에는 전례 없는 불확실성의 시대라는 것이다. 온갖 모순과 불확실성을 다루어 나가는 일에 탁월한 능력을 발휘하고 유동성이 높은 노동력이 지닌 엄청난 잠재력을 활용하는 방법을 이해하는 관리자들이 있다면, 조직은 시장에서 주도적인 위치를 확보할 것이다. 이처럼 거창하게 이야기하지 않더라도, 관리자는 다음과 같은 2가지 이유 때문에 개인적으로 많은 이득을 얻을 수 있다. 첫째, 경력 탄력성을 증진시키는 접근법은 계속해서 증가하고 있는 일반적인 현상을 효과적으로 통제할 수 있도록 한다. 현상이란, 직원들이 환경변화에 취약한 직무와 일에 도전할 만한 의욕을 갖지 못하고 이로 인해서 승진의 기회도 잡지 못하는 데 갖는 극도의 심리적 불만을 의미한다. 둘째, 경력 탄력성은 관리자에게도 필요하다. 자신을 이해하면 더 나은 관리자가 되는 데 도움이 될 것이다. 그리고 자기 자신을 이해하고 기술을 벤치마킹하면 모든 근로자들처럼 관리자들도 자신의 경력을 관리할 준비를 좀 더 잘 갖출 수 있을 것이다.

관리자는 모든 직원이 막다른 골목에 봉착하지 않고 기술의 경쟁력을 유지하도록 자기계발의 기회를 가질 수 있는 환경을 창조해야 하는 책임이 있다. 이러한 책임은 다음과 같이 3가지로 정리할 수 있다.

첫째, 회사의 사업방향을 직원들에게 계속해서 충분히 알려야 한다. 둘째, 경쟁력이 있는 기술을 확보하는 책임이 궁극적으로 직원 자신에게 있다는 점을 이해시켜야 한다. 셋째, 직원이 자유계약자가 될 수 있는 권리를 지켜주어야 한다.

　기업이 경력에 종속되는 데서 경력 탄력성을 가지는 데로 전환하는 일은 긴급하고도 불가피한 일이 되고 있다. 이러한 근본적인 변화를 인식하고 그 추세에 동참하는 기업은 엄청난 전략적 우위를 가질 것이다. 이러한 기업은 직원에게 가혹하지 않으면서도 신속하게 변화할 수 있다. 또한 직원이 성장하고 변화하며 학습하도록 격려한다. 이렇게 했을 때 기업은 일을 더 잘 처리할 수 있다. 경력 탄력성은 우리가 더 이상 지킬 수 없는 계약을 모든 사람에게 최대 이익이 되는 계약으로 대체시켜준다.

2

충성심 없는 시대의
인재 확보 전략

피터 캐펠리
Peter Cappelli

과거에는 다른 기업의 인재를 빼내기 위해 공공연히 경쟁하는 일이 드물었으나 이제는 일반적인 현상이다. 빠르게 움직이는 시장에 대응하려면 조직도 빠르게 움직여야 하며 새로운 인재로 계속 재충전해야 한다. 그러나 인재가 떠나가는 것을 좋아할 사람은 아무도 없다. 유능한 직원이 떠나면 기업은 타격을 받는다. 보수체계, 경력경로, 훈련 등을 보완하는 것으로 기업이 노동시장의 영향에서 벗어날 수 있다고 기대하는 것은 헛된 일이다.

그러나 대안은 있다. 전 직원의 장기적인 충성심을 확보하는 일이 가능하지도 않을뿐더러 바람직하지도 않다는 전제에서 시작하는 시장 주도의 인재 유지 전략이 그것이다. 어느 직원을 확보해야 하고 얼마나 오랫동안 확보해야 하는지 면밀하게 검토하여 필요한 인재를 확보한다는 매우 분명한 목표를 가진 프로그램을 활용할 수 있다.

오늘날 대부분의 기업은 충성심을 확보하기 위해 보수에 의존하고 있지만, 보수는 유용한 많은 인재 확보 메커니즘의 하나일 뿐이다. 이직률을 줄이기 위해 직무를 재설계할 수도 있다. 특정 프로젝트나 작업팀의 충성심을 유발할 수도 있다. 이를 위해 수요가 많지 않은 기술을 가진 사람들을 채용할 수 있으며 직무제의의 유혹을 받지 않을 수 있는 장소에 인재를 배치할 수도 있다. 다른 기업들과의 협력을 통해 회사 상호간의 경력경로를 제시할 수도 있다. 그리고 인력감소를 방지할 효과적인 방법이 없을 때에는 인력감소에 대응하는 법을 배울 수 있다.

과거에는 인재 확보를 관리하는 일이 댐을 관리하는 것에 가까웠다면, 오늘날에는 강을 관리하는 일에 더 가깝다. 목적은 물이 흘러나가지 못하도록 막는 것이 아니라 물이 흐르는 방향과 속도를 조절하는 데 있다.

시장이 직원을 움직인다

당신이 대부분의 경영자들처럼 생각한다면, 당신의 행동은 인재 스카우트 전문가처럼 보일 것이다. 핵심 자리를 채울 인재를 찾기 위해 수시로 조직 외부로 눈을 돌리고 관심을 끄는 후보를 발견하면, 현재 그가 일하고 있는 곳에서 끌어내려고 필요한 조치를 취한다. 거액의 입사계약 보너스를 제의하거나 스톡옵션을 제공하며, 많은 보수를 약속하기도 한다. 그 과정에서 다른 기업들도 당신의 회사에 있는 최고 인재를 빼내려고 당신의 회사를 샅샅이 뒤지고 있다는 것을 알게 된다.

과거에는 다른 기업의 인재를 빼내기 위해 공공연히 경쟁하는 일이 드물었으나 이제는 일반적인 현상이 되었다. 경영자들은 빠르게 움직이는 시장에 대응하려면 조직도 빠르게 움직여야 하며 새로운 피를 흡수해 계속 재충전해야 한다는 것을 알고 있다. 이제 경영자들은 외부 채용에도 능숙해졌다('전략적 인재 스카우트' 참조). 그러나 인재를 영입하는 일이 기분 좋은 만큼, 인재가 떠나가는 것도 불쾌할 수밖에 없다. 이처럼 불편함을 느끼는 이유는 감정적인 문제 때문이다. 경영자는 직원들의 충성심을 끌어내는 능력에 비추어 자신을 판단하는 경향이 있다. 따라서 재능 있는 직원이 회사를 떠나면 개인적으로 모욕을 당했다고 느낀다. 다른 이유는 합리적인 것이다. 노동시장에 여유가 없을 때에는 떠나가는 인재를 대체하기가 매우 어려울 뿐만 아니라 비용도 많이 든다. 유능한 직원이 회사를 떠나면 기업은 타격을 받는다.

사람들이 회사를 떠나는 것을 방지하기 위해 많은 기업은 전통적인 인재 확보 프로그램에 의지해왔다. 나는 최근 듀폰의 고위경영자 강연에 참석했는데, 그는 직원의 마음을 되돌리려고 취했던 기업의 주도적 조치에 대해 이야기했다. 듀폰은 장기적인 관점에서 새로운 경력경로를 설계하고 직원 개발에 대대적으로 투자하여 직원의 충성심을 되찾고자 하였다. 많은 청중이 그에게 회사가 인재 유출을 막을 수 있다고 생각하는지 묻자, 그는 뜻밖에도 그렇지 못하다고 솔직하게 대답했다. 경쟁이 너무 치열하기 때문이라는 것이었다. 그리고 회사의 경영진으로서 다른 대안을 찾기 위해 계속 노력하고 있다고 말했다.

그의 말은 한 가지 점에서 옳았다. 보수체계, 경력경로, 훈련 등을 보완한다고 해서 기업이 오늘날의 자유분방한 노동시장의 영향에서 벗어날 수 있다고 기대하는 것은 헛된 일이다. 그렇다고 해서 기업이 마지못해 어떤 대책을 강구하는 시늉이나 하고 있으라는 이야기는 아니다. 대안은 있다. 즉, 전 직원의 충성심을 확보한다는 것이 가능하지도 않을뿐더러 바람직하지도 않다는 것을 전제로 시장 주도의 인재 확보 전략을 활용하는 것이다.

초점은 광범위한 인재 확보 프로그램에서부터 특정 직원 또는 집단을 겨냥하여 명확한 목표를 세우는 것이다. 시장 주도의 전략으로 전환하는 것은 말처럼 쉽지 않다. 이를 위해서는 빈틈없고 분석적인 접근방식으로 사람 관리를 해야 한다. 이러한 방식은 반드시 필요하다. 시간을 되돌릴 수는 없기 때문이다.

보수 이외의 것을 준비하라

　새로운 전략을 채택하려면 먼저 새로운 현실을 받아들여야 한다. 즉, 직원이 이동을 결정하는 궁극적인 이유는 회사가 아니라 시장에 있다는 것이다. 당신은 조직을 일하기 쾌적하고 보람을 느낄 수 있는 곳으로 만들 수 있다. 또한 사람들이 이직하는 원인을 찾아 그 문제점들을 해결할 수 있다. 그러나 시장의 작용을 거스를 수는 없다. 매력적인 기회와 적극적인 스카우터들에게서 구성원들을 보호할 수는 없다. "전체 직원의 이직을 최소화한다"는 인력 관리의 낡은 목표는 "누가 떠나며 언제 떠나는가에 영향을 미친다"는 목표로 바뀌어야 한다. 과거에는 직원 확보를 관리하는 일이 댐을 관리하는 것에 가까웠다면, 오늘날에는 강을 관리하는 일에 비유할 수 있다. 목적은 물이 흘러나가지 못하도록 하는 것이 아니라 물이 흐르는 방향과 속도를 조절하는 데 있다.

　푸르덴셜생명은 이러한 시장 주도적 관점을 파악하고 '관리능력 구축' 프로그램을 도입했다. 이 프로그램은 채용, 유지, 훈련을 통합한 것으로 유동성이 높은 노동력을 겨냥하고 있다. "직원들이 한 회사에 평생 몸담을 것이라는 생각은 이제 바꾸어야 한다"라고 이 회사의 인적자원 담당 임원인 커트 메츠거는 말하고 있다. 푸르덴셜의 프로그램은 인재 요건과 퇴직률을 예측하는 정교한 계획수립 모델에 기반을 두고 있다. 이 모델을 사용하면 사업단위 경영자들은 매우 분명한 목표를 가진 인재 확보 프로그램을 개발할 수 있으며 기술에서 벌어진 격차를 메울 수 있는 상황별 대응 계획을 수립할 수 있다. 이 모델은 비용 면에서도 효과적이다. 또한 이 모델은 급격하게 변화하는 노동시장에서 사람들을 관리하는 데 반드시 필요한 능력을 측정하는 메커니즘을 제공한다.

푸르덴셜은 대부분의 기업들이 꺼리는 일을 하기 시작했다. 그것은 회사 입장에서 직원들을 솔직하게 평가하는 일이었다. 이러한 분석을 하면 회사가 구성원 개개인에게 기울여야 할 노력이 매우 다르다는 것을 알 수 있다. 엔지니어링 부문에 소질이 있는 사람, 괄목할 만한 사업책임자, 창조력이 뛰어난 제품 디자이너, 고객의 존경을 받는 일선 근로자 등과 같이 회사가 영원히 잡아두고 싶은 사람들이 항상 있게 마련이다. 또한 공급이 부족한 특수 기술을 보유한 직원이나 신제품을 창조하거나 새로운 정보체계를 구축하는 팀의 구성원과 같이 한시적으로 반드시 확보해야 하는 인력도 있다.

그리고 마지막으로 훈련이 거의 필요하지 않은 일이어서 쉽게 충원할 수 있는 직원이나 시장에서 수요가 없는 기술을 가지고 있는 직원과 같이 투자할 필요가 거의 없는 사람들도 있을 것이다.

일단 어느 직원을 얼마나 오랫동안 확보해야 하는지를 파악하고 나면, 그들을 계속 머물러 있도록 권유하기 위해 다양한 메커니즘을 사용할 수 있다. 여기서 핵심 요소는 이러한 메커니즘을 회사 전체에 적용하고자 하는 충동을 억제하는 것이다. 몇몇 직원을 대상으로 회사에 어느 정도 필요한가 하는 점과 노동시장에서 수요가 어느 수준에 이르고 있는가 하는 점을 감안해서 거기에 알맞게 프로그램을 짜야 한다. 몇 가지 메커니즘에 대해 살펴보기로 하자.

보수

오늘날 가장 인기 있는 인재 확보 메커니즘은 보수다. 대부분의 기업은 가장 소중한 직원에게 '황금 수갑(전직 방지를 위한 급료상의 특별 우대조치-옮긴이)'을 채우려고 한다. 이는 귀속되지 않은 옵션이나 다른 형태의 연불 소득이 큰 비중을 차지하는 보수체계다. 보수에 바탕을 둔 인센티브가 갖는 문제는 외부에서도 비슷한 유인책을 쓰기 쉽다는 것이다. 인재를 스카우트하는 사람들의 상투적인 수법은 입사계약 보너스를 가지고 특별 우대조치에 맞대응해서 사람을 빼내는 것이다. 인재 확보를 위한 인센티브는 결국 보수의 또 하나의 요소로 전락하기 때문에 장기적으로 인재를 확보하기보다는 임금 인플레이션에 더 기여하는 결과를 낳는다('급료상의 특별 우대는 왜 소용이 없는가' 참조).

그러나 보수는 누가 회사를 떠나고 언제 떠나는지 구체적으로 파악하는 데 도움이 된다. 어느 기업은 현재 공급이 부족한 전문능력을 가진 직원에게 특별 상여금을 지급하고 있다. 이러한 방법은 중요한 제품이 설계의 마지막 단계에 와 있는 것과 같이 결정적인 시기에 인재를 확보하는 유용한 방법이다. 그러나 그러한 기술을 보유한 사람이 시장에서 원활히 공급되거나 회사에서 그 기술이 더 이상 중요하지 않다고 결정하면 상여금 지급은 즉시 중단된다. 예를 들어, 앤더슨컨설팅에서는 최근에 SAP 프로그래머에게 지급하던 상여금을 없애버렸다.

입사계약 보너스를 일시불이 아닌 단계적으로 지불하는 것 또한 단기적으로는 신규 직원을 확보하는 데 도움이 될 수 있다. 연불 입사계약 보너스는 고위급 인재를 채용할 때 관행이 되고 있다. 현재는 텔리전트가 된 어소시에이티드 커뮤니케이션스는 AT&T의 후계자로 추정되었던 알렉스 맨들Alex Mandl을 신임 CEO로 맞기 위해 5년에 걸쳐 2,000만 달러의 입사계약 보너스를 주기로 하였다. 이러한 보너스는 하위급 직원을 잡아두는 데도 유용한 것으로 입증되고 있다. 예를 들어, 버거킹에서는 직원들에게 입사계약 보너스를 제시하지만 3개월간 근무하고 난 후에 지급한다. 3개월이라는 시간은 연평균 이직률이 300퍼센트인 패스트푸드 산업에서는 대단히 긴 시간이다.

물론 연불식 보너스를 지급한다고 해서 모든 신입사원이 지불기일까지 머무는 것은 아니다. 이러한 인센티브는 특별 우대조치(황금 수갑)의 한 형태일 뿐이기 때문에 다른 회사가 언제든지 더 큰 황금 미끼를 제시할 수 있다.

직무설계

매우 중요한 기술을 가진 사람을 장기간 확보하려면 기업은 보수보다 더 나은 메커니즘을 활용해야 한다. 그중 하나가 직무설계다. 어느 업무 과제가 어느 직무에 포함되는지 면밀하게 검토하면 인재 확보에 상당한 영향력을 행사할 수 있다.

UPS가 어떻게 운전기사의 확보율을 높이는 데 성공했는지 살펴보자. UPS는 운전기사들이 배달업무에서 가장 중요한 기술을 보유하고 있다는 것을 깨달았다. 그들은 도로의 특징을 잘 알고 있으며 고객과 직접적인 관계를 맺고 있다. 따라서 이들이 그만두었을 때 발생하는 불이익은 매우 크다. 예를 들어 새로 채용할 운전기사를 찾아서 심사하고 훈련하려면 많은 시간을 할애해야 한다. 또한 새로 채용된 운전기사가 특정 노선을 익히기까지는 여러 달이 걸릴 수도 있다. UPS는 운전기사들이 회사를 그만두는 이유를 조사하기 시작했다. 그 결과 번거롭고 힘든 화물 적재 업무에 원인이 있다는 것을 발견하였다. UPS는 그 즉시 화물 적재 업무를 운전기사의 직무에서 떼어내어 새로운 근로자 집단에 맡겼다. 그러자 운전기사의 이직률은 극적으로 떨어졌다.

물론 새로운 적재업무를 맡은 직원들의 이직률은 연평균 400퍼센트로 놀라운 수준이다. 그러나 이것은 문제가 되지 않는다. 화물 적재 업무는 시간당 임금이 높고 기술 요건이 낮아 사람을 채용하기가 비교적 쉽기 때문이다. UPS는 주로 학생이나 파트타임 인력을 활용한다. 그리고 화물 적재 업무에서 이직률이 높은 것은 예상했던 일이기 때문에 충분히 대처할 수 있었다. UPS는 인재 확보를 위해 직무설계를 할 때, 전체 이직률을 줄이려고 노력하지 않았다. 그보다는 특정 기술을 가진 사람들을 계속 확보한다는 목표를 세웠다. 그리고 이러한 기술을 가지고 있지 않은 사람들에게는 언제든지 회사를 떠날 수 있도록 문을 개방하였다.

한때 월스트리트 가의 투자 기업들은 하위직의 분석가들이 언질도 주지 않고 갑자기 이직하는 문제로 골머리를 앓았다. 이후 투자 기업들은 투자분석가들이 3년 후에 회사를 떠나도록 아예 규정을 마련하여 이 문제를 처리하였다. 사람들에게 회사를 그만두도록 강요하는 것은 이직 문제를 해결하는 방법치고는 지나쳐 보일지도 모르지만, 충분히 이해할 만하다. 요컨대 진짜 문제는 하위 분석가들이 회사를 떠난다는 것이 아니었다. 그들 가운데 많은 사람이 경영대학원에 들어가리라는 것은 예상된 일이었다. 문제는 누가 떠나고 언제 떠나는지 회사가 예측할 수 없었다는 것이다. 그 결과 프로젝트 팀의 인원이 부족해서 일이 지연되는 등 문제가 많이 발생했다.

이제 투자 기업들은 하위 분석가들이 3년 후에 회사를 떠날 것이라는 사실을 알고 있기 때문에 그들의 임기에 맞추어서 프로젝트를 설계할 수 있다. 임기만료 일자를 분명하게 정하면 인재의 범위가 명확하기 때문에 훈련과 개발이 쉽다. 3년이라는 기한이 업계 기준으로 대두되자 직원들은 가능한 한 3년 임기를 채우려고 한다. 하위 분석가들이 직무를 3년 채우지 않으면 이력서에 나쁜 영향을 미치기 때문이다.

개인에게 적합한 직무를 구성하는 방법

기업은 특정 직원의 범주뿐 아니라 개인의 욕구에 부합되게 직무를 구성할 수도 있다. 푸르덴셜생명에서는 이러한 프로그램을 실험하고 있다. 직원들에게는 자신의 관심사나 가치 및 기술을 평가할 때 도움이 되는 다양한 도구를 제공하고, 관리자들에게는 개인적인 요건에 알맞은 보상과 부가급부, 업무할당을 할 수 있게 고무시킨다. 시간제 업무는 외부에서 관심사를 추구하거나 아이를 키우고 싶은 바람을 만족시킬 수 있고, 수업료를 상환해주는 것은 직원의 충성도를 높이는 비결이 될 수 있다.

푸르덴셜의 프로그램은 다양한 고용 옵션(계약사항)을 활용하고 있는데, 이들 중 대부분은 모든 직원이 이용할 수 있다. 그러나 개인에게 적합한 직무를 구성할 때에는 여기서 한층 더 나아간 프로그램을 생각할 수 있다. 핵심 직원들은 그들의 업무와 목표 그리고 목표 달성 방안을 토대로 공식적으로 자기평가할 수도 있을 것이다. 이러한 평가는 개별적인 채용계약의 근거가 된다. 이때 직원 부가급부를 배분할 때 사용하는 것과 유사한 카페테리아 형태의 프로그램을 사용할 수 있다. 직원들은 각자 경력개발 및 직장과 개인생활의 균형 유지 부분에서 옵션을 '획득' 하려고 일정한 양의 돈을 배정받을 수 있을 것이다. 그리고 규모는 그 직원이 회사에 얼마나 중요한지에 따라 다르다.

물론 개인에 따라 다르게 대우하면 공정성의 문제가 제기된다. 성과가 아니라 기술을 기준으로 보상하는 것은 새로운 것이기 때문에 어떤 사람들에게는 마찰의 소지가 분명히 있다. 그러나 그러한 전례는 수없이 많다. 봉급은 오랫동안 노동시장에 바탕을 두고 지급되어왔으며, 수요가 많은 노동시장 부문에서는 더 많은 봉급을 받는다. 보수는 상대적으로 사업 부문의 성과나 주식시장의 상태와 같은 직원이 통제할 수 없는 기준에 따라 통상적으로 달라진다. 그리고 대부분의 기업은 현재 이룩한 직무상 성과가 아닌 다른 측정지표에서 동료들보다 더 가치 있다고 여겨지는 직원에게 항상 빠른 승진 경로를 제공해왔다. 대체하기 어려운 중요한 기술을 가진 직원들에게 더 많은 부가급부를 주는 것은 이러한 확립된 관행과 조화를 이룬다.

더 커다란 쟁점 사항은 배분하는 방식보다 보상의 형태에 있는지도 모른다. 직원들에게 자신의 직무를 스스로 설계하도록 허용하는 기업은 거의 없다. 혹시 있더라도 선별적이기보다 회사 전체에 걸쳐서 이 프로그램을 제공하고 있다. 예를 들어 대부분의 탄력근무시간이 그러하다. 기업들은 선별적인 프로그램 도입의 법률적 시사점뿐만 아니라 직원의 사기에 미치는 영향을 면밀히 검토할 필요가 있다. 하지만 단지 생소한 것이라거나 곤란한 문제를 제기한다고 해서 이것들을 배척해서는 안 된다. 시장은 개별화된 보상을 제공하는 데 매우 창의적이다. 따라서 기업들도 마찬가지로 창의적이어야 한다.

사회적 유대

회사에 대한 충성심은 사라질지 몰라도 동료에 대한 충성심은 그렇지 않다. 따라서 핵심 직원들 사이에 사회적 유대를 고취시켜야 한다. 이렇게 하면 기업은 수요가 매우 높은 기술을 가진 직원들의 이직을 크게 줄일 수 있다. AG 커뮤니케이션 시스템스의 피닉스 소재 사업 부문인 잉

게이지 솔루션스Ingage Solutions의 총관리자인 칼 글레이저는 직장 내에서 사회 공동체를 조성하는 프로그램을 입안하여 소프트웨어 엔지니어의 이직률을 7퍼센트로 억제하였다. 골프 동호회, 투자클럽, 야구팀은 사회적 유대를 조성하며 근로자들을 현재의 자리에 묶어놓는다. 회사를 떠난다는 것은 회사가 후원하는 사회적 네트워크를 떠나는 것을 의미하기 때문이다.

그러나 공동체 조성을 지원하는 제도들에는 한 가지 결함이 있다. 구조조정을 했을 때 미치는 영향이 상당히 크다는 것이다. 그러므로 상대적으로 필요성이 낮은 직원들을 위해서 강력한 사회적 유대를 구축할 필요는 없다. 대신 팀을 활용하면 장기적인 영향 없이 유사한 유대효과를 이룩할 수 있다. 특정 프로젝트를 수행할 긴밀한 팀을 만들면 기업은 팀이 방해받지 않고 프로젝트를 수행할 수 있는 가능성을 높일 수 있다. 이렇게 되면 회사를 떠나려고 했던 사람들조차 동료를 저버리기 어렵다고 느낄 것이다. 또한 팀을 활용하면 또 다른 이익이 있다. 연구결과에 따르면, 팀을 형성하면 업무에 대한 직원들의 헌신성을 높일 수 있다고 한다('충성심 없는 헌신' 참조).

위치

규모가 큰 기업들은 인재 확보를 위한 또 다른 훌륭한 메커니즘을 가지고 있는데, 그것은 바로 위치다. 다양한 직원 집단의 위치를 신중히 선택하면 이직률에 영향을 줄 수 있다. 예를 들어, 어느 첨단기술 회사는 최첨단의 사고방식을 활용하기 위해 실리콘밸리에 연구개발 운영 부문을 두는 것이 유용하다고 판단할 것이다. 이때에는 높은 이직률이 오히려 이익이 될 것이다. 회사는 폭넓은 아이디어를 접할 수 있기 때문이다. 그러나 제품의 고안부터 완성까지 리드타임이 긴 연구개발 프로젝트에는 높은 이직률이 치명적인 요소다. 이때에는 농촌지역과 같이 연구개발 팀의 기술에 대한 수요가 높지 않은 곳에 장기적인 연구개발 운영 부문을 설치하는 것이 현명할 것이다. 그곳에 있더라도 사람들은 여전히 시시각각 떠나겠지만, 전체 이직률은 낮출 수 있다.

펜실베이니아 주 농촌지역에 위치한 해리스 반도체(현재는 '인터실'로 바뀜) 공장에서는 최근 이직률이 연평균 2퍼센트에 불과했다. 이는 반도체 산업의 평균 이직률인 20퍼센트보다 훨씬 낮은 수치다.

물론 외딴 지역으로 사람들을 재배치하려면 그 자체로 문제가 제기된다. 그러나 개별적인 여건과 사람들의 욕구를 고려하면 문제는 해결될 수 있다. 예를 들어 자녀가 어린 직원들은 농촌으로 이동하는 데 흥미를 가질 수도 있다. 그리고 일단 그곳에 정착하면 그곳을 떠나기가 쉽지 않을 것이다.

다양한 채용방식의 적용

기업은 채용을 할 때 종종 가장 확보하기 어려운 사람들을 끌어들이는 데 주력한다. 그렇기 때문에 인재 확보가 더 어려운 것이다. 기업은 직무를 수행할 수 있지만 수요가 높지 않은 근로자들에게 눈을 돌릴 필요가 있다. 이들을 채용하면 시장의 힘을 피할 수도 있을 것이다. 코네티컷 주에 소재한 전자부품 조립 회사 마이크로보드 프로세싱에서는 조립공의 3분의 1을 사회복지 대상자, 약물중독 경험자, 전과자들과 같이 고위험군 지원자들 중에서 채용하고 있다. 이 회사는 새로 채용한 사람들을 조립작업에 배치하기 전에 단순 조경작업을 먼저 맡겨서 어떻게 하는지 살펴본다. 또한 이 회사는 신입 채용자들에게 처음 몇 달 동안 여유시간을 주어서 공장업무의 규율에 점차 익숙해지도록 도와준다. 이렇게 하면 직원들은 자신에게 기회를 준 회사에 감사하고 충성하는 성실한 직원이 된다고 이 회사는 말한다.

건축가들에게 기술지원을 해주는 컴퓨터 응용설계 회사인 아키텍처럴 서포트 서비스Architectural Support Services도 채용과정에서 인재 확보를 강화하고 있다. 초기에는 교과서적인 인력 관리의 관행에 따라서 가장 우수한 전문인력을 채용했다. 그러나 사기가 떨어지고 이직률이 높아지자 회사의 운영은 혼란에 빠졌다. 유능한 직원들 간의 내분이 문제였다. 회사는 인력을 면밀히 검토한 결과 굳이 모든 직책에 뛰어난 근로자를 채용할 필요가 없다는 것을 깨달았다. 회사는 4년제 대학을 나온 엘리트 대신 지역사회 대학의 졸업생들을 채용하기 시작했다. 그 결과 충성심이 한층 더 높고 헌신적인 인력을 확보할 수 있었으며 회사는 전혀 손해를 입지 않았다.

인력감소에 대비하라

때로는 어느 특정 직원이나 집단을 확보할 수 있는 효과적인 방법이 없는 경우도 있다. 시장의 힘이 너무 강하기 때문이다. 기업들이 정보 기술자들을 잡아두는 데 얼마나 애를 먹는지 보라. 노동시장에서 수요에 비해 공급이 극단적으로 부족하다 보니 재능 있는 기술자들은 많은 취업기회를 가질 수밖에 없으며 급변하는 기술요건에 부응하여 자신의 전문능력을 향상시킬 새로운 프로젝트를 찾으려고 한다. 특정 IT 기술을 확보하려는 기업들은 곤경에 빠져 있다. 이에 대한 대안으로 필요한 기술을 아웃소싱하여 인재 확보 문제를 피하는 방법이 각광받고 있다. JP모건 증권은 아웃소싱 방법을 취한 많은 기업 중 하나다. 이 회사는 몇몇 정보기술 회사와 협력하여 피너클 얼라이언스를 설립했는데, 현재 이 회사는 모건 증권의 글로벌 정보기술 운영을 관리하고 있다. 모건 증권은 다루기 힘든 기술 인력난을 해결할 수 있는 최선의 방법이 다른 누군가에게 이 일을 맡기는 것임을 발견한 것이다.

높은 이직률이 생각보다 그리 큰 문제가 아니라는 사실을 발견한 기업들도 있다. 예를 들어 어떤 사업이 엔지니어링 기술에 의존하고 있다고 해서 꼭 엔지니어를 확보해야 할 필요는 없다는 것이다. 활용할 수 있는 엔지니어가 풍부하다면, 그들을 확보하기보다는 신규 채용에 더 주력할 수도 있을 것이다. 이것이 바로 아일랜드의 여러 전자회사가 해왔던 방식이다. 아일랜드의 대학교들은 최신 기술을 훈련받은 유능한 엔지니어들을 꾸준히 배출하고 있다. 전자회사들은 엔지니어들을 적극 채용하고 있지만, 현재 고용하고 있는 엔지니어들을 계속 붙잡아두려는 노력은 거의 하지 않는다. 이들 회사는 이와 같은 방식으로 최신 기술을 지속적으로 확보하고 있다. 게다가 새로 채용한 사람들은 장기근속자들보다 봉급이 낮기 때문에 급여 수준을 제어하는 부수적인 효과도 거두고 있다.

조직과 운영 부문을 높은 이직률에 맞게 훈련시키는 방법도 있다. 직무를 간소화하고 표준화하며 근로자들을 교차 훈련시켜 다양한 업무를 맡을 수 있으면 회사는 어느 한 개인에게 덜 의존하게 된다. 예를 들어 많은 반도체 회사는 기계 오퍼레이터들의 높은 이직률에 대처하기 위해 오퍼레이터들이 더 많은 기계를 맡도록 자격증을 부여하고 3개월마다 직무 로테이션을 실시해왔다. 한 사람이 한 가지 일에만 전념하는 것이 조직의 필요에 부합될지라도 과거 시스템을 버리고 새로운 시스템을 받아들이면 필요한 기술을 시장에서 쉽게 얻을 수 있다. 그리고 분명한 시한을 가진 단기적인 프로젝트로 업무를 재구축하면 이직률을 관리하기가 훨씬 쉽다. 그렇게 되면 기업은 프로젝트가 완료될 때까지만 직원을 유지하면 된다. 이것은 장기적인 충성심을 구축하는 것보다 훨씬 더 쉬운 일이다.

또한 발달된 정보기술로 기업주들은 직원의 이직에 대처할 수 있다. 고객관계 소프트웨어는 판매를 자동적으로 처리하기 때문에 사무원들은 사전 주문과 불만사항들을 포함하여 고객의 모든 내역을 파악할 수 있다. 이렇게 되면 그들이 전혀 알지 못하는 고객이라 하더라도 익숙하게 일을 처리할 수 있다.

로터스 노츠와 같은 그룹웨어 응용프로그램을 활용하면 대화를 표준화하고 결정 내용이나 핵심적인 상황을 기록할 수 있다. 즉, 직원의 지식을 전자기록으로 남기는 것이다. 오픈텍스트의 라이브링크와 같은 프로그램은 모든 직원이 인트라넷에서 문서를 추적하고 공유할 수 있게 해준다. 씽킹툴스의 프로젝트 챌린지와 같이 팀 중심 프로젝트 관리를 위한 새로운 시뮬레이션 소프트웨어는 신규 팀이 직무상의 경험을 통하는 것보다 훨씬 더 빠르게 함께 일하는 방법을 배우는 데 도움을 준다.

핵심 직원이 그만둘 때에는 이메일과 같은 간단한 기술조차도 하늘이 준 선물만큼이나 유용하다는 것을 영앤루비캠의 프로젝트 관리자인 파멜라 히어시먼은 최근에 발견하였다. 그녀는 기존에 있던 전체 프로젝트 팀이 모두 떠난 후에 프로젝트를 맡게 되었다. "프로젝트 파일에는 팀과 고객 사이의 모든 이메일이 남아 있었으며, 이들 중 50여 개 정도를 검토한 후 나는 고객의 문제점과 프로젝트의 방향을 잡는 데 속도를 높일 수 있었다"라고 그녀는 말한다.

경쟁자와 협력하라

기업들 사이에 인재를 확보하려는 전쟁이 치열하다. 기업들은 본능적으로 인재 확보와 채용을 경기처럼 간주하여 상호 도움이 되는 길을 배척하고 만다. 그러나 역사를 돌아보면, 경쟁자들이 협력하는 것이 인재 부족에 대처할 수 있는 가장 효과적인 방법임을 알 수 있다. 1950년대에 록히드, 맥도넬더글러스, 노드롭과 같은 대형 항공기 제작 회사들은 그들의 생명줄이었던 정부계약을 따내기 위해 격렬하게 경쟁했다. 어느 기업이 새로운 계약을 따냈을 때에는 그 일을 완수하기 위해 당장 유능한 인력을 고용해야 했다. 반면 계약을 놓치거나 프로젝트를 끝냈을 때에는 인력이 남아도는 문제에 봉착했다.

캘리포니아 남부에 위치한 많은 회사들이 문제를 해결할 방법을 찾아냈다. 그들은 팀을 서로 지원해주기 시작했다. 예를 들어, 전투기 제작 계약을 놓친 기업에서 경험 있는 직원으로 구성된 팀을 계약을 따낸 회사에 취업시키는 것이다. 물론 팀 구성원들은 원래 회사의 직원으로 그대로 남아 있다. 록히드는 '국가발전을 위한 직원 대여' 프로그램이 광범위한 이익을 가져다주었다고 보고하였다. 회사 쪽에서는 일시해고를 피할 수 있을 뿐만 아니라 핵심 직원들에 대한 투자를 확보하였고, 앞으로 있을 또 다른 계약을 입찰할 수 있는 능력을 유지하였으며, 도움을 준 직원들은 경험을 넓힐 수 있었다.

항공우주 산업은 주계약자와 하청업체 사이의 협력이라는 또 다른 형태의 협력을 경험하였다. 대규모 프로젝트를 위한 복잡한 부품들은 하청업체에서 제작된 후 주계약업체로 옮겨져 대형 모듈로 조립된 다음에 나사와 같은 고객에게 인도되기 전에 최종 조립업체로 넘어간다. 문제는 이러한 공정과정이 수년이 걸릴 수도 있다는 데 있다. 하청업체의 핵심 직원들은 부품을 따라서 주계약업체로 가서 그곳 직원들과 함께 일을 하게 된다.

현재 채용 부문에서 협력이 이루어지고 있는 가장 대표적인 사례는 탤런트 얼라이언스Talent Alliance다. 이 회사는 AT&T에서 시작되었으며 30여 개의 대기업을 포함할 정도로 성장하였다. 이 회사는 다운사이징과 높은 실업이 나타나는 시기에 복잡한 직업 소개소의 일종으로 시작하였다. 숙련된 근로자들을 일시해고해야 했던 기업들은 그러한 기술을 찾는 다른 기업들에게 그들을 소개할 수 있었다. 이 회사는 그 이후 설립 목적을 확장시켰으며, 이제는 사람들을 심사하고 평가하여 그들에게 맞는 직무를 회원사에서 찾아내기 위해 표준화된 검사를 실시하고 있다.

경쟁관계가 없는 기업들 사이에는 이보다 더 다양한 협력체제가 나타나고 있다. 미시건 주 그랜드래피즈에 있는 플라스틱 부품 제조업체인 캐스케이드 엔지니어링은 지역 업체인 버거킹과 협력하여 채용 문제를 조정해왔다. 캐스케이드의 생산직에 필요한 기술을 가지고 있지는 않지만 성실해 보이는 지원자들은 버거킹의 일자리를 제의받는다.

좀 더 숙련된 일자리를 찾고자 하는 성공적인 버거킹 직원들은 캐스케이드에서 직업상담을 받을 수 있다. 캐스케이드로 이동할 수 있다는 가능성은 버거킹에 입사하는 사람들에게 인센티브를 부여해주며, 캐스케이드로서는 버거킹의 직원들이 믿을 수 있는 인력 풀이 된다. 과거라면 개인이 한 회사 내에서만 경험했을지 모르는 경력개발이 이제는 두 회사에 걸쳐 이루어지고 있는 것이다.

직원을 개발하고 가능한 경력경로를 수립하기 위해 다른 기업들과 협력하는 일은 직원이 회사의 전유물이라는 가정에 바탕을 두고 있는 전통적인 인적자원 관리와는 맞지 않다. 그러나 새로운 방식은 시장 중심의 인력이라는 오늘날의 현실과 조화를 이루고 있다. 한 가지는 확실하다. 즉, 새로운 세기가 펼쳐지면서 경영자들은 낡은 사고방식을 버리고 인재를 관리하고 확보해야 하며 나아가 이들을 해방시키는 좀 더 창의적인 방법을 채택해야 한다는 것이다. 지금 어려운 과정을 시작한 사람들은 게임에서 한 걸음 앞서 나갈 수 있을 것이다.

:: 전략적 인재 스카우트

외부에서 인력을 채용하는 현상이 폭발적으로 늘어나고 있다. AT커니의 경영자 검색 부서는 1997년의 검색 건수가 1996년보다 15퍼센트 증가했으며 CEO 검색은 28퍼센트나 증가했다고 밝혔다. 세인트루이스에서 일하는 인재 스카우트 전문가인 존 시볼드는 유망한 경영인 150명의 경력을 추적해 그중 80퍼센트가 2년도 채 안 되어서 회사를 바꾸었음을 발견하였다. 한때는 비영리적인 비공식 행사였던 직업박람회가 지금은 전문 회사들이 주관하는 수익성 높은 화려한 행사가 되고 있으며 채용 회사별로 5,000달러라는 비용을 청구하는 수준에 이르렀다. 그리고 한두 해 전에는 알려지지 않았던 온라인 인력시장은 사람을 구하는 회사들과 일자리를 구하는 사람들의 이력서로 넘쳐나고 있다.

인재 스카우트가 그처럼 빠른 속도로 확산되었다는 것은 기업들이 외부 채용을 전략적·전술적으로 활용하는 법을 배웠다는 것이다. 기업은 빈자리를 채우기 위해서뿐만 아니라 새로운 시장으로 재빨리 확대하거나 새로운 사업을 착수하는 데 필요한 전문능력을 확보하기 위해 경험이 많은 사람들을 영입한다. 예를 들어 가전 산업과 컴퓨터 산업이 서로의 시장으로 진출하면서, 상대편 산업의 전문지식을 활용하기 위한 방편으로 상대편 직원들을 채용하기 시작했다.

미쓰비시 가전 그룹의 미국 법인은 최근 연구인력을 확보하기 위해 컴퓨터 회사에서 일거에 20명의 엔지니어들을 채용하였다. "전자업계의 경영자들을 상대로 마치 미식축구연맹의 스카우트 전쟁을 방불케 하는 상황이 벌어지고 있다"고 캘리포니아 주 새너제이에 있는 맨파워 스태핑서비스의 책임자 밥 리는 말한다.

외부 채용을 전략적으로 활용하는 일은 폭발적인 첨단 산업에 국한되어 있지는 않다. 오늘날 석유 회사들은 주유소에서 석유 판매를 늘리기 위해 펩시나 프리토레이와 같은 회사들에서 소매에 전문성을 가진 관리자들을 채용하고 있다. 고객관계를 좀 더 훌륭하게 관리하고 싶은 항공사는 매리어트 호텔에서 고객서비스에 많은 경험을 가지고 있는 경영자들을 채용하고 있다. 전력 회사는 규제철폐에 대처하기 위해서 이미 그러한 전환과정을 겪은 전화 회사에서 인재를 채용하고 있다. 기업들은 완전한 무無에서 새로운 역량을 개발하기보다는 훔쳐오는 것이 훨씬 더 빠르다는 것을 깨달았다.

인재 스카우트는 또한 기업이 새로운 영역으로 진출하려고 할 때 비교적 손쉬운 방편을 제공해준다. 1995년에 언스트앤영은 경쟁사인 쿠퍼스 앤 라이브랜드의 마드리드 사무소에서 일하는 직원 90명을 채용하여 스페인에서 기반을 구축하였다. 엘레거니 헬스 시스템스Allegheny Health Systems는 1990년대 중반에 필라델피아 지역으로 진출하였을 때 프레스비테리언 메디컬 센터 심장외과 인력을 스카우트하여 그 분야의 전문인력을 확보하였다. 그렇게 되자 프레스비테리언 센터는 방향을 돌려 뉴저지 주 캠던에 있는 쿠퍼스 헬스 시스템스의 심장전문의들을 한 사람만 빼고 모두 스카우트하였다. 외부에서 경영자를 채용하는 일은 이제 기업 전체를 인수하는 것보다 효과적이고 위험이 적은 대안이라고 간주되고 있다. 몇 년 전, AT&T는 컴퓨터 시스템 통합 사업에 진출하기를 원했다. 하지만 기업 전체를 자신의 문화에 통합시킬 수 있을까 걱정이 되어 방향을 선회하였다. AT&T는 스카우트 전문가에게 의뢰하여 전국에서 최고의 시스템 통합 전문가 50인을 파악하였다. 그리고 이들을 영입하여 독자적인 시스템 통합 사업을 시작하였다.

이것이 호경기나 수용에 비해 공급이 부족한 경색된 노동시장에서 나타나는 일시적인 현상이라고 생각한다면 잘못된 시각이다. 사업의 배후에서 이루어지고 있는 변화는 일시적인 것이 아니라 근본적인 것이다. 따라서 외부영입을 전략적 수단으로 활용하는 일은 미래에는 더욱 증가할 것이다. 노동력에 대한 전반적인 수요는 변할 것이지만 인재 확보를 위한 전쟁은 격렬해질 것이다.

:: 급료상의 특별 우대는 왜 소용이 없는가

오늘날 거의 모든 기업이 핵심 인재들의 충성심을 사기 위해 연불식 보수를 제공하고 있다. 이러한 급료상의 특별 우대조치(황금 수갑) 프로그램이 처음 도입되었을 때에는 인재 스카우트 전문가들을 효과적으로 막아낼 수 있었다. 마치 도둑들이 도난경보장치가 없는 집을 노리듯이, 특별 우대조치가 도입되자 인재 스카우트 전문가들은 그러한 장치가 없는 무방비의 다른 기업으로 눈을 돌렸다. 에머슨전기와 같은 기업은 정교하고 세련된 특별 우대 프로그램을 가지고 있는 것으로 유명했다.

그러나 이제는 거의 모든 기업이 핵심 인재들에게 연불식 보수를 제공하기 때문에 특별 우대조치는 더 이상 억제책이 되지 못한다. 인재를 빼내올 만한 무방비 기업들이 더 이상 없으므로 스카우트 전문가들은 막대한 입사계약 보너스를 제시하여 특별 우대조치를 철폐할 수밖에 없었다. 1996년, AT&T에서 CEO를 승계할 입장에 있던 알렉스 맨들은 2,000만 달러 이상의 입사계약 보너스를 제시한 작은 회사 어소시에이티드 커뮤니케이션스의 유혹에 넘어갔다. 하지만 그가 받은 보너스는 상당 부분 그가 AT&T를 떠나면서 포기한 1,000만 달러의 AT&T 스톡옵션과 상쇄되는 것이었다. 이처럼 인재에게 아무리 후한 연불 보수 프로그램을 제안한다 해도, 이보다 한층 더 많은 보수를 제시하는 절박한 상태에 놓인 기업이 있게 마련이다.

특별 우대조치 프로그램은 비효과적일 뿐만 아니라 때로는 역효과를 초래하기도 한다. 1993년에 IBM에 입사한 루 거스너는 회사가 아무리 스톡옵션을 제시한다 해도 결국 핵심 인력들은 경쟁사로 빠져나간다는 사실을 알았다. 그 이유는 수년 동안 IBM의 주가가 떨어졌기 때문이다. 스톡옵션이 가치 없는 것이 되어버렸기 때문에 직원들의 불만이 쌓였던 것이다. 루 거스너는 『포춘』과의 인터뷰에서 이렇게 말했다. "내가 데리고 있는 직원들은 스톡옵션이 모두 무의미한 것이 되어버려 더 이상 이곳에 머물러 있을 이유가 없어졌다."

연구자들은 특별 우대조치가 갖는 다른 역효과도 밝혀냈다. 반도체 산업을 조사한 결과, 이익공유 보너스를 크게 나누어주거나 회사의 주가가 크게 오를 때 엔지니어들이 종종 그들의 이익을 챙겨서 독자적인 사업을 시작하는 것으로 밝혀졌다. 이러한 발견은 노동경제학자들이 도달한 결론과 맞아떨어진다. 즉, 직원들은 뜻밖의 이익을 얻으면 일을 덜 하는 경향이 있으며, 결국에는 조기퇴직하거나 근무시간이 짧은 좀 더 손쉬운 일자리로 옮겨 여가시간을 즐기려 한다는 것이다.

이처럼 비효율적이고 최악의 경우에는 역효과를 불러일으키더라도, 연불식 보수 프로그램은 오늘날 기업에서 여전히 필요하다. 모든 기업이 이 프로그램을 시행하기 때문에 당신의 회사도 시행하지 않을 수 없을 것이다. 그 이유는 시장이 그것을 요구하고 있으며 시장이 인력수급을 지배하기 때문이다.

:: 충성심 없는 헌신

경영자들은 충성심과 헌신성(또는 열의)을 오랫동안 동전의 양면처럼 간주해왔다. 그들은 충성심이 부족한 직원은 업무에 대한 헌신성도 부족하다고 믿어왔다. 이러한 관점에서 본다면 직원의 충성심이 쇠퇴하는 현상은 대단히 우려할 만한 것이다. 또한 많은 연구결과는 헌신성과 성과 사이에 강력한 관계가 존재한다는 것을 보여주었다. 직원들의 헌신성이 부족하면 회사는 큰 어려움에 처하게 된다.

그러나 충성심을 요구하지 않고도 업무에 헌신성을 불러일으킬 수 있는 방법은 많다. 프로젝트를 중심으로 업무를 구성하는 것도 한 가지 방법이다. 연구에 따르면 직원들은 자신의 일에 통제력을 가질 때 더 잘하려고 헌신한다. 일이 잘 되면 직원들은 인정을 받고 위신이 높아지며 경력에도 도움이 된다. 그러나 일이 실패하면 명성에 타격을 입는다.

팀을 만드는 것도 한 방법이다. 헌신성은 개인과 회사라는 추상적인 실체 사이보다는 개인 사이에서 훨씬 더 쉽게 생긴다. 팀 구성원들이 동료를 실망시키지 않으려고 서로 열심히 노력하기 때문이다. 팀이 성과에 대해 더 많은 책임을 가질수록 팀 구성원들은 팀을 위해 노력한다. 특히 팀에 기초한 보상은 공동체의 운명이 구성원들의 성과에 달려 있다는 인식을 조성하는 데 도움이 된다. 심지어는 미국의 자동차 산업과 같이 기업주와 직원 간의 적대적인 관계가 오랫동안 누적되어온 산업에서조차, 팀을 중심으로 생산업무를 재설계하면 근로자의 헌신성을 증대시키기 때문에 품질과 전체 성과에서 현저한 개선을 이룰 수 있다.

헌신성이 장기적인 관계에서만 존재한다고 많은 사람이 오해하고 있는데, 이는 충성심과 헌신성을 혼동하고 있기 때문이다. 다른 영역을 살펴보면 이러한 생각이 사실이 아니라는 것이 명확해진다. 예를 들어 많은 사람들이 모교에 헌신적이다. 또한 많은 사람이 이전에 근무했던 직장에도 그러한데 특히 첫 번째 직장에 그런 태도를 보인다. 예를 들어 맥킨지컨설팅은 이전에 컨설턴트로 근무했던 사람들, 심지어는 해고된 사람들에게서도 높은 수준의 헌신성을 얻고 있는 것으로 유명하다.

단기적인 관계는 장기적인 관계보다 더 높은 헌신성을 불러일으킬 수 있다. 와튼스쿨은 1학년 중간고사 때 이전 직장에서 그들에 대한 인사관리가 어떠했는지를 설명하라는 문제를 낸다. 거의 예외 없이 말단 업무를 했던 사람들, 즉 투자 은행의 초급 분석가와 같이 계약 기간이 정해져 있는 사람들은 이전 직장에 대해 매우 긍정적이었다. 이러한 일시적인 관계가 갖는 장점은 그곳에 있는 사람들이 회사가 자신에게서 무엇을 기대하는지 그리고 자신은 무엇을 얻을 수 있는지를 분명하게 이해하고 있다는 것이다. 그들은 열심히 일을 해야 하며 일정 기간이 지난 후에는 그곳을 떠나야 한다는 것을 알고 있다. 이러한 직원들은 근무하는 동안에도 회사에 헌신할 뿐만 아니라 그곳을 떠난 후에도 긍정적인 감정을 가지고 있어 회사에 혜택을 준다. 즉, 입으로 전해지는 명성에 영향을 미치고, 미래의 사업거래를 용이하게 만들며, 잠재적으로는 미래의 채용 대상이 된다.

3

전문 경영인 채용에서 피해야 할 10가지 함정

클라우디오 페르난데즈 아라오즈
Claudio Fernández-Araóz

요약 | 전문 경영인 채용에서 피해야 할 10가지 함정

잘못된 채용은 그 여파가 매우 심각하다. 특히 오늘날과 같은 경제 환경에서는 더욱 그러하다. 사업 규모의 세계화와 변화의 가속화, 직무 후보자들의 공급 부족, 조직구조의 끊임없는 변화는 이해관계를 기하급수적으로 증가시켰다. 따라서 사람을 잘못 채용하면 기업의 존립 자체가 위태로워진다. 하지만 최근 연구에서는 채용된 고위경영자들 가운데 30~50퍼센트가 해고되거나 사직한 것으로 나타났다.

고위경영자 채용에 이토록 자주 실패하는 이유는 무엇인가? 어떻게 하면 채용과정의 성과를 충분히 향상시킬 수 있을까? 이 장에서는 이러한 질문에 몇 가지 고무적인 해답을 제시하고 있다.

저자는 10가지 보편적인 채용함정을 제시하고, 이 함정이 전 세계의 다양한 업종에서 일하는 사업계획을 어떻게 무력화시켰는지 생생한 사례를 들어 설명하고 있다. 예를 들어 어느 대규모 소비재 회사는 CEO와는 다른 목적을 가지고 있는 경영진에게 채용후보자를 심사하고 면접하는 과정을 맡겼다. 그 결과 잘못된 위임이라는 함정에 빠지고 말았다. 이 밖에도 우리는 감성지능을 무시하는 오류를 범한 미국 정보통신 회사의 사례도 보았다. 이 회사는 뛰어난 실적을 가지고 있는 CEO를 채용했지만, 그가 서로 다른 문화를 이해하는 사회적 기술이 부족해 1년이 채 못 되어 해고할 수밖에 없었다.

저자는 채용을 잘하는 것이 회사에서 가장 중요한 전략이라고 말하고 있다. 그는 채용함정에서 벗어나려면 후보자를 선발하기 전에 회사의 요구점을 체계적으로 평가하는 방법과 이들 요구점이 비어 있는 자리의 직무기술서와 어떻게 조화를 이루는지 파악해야 한다고 제안한다. 또한 저자는 채용 책임을 맡은 경영자가 후보자 탐색에 착수할 때 창의적이고 단호하게 그리고 용기 있게 행동하도록 격려하는 탐색전략을 제안하고 있다.

전문 경영인 채용에서 피해야 할 10가지 함정

고위경영자 채용, 절반의 성공

예나 지금이나 채용이 쉬운 것은 아니다. 2000여 년 전에 중국 한나라의 관리들은 관료에 대한 길고 상세한 직무기술서를 만들어 채용절차를 과학적으로 처리하고자 하였다. 그러나 고고학적 기록을 살펴보면 관리들의 이런 노력은 결국 실망만을 안겨주었다. 새롭게 뽑은 관료들 중에서 기대한 만큼 일을 잘한 사람들이 거의 없었기 때문이다. 오늘날 상위 직책을 충원하고자 애쓰는 기업 경영자들은 이런 불행한 전통을 따르고 있다. 경영자들은 면접, 추천서, 때로는 성격검사까지 해서 채용하는 데 논리와 예측 가능성을 불어넣으려고 노력한다. 그럼에도 성공 여부는 여전히 애매한 상태로 남아 있다. 최근 경영학계와 컨설팅 회사가 실시한 여러 조사에 따르면 신규 고위경영자들을 채용한 결과 30퍼센트에서 50퍼센트가 해고되거나 사직한 것으로 밝혀졌다.

이와 같이 오늘날과 같은 경제 환경에서는 고위경영자 채용이 예전보다 더 어려운 일이 되고 있다. 사업의 규모가 글로벌화됨에 따라 재능이 뛰어난 고위경영자들에 대한 수요가 늘어났다. 반면 유망한 MBA 출신의 많은 사람이 신설 벤처기업을 택하거나 창업을 선택하기 때문에 고위경영자들에 대한 공급은 줄고 있다. 이와 동시에 업무 자체의 성격이 끊임없이 변하고 있다. 1990년대까지만 해도 직무는 상당히 획일적이었다. 전통적인 기능별 조직에서는 CEO와 고위경영자의 책임이 무엇인지 누구나 알고 있었다. 대부분의 조직문화도 비교적 유사했다. 즉, 공식적인 절차가 강조되었고 계층구조를 이루고 있었으며 개인의 성취에 바탕을 두었다. 그러나 합작투자와 전략적 제휴와 같은 새로운 조직형태가 출현하고 팀제, 독립 에이전트, 네트워킹이 보편화되면서 직무를 맡을 적격자를 찾는 일은 훨씬 더 복잡해졌다. 이러한 새로운 종류의 기업과 문화들은 어떤 역량이 필요한가? 사실상 오늘날 두 기업이 정확히 동일 산업에 속해 있다고 하더라도 회사의 CEO가 성공하려면 완전히 다른 기술과 개인적 스타일이 필요할지도 모른다.

지난 13년 동안, 나는 200여 명의 고위경영자들의 이력을 검토해왔으며, 1,000명 이상의 채용과정에 참여했다. 이들 대부분은 행운을 안았지만 일부는 그렇지 못했다. 에곤 젠더 인터내셔널의 전문인력 개발 부문의 리더로서 나는 전 세계에 걸쳐 있는 내 동료들이 수천 명의 고위경영자에 관해 실시한 세부 조사결과를 통해 많은 것을 배우고 토론하였다.

우리의 집단적인 경험을 통해 한나라의 관리들이 기원전 207년에 발견했던 것, 즉 채용을 과학화하는 것이 불가능하다는 것을 확인했다. 채용절차는 종종 10가지 일반적인 오류 또는 채용함정에 빠져 손상된다. 그러나 우리는 체계적인 접근방법을 사용하면 적격인물을 채용할 수 있는 기회가 크게 향상된다는 것을 발견했다. 그러나 중요한 문제들이 언제나 그러하듯 이러한 접근방법이 성공하려면 시간과 훈련이 필요하다.

움직이는 표적을 맞히는 기술

다음에서 설명하고 있는 발생한 2가지 사례는 신경제에서 채용이 갖는 다양한 도전과제를 잘 설명하고 있다. 첫 번째 사례는 전 세계 주요 언론의 1면에 실렸던 기사다. 1998년 12월, 프랑코 베르나베는 텔레콤이탈리아의 CEO로 채용되었다. 이 회사는 민영화된 거대 복합기업으로 형편없는 주가 실적과 경영 혼란의 역사를 지니고 있었다. 당시 프랑코 베르나베는 CEO로서 완벽한 선택인 것처럼 보였다. 1992년과 1998년 사이에, 그는 세계에서 가장 큰 에너지 회사에 속하는 ENI를 매우 수익성이 높고 존경받는 기업으로 변신시켰다. 그리고 이 회사는 임원 수준에서 변동이 극심한 유산도 함께 가지고 있었다. 프랑코 베르나베의 능력은 새로 맡은 직책에 매우 적합한 것으로 간주되어 그가 임명된 당일 텔레콤이탈리아의 주식이 5퍼센트나 상승했고 시장가치가 수십억 달러나 높아졌다.

그런데 단지 2개월 만에 텔레콤이탈리아가 올리베티 기업이 시도한 공격적 인수의 표적이 되자 프랑코 베르나베의 임무는 급격하게 바뀌고 말았다. 예를 들어 프랑코 베르나베는 탁월한 문화적 변화를 이룩하려고 했는데 사실상 그것이 어렵게 된 것이었다. 올리베티의 시도를 막아내기 위해 그는 단기적으로 재무성과를 개선할 필요가 있었다.

즉, 핵심 사업과 비핵심 사업 결합의 가치와 시너지 효과를 신속하게 평가하고 기업인수를 좌절시킬 수 있을 복잡한 투자와 사업 장애물을 즉시 구축해야 했다. 하지만 결국에는 이러한 조치로도 충분하지 않았다. 올리베티는 인수에 성공했으며, 프랑코 베르나베는 취임한 지 6개월 만에 자리에서 물러나야 했다.

두 번째 사례도 미국에 본사를 두고 있는 정보통신 회사에 관한 것이다. 이 회사는 중남미에서 새로 시작하는 사업 부문을 맡을 CEO를 찾고 있었다. 이 사업 부문은 기본적으로는 신설사업이 아니라 미국 기업이 매입한 2개의 기존 현지 기업 간의 합작투자 법인이었다. 흔히 그렇듯이, 인수된 두 기업의 전직 CEO들은 합작투자 회사의 이사로 임명되었으며 대주주로 남게 되었다. 이사회는 신임 CEO가 전략수립에 전문적이어야 한다는 데 동의하였다. 시장은 더욱 혼잡해지고 있었다. 따라서 신규 진입자가 위치를 확보하기에는 그때가 마지막 기회였다. 그리고 새로운 합작투자 회사는 이렇다 할 마케팅 계획이 없었기 때문에 새로운 CEO는 첨단기술 판매와 유통에서 전문성을 가질 필요가 있었다. 새로운 CEO를 찾기 위한 노력이 전 세계적으로 이루어졌다.

석 달 후, 위원회는 새로운 사업 부문을 경영하는 데 적합해 보이는 업계 베테랑을 채용하였다. 그는 다른 지역에서 일하고 있었지만 같은 분야의 정보통신 회사를 매우 성공적으로 운영해왔다. 그는 유능한 전략가였으며, 입증된 마케팅 전문가였다. 어떤 이들은 그를 탁월하다고까지 말했다. 그는 다른 9명의 후보자 중 회사의 기술, 제품, 고객을 가장 잘 이해하고 있었다.

하지만 그는 1년도 채 안 되어 사직해야 했다. 그 이유는 직무를 수행하는 데 실제로 필요한 2가지 기술, 즉 협상과 다른 문화에 대한 감수성이 부족하다는 단순한 것이었다. 이 신임 CEO는 서로 다른 요구를 해오는 3명의 기업주를 일일이 대응해야 했다. 미국의 모기업은 새로운 지역에 자사의 제품과 서비스를 밀어 넣기 위해 새로운 실체(합작투자 회사)를 이용하고 싶어했다. 그리고 CEO였던 대주주 한 명은 수익성에 더 초점을 두어 가격을 올려서 이익을 극대화하기를 원했다. 또 다른 대주주는 가격을 낮추기를 원했는데, 판매량이 성공의 열쇠라고 믿었기 때문이다. 신임 CEO는 이들 모두를 만족시키고 싶었다. 그러나 이 때문에 모든 사람의 적이 되고 말았다.

분쟁은 의사소통 스타일에서 나타나는 문화적 차이 때문에 더욱 악화되었다. 미국인들은 공격적이었다. 중남미 사람들은 공경심이 많았지만, 공식적으로만 그러했다. 배후에서는 그들의 분노와 좌절감이 회사를 마비시켜버렸다. 서로 싸우는 기업주들의 집중포화에 시달린 고위경영자들은 집단적으로 회사를 떠나기 시작했다. 주요 유통업체들은 이러한 불화를 신속하게 입수하고는 합작투자 회사와의 거래를 포기하고 다른 기업에서 제품을 찾았다. CEO가 해고될 무렵, 이 회사는 거의 파산 직전에 이르렀다.

그러나 후임으로 온 CEO는 6개월 안에 회사를 정상으로 돌려놓았으며 발전시키기까지 했다. 그는 정보통신 산업에서 일한 경험이 전혀 없었지만 합작투자 회사가 있는 중남미 국가 출신이었다. 또한 회사의 대주주들에게 잘 알려져 있었고 존경받는 인물이었다. 그는 미국에서 10년 동안 일한 경험을 바탕으로 모기업의 경영자들을 이해하고 다루는 데 특별한 통찰력을 지니고 있었다. 그의 중재 기술은 합작 회사를 하나의 전략 아래로 신속하게 통일시켰다.

이와 같은 사례는 오늘날 기업 환경에서 채용이 가져다주는 위험이 얼마나 큰지를 잘 보여주고 있다. 성공은 유연성이나 다른 문화에 대한 지식과 같이 파악하기 어렵고 개인의 이력서에서 좀처럼 발견할 수 없는 능력에 더욱 의존하게 된다.

한때 성공적인 채용의 신성불가침의 요건이었던 과거 경험은 새로운 조직형태가 끊임없이 탄생하고 직무상 책임이 때때로 하룻밤 사이에 변화하는 시대에는 무의미해지고 있다. 최근에 기업 및 전문인력채용 국제 협회가 실시한 조사에 따르면 회사 밖에서 인재를 찾는 노력이 성공하지 못하는 주요 이유가 인재를 찾는 과정에서 자리가 없어지거나 재정의되기 때문이라고 고객과 컨설턴트들이 지적하고 있음을 밝혀냈는데, 이것은 당연한 결과다.

또한 오늘날에는 채용의 이해관계가 점점 커지고 있다는 것을 염두에 두어야 한다. 경제의 변화속도가 빠르지 않을 때에는, 채용에 실수가 있어도 그 충격이 쉽게 완화될 수 있었다. 기업가, 심지어는 고위경영자들조차도 직무를 수행하면서 배울 수 있었다. 몇 달의 여유가 있었다면, 신설 중남미 사업 부문의 CEO는 요구들이 상충되는 서로 다른 문화의 지뢰밭에서 협상하는 법을 배울 수도 있었을 것이다. 그러나 오늘날 글로벌 경쟁, 자본시장, 뉴스매체는 CEO의 성과를 주목할 만한 사건으로 만들어버린다. 실수를 회복할 기회조차 주어지지 않는 것은 물론이고 아예 무대 위에서 실수조차 하기 어려운 시대가 된 것이다.

고위경영자 채용의 10가지 함정

채용이 성공적이기는 어려운 일이지만 불가능한 것은 아니다. 때때로 적격의 고위경영자들은 일을 제대로 해낸다. 만약 그렇지 않다면 썬마이크로시스템즈, 크레딧 스위스 퍼스트 보스턴, 세계적인 보험회사 AXA와 같은 기업들이 그처럼 효과적으로 성장하지 못했을 것이다. 이들 기업이 성공적으로 성장할 수 있었던 것은 주요 직책에 맞는 체계적인 접근방식을 적용했기 때문이다.

그러나 우리는 채용에서 실패하는 경우도 많다는 것을 발견했다. 고위 경영자 탐색에 실패한 회사들은 종종 우리에게 요청을 해온다. 지난 10년 동안 고위경영자 탐색 사업이 연간 20퍼센트의 성장률을 거둘 만큼 기업의 요구는 절실하다.

그렇다면 채용이 그처럼 자주 실패하는 이유는 무엇일까? 대부분의 기업은 10가지 일반적인 채용함정 중에서 하나 또는 그 이상에 빠져 있다. 이들 함정 중 그 어느 것도 나쁜 의도에서 생긴 결과가 아니다. 오히려 이들 함정은 인간 본성의 많은 면을 반영하고 있으며, 편의주의적인 해결책을 찾으려는 절박한 필요성을 반영하고 있다. 다음에서 제시하는 잠재적인 함정들을 살펴보자.

문제에 단순히 대응하는 접근방식

회사가 새로운 시장에 진출하거나 신규 사업을 시작하는 것이 아니라면, 대부분의 결원은 해고나 사임 때문에 생긴다. 이때 당신은 회사가 이전 사람과는 완전히 다른 사람을 찾을 것이라고 생각할지도 모른다. 재혼을 할 때 흔하게 나타나는 반동효과와 같이 말이다. 그러나 일반적으로 회사는 과거에 그 일을 담당했던 사람만큼 좋은 자질을 가지고 있고 명백한 결점이 없는 사람을 찾는다.

예를 들어보자. 어느 세계적인 제화 회사는 한 유통담당 임원이 동료들, 특히 재무담당 임원과 운영담당 임원과 끊임없이 다투자 그를 해고했다. 회사는 곧바로 해고한 임원만큼 업계 경험이 있고 훌륭한 팀 플레이어인 사람을 찾기 시작했다. 그리고 실제로 그러한 사람을 채용했다. 그런데 역설적으로 그는 어느 누구와도 불화를 빚지 않아서 해고되었다. 회사에 실제로 필요했던 사람은 다양한 유통경로를 관리하는 데 경험이 많고 회사 동료들에게 회사의 낙후된 유통전략을 바꾸어야 한다는 것을 효과적으로 설득할 수 있는 임원이었다.

단순대응식 접근방식이 가지고 있는 문제는 직무요건보다는 전임자와 유사한 성격과 능력에 초점을 맞추어 사람을 찾는다는 것이다. 또한 이러한 접근방식은 신규 채용자를 적당히 받아들이는 분위기를 만든다. 그러나 어느 누구도 전임자를 모방할 수 없을 뿐만 아니라 그러한 요구도 해서는 안 된다.

비현실적인 직무명세서
완벽한 분별을 갖춘 인재개발 팀은 종종 슈퍼맨이나 배트맨 그리고 스파이더맨만이 책임을 다할 수 있는 매우 길고 자세한 직무기술서를 작성한다. 그러나 온갖 내용을 노골적으로 망라하고 있는 이러한 직무기술서들은 일반적으로 모순에 가득 차 있다. 즉, 지원자는 강력한 리더이자 팀 플레이어가 되어야 하고, 매우 정력적인 실천가이자 사려 깊은 분석가가 되어야 하기 때문이다.

이러한 직무기술서들은 일반적으로 인재개발 팀이 새로 채용한 사람과 함께 일할 회사 내의 모든 사람을 인터뷰하여 작성한 것이다. 인재개발 팀은 직무요건을 기록할 때 모든 사람이 그리는 희망사항과 어떤 자질이 탁월한 성과를 가져다주는지 생각한다. 직무명세서들은 일반적으로 새로운 관리자가 달성해야 할 소수의 중요한 우선순위를 고려하지 않고 편집한다. 또한 조직 내에 이미 존재하는 기술이 무엇인지도 전혀 고려하지 않는다.

비현실적인 명세서를 작성하면 지원자 집단이 매우 적어지는 결과를 낳는다. 그리고 MBA나 일정 기간 현장 경험을 한 사람들과 같이, 직무명세서의 일부를 충족시키지 못할지라도 성공을 위해 필요한 핵심 능력을 가지고 있는 최고의 후보자들을 배제해버릴 수 있다.

절대적인 기준에서 내리는 평가

사업에서 칭찬과 비판은 절대적인 기준에 따라 나뉜다. 예를 들어 조라는 사람은 훌륭한 관리자이고 샐리라는 사람은 열심히 일한다고 하자. 그러나 이처럼 애매한 말이 채용과정에서 혼란을 줄 수 있다. 그렇다면 인재개발 팀은 성과가 이루어지는 환경을 충분히 이해하지 못한 상태에서 후보자의 성과를 어떻게 평가할 것인가? 조는 일처리를 훌륭히 해내는 관리자이긴 하지만 인간관계는 그렇지 않을 수 있다. 그리고 샐리는 열심히 일을 하긴 하지만 가까운 장래에 인사평가에서 승진할 가능성이 높을 때에만 그럴지도 모른다.

인터뷰를 진행할 때 경영자들은 종종 상황의 특수성과 무관한 질문을 하기를 좋아한다. 가장 흔한 2가지 질문은 당신의 장점과 약점은 무엇이며, 지금부터 5년 후에 어느 위치에 있기를 바라는가 하는 것이다. 이러한 질문을 받은 사람들은 좋거나 나쁜 대답을 알고 있다. 다시 말해서 절대적인 기준에 입각한 대답을 준비하고 있다. 절대적인 질문에 대한 답변들은 진공 속에서 표현되는 의견일 뿐이다. 그런데 문제는 그것들이 사실로 받아들여진다는 것이다.

사람을 액면 그대로 받아들이는 문제

포스트모던 시대 이후 사람들은 점점 더 냉소적이 되고 의심을 많이 한다고 한다. 그러나 당신은 전형적인 채용과정에서 이것을 느끼지 못할 것이다. 경영자들은 대부분 지원자들이 겉으로 보여주는 모습을 그대로 받아들인다. 그리고 경영자들은 면접 시 질문에 대한 지원자들의 답변과 이력서에 나타난 정보를 쉽게 믿는다. 그러나 많은 지원자는 진실을 완전히 말하지 않거나 적어도 진실을 호도한다.

사실 많은 후보자들은 회사에 오래 근무할 생각을 하고 있지 않다. 그들은 현재 처해 있는 상황을 모면하거나 더 많은 돈을 받고 싶거나 더 나아 보이는 직장에서 근무하기만을 바랄 뿐이다. 이력서는 성공적인 경험은 강조하고 다른 경험은 완전히 삭제하는 식으로 편집된다. 그리고 면접이 이루어지는 동안, 사람들은 질문에 맞게 진실을 수정하기도 한다. 예를 들어 은행에서 대출 담당자로 3년간 근무한 경험이 있는 어느 MBA 출신 지원자는 실리콘밸리의 급성장하는 첨단기술 회사에 취업하고 싶어했다. 그는 모험을 어떻게 생각하는지 질문을 받자, 활력에 찬 작은 신생기업들에게 대출해주는 일이 얼마나 즐거웠는지 자신의 경험을 열정적으로 이야기했다. 하지만 그는 실제로 2개의 벤처기업에만 대출을 해주었을 뿐이다. 그 일에 스릴은 있었지만, 위험이 싫었기 때문에 150여 개 신생기업이 제출한 대출 신청을 거절했던 것이다. 그렇다면 그의 답변은 부정확한 것일까? 기술적으로는 정확했다. 그러나 문제는 진실성 여부인 것이다.

이처럼 채용과정은 완전히 솔직하게 이루어지지는 않는다. 사람들은 자기 자신을 최선의 상태로 내세우고 싶어하며, 최상의 각도로 카메라에 비치기를 원한다. 문제는 대부분의 기업이 다른 측면을 조금이라도 보려고 전혀 노력하지 않는다는 데 있다.

추천서에 대한 과잉 신뢰

대개 사람들은 지원자의 말을 그대로 믿는 것처럼 추천서도 그대로 받아들이는 경향이 있다. 그러나 특히 지원자가 제시하는 추천서는 매우 제한된 가치만을 가지고 있다. 그 이유는 전직 또는 현직 상사와 동료들은 일반적으로 칭찬에 관대하기 때문이다. 그들은 추천서를 작성할 때 좋은 점만 쓰고 나쁜 점은 쓰지 않는다. 또한 그들은 자신들이 한 번도 만난 적이 없는 사람이 훌륭한 채용결정을 내리도록 도와주기보다는 자신과 잘 아는 지원자와의 관계에 더 신경을 쓴다. 어떤 사람들은 법적 소송을 당할 것을 염려하기까지 한다. 실제로 인적자원 관리협회에서 854명의 경영자를 대상으로 조사한 바에 따르면, 단지 19퍼센트의 응답자만이 지원자가 사직한 이유를 추천서를 요구한 회사에 솔직하게 알리겠다고 응답했으며, 13퍼센트의 응답자만이 지원자의 업무습관을 기술하겠다고 응답했다. 이유는 법정에 서는 듯한 느낌이 두렵기 때문이었다.

  흥미롭게도 경영자들은 추천인이 믿을 만한 사람인지 알지 못할 때조차 추천인에게서 전해들은 것을 일반적으로 믿는다. 아마 우리가 어떤 사람의 판단을 그 정도로 신뢰를 가지고 받아들이는 상황은 살아가는 동안 거의 없을 것이다. 외과의사에게 수술을 받을 때 주위의 믿을 만한 사람들에게 그 의사가 유능하다는 말을 듣지 않고서 수술을 맡길 수 있는 사람이 몇이나 되겠는가? 우리는 자동차를 구입하거나 수의사를 선택할 때에도 믿을 만한 친구나 아는 사람들에게 물어본다. 하지만 경영자들은 직원을 선발할 때 완전히 낯선 사람의 말을 믿는 것 이외에는 아무것도 하지 않는다. 자신에게 선택의 여지가 없다고 생각하기 때문이다. 시간은 부족하고, 추천인의 평가가 제대로 된 것인지 판단할 방법도 없다. 경영자들은 대안이 없기 때문에 낯선 사람들의 말을 믿을 수밖에 없다고 주장한다.

편견에서 나오는 오류

채용과정에서는 온갖 판단 오류들이 나타난다. 예를 들어 어떤 특성이 인종, 성별 또는 국적과 관련이 있다고 가정하는 고정관념적 태도가 있다. 그리고 한 가지 긍정적인 특징이 다른 모든 특징을 가려버리는 후광 효과도 있다. 그러나 가장 널리 퍼져 있는 편견은 자신과 유사한 사람을 높게 평가하는 경향이다. 자신과 유사한 사람을 칭찬하는 것은 결국 자기 자신의 가치를 높이는 것이다.

일선 경영자로서 경험을 쌓기 전에 최고의 컨설팅 회사에서 일했던 어느 하버드 경영대학원 출신자는 자신과 유사한 자격을 가진 지원자를 항상 선호할 것이다. 하지만 불행하게도 그 직무는 다른 관점 또는 다른 능력을 가진 사람이 더 잘 수행할 수도 있다.

잘못된 위임

대부분의 경영자들은 채용을 결정할 때 자신이 직접 정확하게 판단하기를 원한다. 그들은 최종 후보를 인터뷰하고 합격자를 선발하는 일을 직접 행한다. 그러나 또 많은 경영자는 이러한 중요한 단계를 부하직원에게 위임해버린다. 흔히 경영자들은 직속부하나 인적자원 부서의 구성원에게 직무기술서를 만들라고 요구한다. 직무기술서를 작성하는 사람들에게 공석이 된 직무의 성격에 대해 충분히 설명을 듣고 CEO가 채용과정에 계속 관여한다면, 이러한 위임은 나쁘다고 할 수 없다. 그러나 이러한 일은 거의 일어나지 않는다. 경영자들이 너무 바쁘기 때문이다. 경영자가 자신의 임무를 위임하는 이유도 바로 이 때문이다.

또 다른 잘못된 위임은 경영자들이 평가할 준비를 갖추지 못했거나 그럴 만한 의욕이 없는 직원에게 최초의 인터뷰를 맡기는 것이다. 예를 들어 어느 대규모 소비재 회사는 유럽에서 새로운 지역담당 경영자를 찾고 있었다. 이 회사는 이력서를 검토하는 일을 6명의 기능부서 관리자로 구성된 팀에게 위임하였다. 팀 구성원들은 유능한 사람과 무능한 사람을 구별해본 경험이 각기 달랐다. 또한 그들은 새로운 상사가 어떠해야 하는지에 대해 서로 다른 의견을 가지고 있었다. 그런데 이러한 것들 중 어느 것도 직무상의 요구나 CEO의 기준과 일치하지 않았다. 또한 이 회사는 팀에게 첫 번째 면접을 실시하게 했다. 그러나 그 결정은 매우 유망한 후보자 한 명을 놓치는 결과를 가져왔다. 이 후보자는 미래의 부하직원들에게 심사를 받는다는 생각에 모욕을 느꼈던 것이다.

체계적이지 못한 면접

제1차 세계대전 이후 면접과 추천서, 성격검사 그리고 심지어는 필적학과 점성학을 포함하여 다양한 평가방법의 유효성에 관해 폭넓은 연구가 이루어졌다. 이를 통해 구조화된 면접이 가장 신뢰성이 높은 기법이라는 것이 밝혀졌다.

여기서 중요한 핵심 단어는 '구조화된'이라는 것이다. 이것은 면접자가 면접을 볼 때 관련 지식, 기술, 일반 능력과 같은 후보자의 역량을 잘 파악할 수 있도록 작성한 질문 목록을 의미한다. 종종 어렵거나 불편한 질문들도 포함하는 이러한 면접은 주의 깊게 계획되고 실행되어야 한다. 실제로는 대부분의 면접에서 얻을 것이 아무것도 없다.

면접은 후보자와 면접자가 서로 아는 인물에서 최근의 스포츠 경기에 이르기까지 주제를 두고 나누는 느슨한 대화다. 비즈니스에 대해 이야기할 때 면접자는 후보자에게 몇 가지 예측 가능한 질문을 던지고 후보자는 이에 답한다. 면접은 다정다감한 대화의 장이 된다. 면접이 끝났을 때 참여자들은 기분이 좋은 상태에서 면접장을 걸어 나오지만, 사실 후보자의 수행능력에 대해서는 거의 아는 게 없다.

비구조화된 면접이 주는 많은 손실 중 가장 치명적인 손실은 눈에 보이지 않는다. 즉, 단지 잡담에 뛰어나지 못하다는 것 때문에 유능한 후보자를 불합격시킬 수 있다는 것이다.

감성지능의 무시

이제까지 언급한 모든 함정은 회사가 지원자를 평가하는 방식에서 나타나는 문제였다. 그러나 또 다른 함정이 있다. 즉, 회사가 무엇을 찾고 있는가 또는 무엇을 찾지 못하고 있는가 하는 것이다. 대부분의 기업은 교육수준, IQ, 경력사항 등과 같이 후보자의 객관적인 자료에만 주목한다. 대부분의 기업은 후보자의 감성지능과 같은 주관적 자료에는 거의 주목하지 않는다. 그렇지만 감성지능은 직업적 성공에 필요한 중요한 요인이다. 『EQ 감성지능』의 저자인 대니얼 골먼이 실시한 연구에 따르면, 탁월한 성과를 얻으려면 감성지능의 요소들이 순수한 지능이나 전문성보다 2배나 더 중요하다는 것이다. 또한 그의 연구에서는 상급 리더의 경우 성공의 90퍼센트 정도가 감성지능 역량에 기인하는 것으로 밝혀졌다.

에곤 젠더 인터내셔널이 3개 대륙에서 500명 이상의 경영자를 대상으로 조사한 결과 성공하지 못한 경영자들은 정서지능에서 가장 결핍되어 있다는 것이 밝혀졌다. 그들은 IQ 및 전문지식이 뛰어났음에도 불구하고 실패한 것이다. 이러한 결과는 경력에 따라 채용되고 성격에 따라 해고된다는 오래된 속성을 잘 설명해준다.

대부분의 사람은 자아인식, 자기제어, 동기부여, 감정이입, 사회적 기술이라는 감성지능의 5가지 요소를 이미 잘 알고 있다. 그러나 이러한 특성을 잘 알고 있다고 해서 다른 사람들에게서 이것들을 쉽게 파악하지는 못한다. 문제를 더 어렵게 하는 것은 직무마다 필요한 감성능력이 다르다는 것이다. 예를 들어 전략적 제휴 단위의 CEO와 같이 어떤 직무는 일반적으로 갈등관리라고 불리는 사회적 기술이 많이 필요할 수 있을 것이다. 최근에 민영화된 회사의 중간관리자와 같이 어떤 직무는 풍부한 감정이입과 변화 촉매제로서의 특별한 역량이 필요할 수도 있다. 그러나 대부분의 기업은 감성능력을 평가하는 것이 복잡하다는 이유로 채용과정에서 이것들을 전적으로 배제하고 있다.

감성능력과 사회적 능력이 모두 중요하다는 것을 알면서도 기업이 이것들을 측정하지 않는 이유가 하나 더 있다. 면접을 진행하는 동안 대부분의 사람들은 자신들이 사회적 기술을 가지고 있는 것처럼 행동한다. 사실, 사람들은 자신의 운명을 결정한 사람을 만날 때 다정하고 협력적이며 친절한 것은 말할 것도 없고 침착하며 태연하게 행동하도록 일생을 통해 훈련을 받아왔다.

정치적 압력

마지막 채용함정은 가장 널리 퍼져 있고 가장 많은 좌절을 불러일으키는 것이다. 고위경영자 탐색이라는 분야에서 20년을 보내면서 내가 보아온 것 중 가장 놀라웠던 채용 오류는 선의의 인물이 공교롭게도 다른 목적에 이용되어 실패한다는 것이다.

예를 들어, 사람들은 친구를 채용하기를 좋아한다. 회사의 해고된 CEO 자리를 자신의 대학 동료에게 승계하는 것이 어떻겠느냐고 이사진에 위압적으로 제안했던 어느 회장의 사례를 살펴보자. 이사진은 어쩔 수 없이 회장의 제의에 동의했으며 표준적인 인재탐색 절차와 평가과정을 생략했다. 하지만 1년도 못 되어 새로운 CEO는 유연성과 전략적 비전이 부족하다는 이유로 해고되었다.

어떤 목적은 더욱 음험하다. 합작투자 회사들의 경영자들은 고위경영자를 임명할 때 후보자의 능력과는 상관없이 자신의 영향력을 강화하려는 목적으로 자신이 지지하는 후보자가 선발되도록 뒤에 숨어 온갖 책략에 몰두한다. 그리고 어느 회사에서든 사람들은 자신의 출세 기회가 줄어드는 걸 원치 않으므로 자신보다 능력이 부족한 후보자를 지지하는 일이 상례다.

또 다른 사례를 살펴보면 후보자들은 호의를 제공한 대가로 일자리를 얻기도 한다. 예를 들어, 어느 후보자는 자신을 지지하는 사람들의 친구를 채용하거나 그들 회사의 서비스를 이용할 것이라는 기대를 내비침으로써 채용되기도 한다. 이러한 임명은 흔히 있는 일이지만 회사의 성과뿐만 아니라 직원들의 사기에도 파괴적인 영향을 미칠 수 있다.

정치적 역학관계는 채용에서 자주 일어나며 치명적이기 때문에 결코 방심해서는 안 된다.

필요한 역량을 파악하라

경영자들이 10가지 채용상의 함정을 피하려면 함정의 실체와 함께 이를 피하는 방법을 알아야 한다. 그러나 이와 동시에 '문제를 정의하다'와 '실행에 옮긴다'라는 2가지 주요 부분으로 이루어진 체계적 과정을 따르는 것이 필수적이다. 어떤 경우에는 채용을 앞두고 전문적인 도움을 받는 것이 유익하다('채용을 위해 외부의 도움을 받아야 할 때' 참조).

문제를 정의한다는 것은 회사가 후보자를 찾기 시작하기 전에 해야 할 일을 기술하는 것이다. 실천에 옮긴다는 것은 평가과정 그 자체를 좀 더 통찰력 있고 신뢰할 수 있으며 성공적으로 만드는 관행을 기술하는 것이다.

회사의 전략을 먼저 파악하라

중요한 자리가 비어 있을 때부터 시작해보자. 회사에 어떤 문제가 있다면 그 문제의 본질은 무엇인가? 손쉬운 해답은 회사가 하나 이상의 함정에 빠져 있다고 가정할 수 있다. 예를 들어, 회사가 전임자의 직무를 단지 더 잘 수행할 수 있는 새로운 경영자를 찾을 필요가 있다고 결정하는 것이다.

그러나 이러한 단순대응식 접근방식은 직무의 점진적인 개선만을 가져올 뿐이다. 올바른 해답을 얻으려면 시간과 노력을 상당히 투자해야 한다. 이것은 회사가 이 직책의 현재와 미래의 수행요건을 정의해야 한다는 것을 시사한다.

이러한 수행요건들은 예외 없이 회사의 전략에 따라 추진될 것이며, 여기가 바로 인재개발 팀이 시작해야 할 출발점이 된다. 조직은 시장점유율을 높이려고 노력하고 있는가? 다각화를 계획하고 있는가? 비용 또는 서비스를 통해 경쟁우위를 찾고 있는가? 이처럼 문제를 정의할 때 회사의 상황을 포괄적으로 평가하는 일은 유용할 수 있다.

어쨌든 근본적으로 전환하려면 신속하고 정확한 문제 진단과 같은 경영관리 기술과 개인적인 능력 그리고 불확실성을 편하게 받아들일 수 있는 자세가 필요하다. 아울러 새로운 벤처사업의 경우 높은 수준의 주도성과 혁신 그리고 승리하는 팀을 구성하고 이끌 수 있는 능력을 가진 경영자를 필요로 한다.

회사의 전반적인 전략과 포괄적인 기본계획이 초기의 방향을 제공하지만 모든 상황은 저마다 독특하다. 정말 중요한 것은 공석이 된 직무 그 자체를 폭넓게 이해하는 것이다. 새로 영입할 경영자는 다음과 같은 질문에 따라 채용 여부가 결정될 것이다.

- 지금부터 2년이 지난 후에 새로운 고위경영자가 성공적이었는지 어떻게 알 수 있을까?
- 우리는 그에게서 무엇을 기대하며, 그는 기대에 부응하기 위해 어떤 노력을 해야 하는가?
- 우리가 합의해야 할 최초의 목표는 무엇인가?
- 우리가 이 직책에 대해 단기 및 중기 인센티브 시스템을 실시할 경우 가장 중요한 변인은 무엇인가?

신임 경영자의 과제는 무엇인가

인재개발 팀은 우선순위 목록을 작성한 후 그 직책의 결정적 사안들, 즉 뛰어난 성과를 올릴 수 있다는 확신을 주기 위해 새로운 경영자가 직면해야 하고 적응해야 할 상황을 파악할 필요가 있다. 결정적 사안은 회사 내 비슷한 직책에 있는 유능한 관리자를 관찰하고 면접하는 방법을 통하거나 후임 경영자의 동료와 직원들의 의견을 조사하는 방법을 통해서 추출할 수 있다. 또한 과거에 그 직책을 담당했던 사람에게서 수집할 수도 있다. 결정적 사안들은 목록을 만드는 데 시간이 걸리기 때문에 채용 과정에서 제외되는 경우가 많다. 그러나 결정적 사안들은 매우 유용하다. 예를 들어보자. 신임 마케팅 관리자를 채용하려는 어느 소비재 회사는 회사 내 5명의 직원들에게 3가지 결정적 사안을 찾아내라고 했다. 이들이 찾아낸 3가지 결정적 사안은 다음과 같다.

첫째, 신임 관리자는 경쟁사의 갑작스럽고 예기치 못한 가격인하에 직면할 것이 분명하므로 이에 신속하게 대응하는 방법을 알아야 한다. 둘째, 그는 한 제품의 새로운 포지셔닝을 마련하여 그것의 과거 포지셔닝이 회사 내에서 사랑받아왔다는 사실을 극복해야 한다. 셋째, 신임 관리자는 자원에 대한 경쟁이 높아짐에도 불구하고 높은 잠재력을 지닌 제품 관리자들을 채용해서 개발하고 확보해야 한다. 이러한 중요사건들을 파악한 결과 이 회사는 인재탐색의 초점을 좁힐 수 있었다.

기업이 문제정의 단계를 깊이 파고들면 직무에 대한 역량 목록이 나타날 것이다. 예를 들어, 신임 경영자는 어떤 공학기술에 대한 충분한 지식이나 일선 근로자들을 동기부여하는 기술을 가져야 한다. 그는 강력한 분석기술 또는 위험을 감수하려는 열정을 가질 필요가 있다. 그러나 어느 한 후보자가 목록에 있는 모든 자질을 갖추었다고 생각해서는 안 된다. 신임 경영자와 함께 일할 사람들을 통해 비공식적으로 신임 경영자의 역량을 조사하는 것이 유용한 이유가 바로 여기에 있다. 그들은 바라는 역량 일부를 그들 스스로 가지고 있을 수도 있는데, 이 경우 이러한 특성들이 신임 경영자에게 덜 필요할 것이다. 따라서 신임 경영자의 동료들이 가지고 있지 않거나 부족한 핵심 역량들을 명확하게 파악해야 하며, 목록에서 가장 높은 위치에 올려놓아야 한다.

내가 들었던 가장 성공적인 채용 사례는 이 과정의 중요성과 효력을 잘 나타내준다. 1990년, 어느 프랑스인 경영자는 수익성이 형편없고 경쟁전략이 결여된 9개 대규모 사업단위로 구성된 유럽의 복합기업을 방향전환하기 위해 임명되었다. 이 CEO는 사업단위 책임자들을 모두 신속하게 교체하기로 결정했다. 각각의 경우, 그는 공석이 된 직무의 수행요건을 정확하게 파악한 후 조직 내에서 이러한 역량이 있는 사람을 찾아서 그를 고위관리자로 승진시켰다.

또한 그는 필요한 역량의 일부를 가지고 있는 사람을 부관리자 자리로 이동시켰으며, 나머지 부분을 가진 외부인을 관리자 자리에 채용하였다. 채용이 이루어질 때마다 CEO는 예상치 못한 사람들을 임명하였다. 업계에서 최고의 인물들은 아니었지만 그들은 그 자리에 필요한 기술을 가지고 있었다. 이 전략이 성공을 거두어서 지난 10년 동안 이 복합기업은 막대한 주주가치를 계속해서 창출하였다.

동료와의 관계를 판단하라

문제정의 단계에서는 수평적 관점, 즉 신임 경영자의 동료가 될 사람들의 관점에서 직무의 수행요건을 파악하는 과정이 포함되어야 한다. 대부분의 직무 탐색은 위로는 상사의 요구조건에, 아래로는 새로운 사람의 직속부하의 이해관계에 초점을 맞추고 있다. 그러나 오늘날과 같은 팀워크의 시대에 필수적인 것은 동료 직원들이 가장 가치 있게 여기는 역량과 개인적인 특성까지 추출해야 하는 것이다.

조직 내의 모든 사람을 만족시키는 것이 불가능한 것은 아니지만 거기에는 위험이 따른다. 그러나 동료들의 이해관계가 무시될 때 어떤 일이 일어나는지 예를 들어보자. 여러 해 전에, 유럽의 앞서가는 한 은행이 사금융사업을 시작하기로 결정했다. 미국에서 정상을 차지하고 있던 사금융기관의 유능한 어느 경영자가 CEO로 채용되어 자신의 팀을 구축하고 여러 개의 지점을 개설하는 완전한 자율권을 부여받았다. 그는 이 모든 것을 신속하게 처리하여 성공을 거두었다.

하지만 그는 가벼운 성향이 있었으며 효과적이고 합법적인 이전가격

정책을 입안하는 데 실패했다. 또한 은행 전체를 통해 끼워 팔기 방식을 장려하는 데 실패했다. 다른 면에서 성공을 거두었음에도 불구하고 동료들과 제대로 화합하지 못해 질투와 분노를 야기했다. 결국 그는 2년이 지난 후에는 모든 주도적 조치를 중단해야 했다. 이것은 막대한 재정적, 정서적 손실을 초래했다.

핵심 역량을 정리하라

지금까지의 문제정의 단계에서 인재개발 팀은 비어 있는 직책과 여기에 적합한 사람에 대해 많은 정보를 작성했다. 이제는 탐색과 평가노력에서 길잡이 역할을 할 핵심 역량들의 최종 목록을 만들 차례다.

직무를 처음 수행하는 사람들을 위해서 인재개발 팀은 직무기술서에 최소한의 교육수준과 구체적인 경험을 기술해야 한다. 따라서 많은 직무들이 움직이는 표적 같지만 어느 직무의 요건이 하룻밤 사이에 변하더라도 신입 채용자가 최소한의 수행요건을 갖추었다면 단기적으로 관리할 수 있게 될 것이다. 그러나 장기적인 성공 여부는 직무기술서의 핵심, 즉 주요 역량의 목록에 따라 결정된다. 일반적으로 주요 역량은 6개를 넘지 않아야 한다. 그렇지 않으면 역량 목록은 비현실적일 위험이 있다. 그리고 대부분의 경우 6개 이후의 역량들은 조직의 나머지 부분들에서 충족시킬 수 있다.

그러나 역량 자체는 어떠한가? 역량들을 어떻게 기술해야 하는가? 간단하게 답하자면 역량을 행동 용어로 표현할 수 없다면 아무 쓸모가 없다는 것이다. 이 점을 설명하기 위해 흔히 직무기술서에서 역량으로 인정되는 팀 플레이어라는 용어를 살펴보자. 세 사람에게 팀 플레이어가 무슨 뜻인지 물어본다면 각자 다른 대답을 할 것이다. 어떤 사람은 집단 정체성과 헌신성을 구축하는 능력으로, 어떤 사람은 일을 잘 수행하여 얻은 성과를 공유하는 것을 의미한다고 할 것이다. 또 어떤 사람은 모든 구성원을 적극적이고 열광적으로 참여하도록 유도해낼 수 있는 사람으로 정의할 것이다. 또 다른 역량인 전략적 비전도 마찬가지다. 어떤 경영자는 산업 내에 작용하는 힘들에 대한 심층적 분석을 실시할 수 있는 능력으로, 어떤 경영자는 새로운 방향으로 사람들을 고무시키고 이끌어가는 능력을 의미한다고 본다.

역량을 행동적 용어로 정의하면 뜻이 명료해진다. 총관리자를 찾고 있는 어느 대규모 산업용품 제조업체의 사례를 살펴보자. 인재개발 팀은 새로운 경영자가 마케팅 관리자의 역량을 가지고 있어야 한다는 데 동의했다. 대부분의 기업에서 정의하는 것보다 한층 더 나아가서 인재개발 팀은 직무기술서를 사용하여 마케팅 관리능력을 다음과 같이 해석했다. 지원자는 국제적인 사업기회를 포착할 수 있어야 하며 모든 필요한 사업 부서들이 이러한 노력에 참여할 수 있는 환경을 조성할 수 있어야 한다. 지원자는 필요한 경우 거래를 포기할 수 있어야 하지만, 뒤로 물러서서 거래를 더 잘 성사시킬 수 있는 자격을 갖춘 사람에게 거래를 양도할 시기를 인식할 수 있어야 한다.

성공적인 직무수행에 필요한 개인적 요인과 대인관계 요인들을 포함시키지 않는다면 어떤 역량 목록도 완전한 것이 될 수 없다. 따라서 일을 완수하는 데 매우 중요한 몇 가지 감성지능 역량들을 직무기술서에 포함시켜야 한다.

2년 전, 어느 지방은행에서 11개의 소규모 협동조합의 강제 합병을 관리할 CEO를 찾고 있었다. 인재개발 팀은 신임 CEO에게는 갈등관리라는 역량이 필요할 것이라고 판단했다. 이들은 직무기술서에 갈등관리를 다음과 같이 재치 있게 바꾸어 기술했다. 즉, 외교적 수완과 재치로 까다로운 사람들과 긴장된 상황을 다룰 수 있는 능력, 잠재적인 갈등을 발견하고 의견 차이를 공개하여 이를 감소시키는 데 도움을 줄 수 있는 능력, 토론과 공개적인 논의를 장려할 수 있는 능력, 상호 이익이 되는 해결책을 마련할 수 있는 능력이 바로 그것이다.

오늘날 이 은행은 전국에서 가장 괄목할 만한 성공담의 하나로 등장하고 있다. 갈등관리 전문가였던 CEO는 채용되었을 당시에는 소매금융에서 최고 전문가가 아니었다. 하지만 서로 보완하는 기술을 가진 탁월한 팀을 만들어서 성공을 이룩하였다.

문제정의의 마지막이자 매우 지루한 단계는 역량의 짧은 목록이 탐색과 평가과정을 이끌 것이라는 합의를 채용결정에 참여한 모든 사람에게서 얻어내는 것이다. 적어도 새로운 채용자의 상사는 역량 목록에 서명을 해야 한다. 좀 더 바람직한 것은 채용과정에 참여한 다른 주요 참여자들도 서명하는 것이다.

여기에는 이사회의 멤버들, 인적자원 담당 책임자, 심지어는 새로운 채용자의 직속부하 일부도 포함될 수 있다. 그러한 단계는 시간을 소비하고 에너지를 소모하기 때문에 지겨울 수 있다. 하지만 첫 번째 국면의 나머지 단계들과 마찬가지로 합의를 이루는 것은 일종의 투자로서 장기적인 이익을 가져다준다.

실행에 옮겨라

합의하여 명확한 역량 목록을 준비했다면 성공적인 채용의 두 번째 국면은 후보자들을 선정하고 평가해서 최종적으로 적격자를 선발하는 것이다.

모든 곳에서 후보자를 발굴하라

그렇다면 훌륭한 후보자 집단을 발굴할 때 고려해야 할 최선의 전략은 무엇인가? 이 질문에 대한 첫 번째 대답은 이용 가능성이 높은 정보원을 발굴하라는 것이다. 우리의 경험에 따르면, 경영자들은 후보자를 끌어모으는 데 너무 많은 시간을 낭비한다. 광고를 싣거나 인물정보지를 훑어보며, 친구와 동료들에게 전화를 한다. 하지만 이러한 방법은 그다지 효과가 없다. 가장 빠르고 이치에 닿는 방법은 높은 자질을 가진 후보자들을 알고 있는 사람을 찾는 것이다. 즉, 후보자를 찾고자 할 때 후보자 그 자체를 찾지 말고 뛰어난 후보자들을 알고 있는 사람을 찾는 것이다.

뉴욕에서 성장을 거듭하던 어느 첨단기술 회사의 CEO가 새로운 판매책임자를 채용하는 사례를 살펴보자. 그는 『월스트리트저널』에 광고를 게재해서 거의 3개월 동안 수백 통의 이력서를 훑어보았으며, 마침내 20여 명을 인터뷰했다. 그러나 그의 기대를 충족시킨 사람은 아무도 없었다. 이에 실망한 그는 마침내 그가 처음에 시작했어야 한 일로 되돌아왔다. 즉, 한 번에 5~6명의 후보자를 거명할 수 있는 업계의 정보통을 접촉한 것이다. 그는 과거에 그의 공급업체에서 CEO로 있다가 현재 산업컨설팅 회사에 근무하고 있는 사람에게 사정을 말했는데, 그 사람은 4명의 확실한 후보자를 알려주었다. 그리고 자신이 일하고 있는 기업과 같은 여러 대기업에서 유통 문제에 관해 자문을 하고 있는 어느 경영대학원 교수와 점심을 같이 하였다. 교수는 또 5명의 후보자를 알려주었다. 이런 정보원은 이 회사와 충원하려고 하는 직무를 잘 이해하고 있을 뿐만 아니라 다년간의 접촉을 유지한 사람들이다. CEO는 두 정보원이 추천한 사람 중 한 명을 채용했다.

후보자를 발굴하는 두 번째 전략은 '열린 사고방식'을 채택하는 것이다. 경영자들이 채용과정의 한가운데서 개방적이고 창조적인 태도를 갖는 일은 매우 드물다. 그들은 모든 것에 손을 대기는 너무 어렵고 위험하다고 느끼기 때문에 본능적으로 규칙을 정확히 지키는 것이 더 나을 것이라고 생각한다. 대부분의 사람들은 유사 업계나 직능에서 사람을 찾는 것으로 끝내거나 단순대응식 접근방법 혹은 자신과 같은 사람을 뽑겠다는 편견에 빠지게 된다. 때로는 외부에만 초점을 맞추고 회사 내부에 있는 유망한 후보자는 전혀 고려하지 않기도 한다. 이와는 반대로 어떤 경영자들은 관습이나 조직의 압력에 굴복해서 장래성이 있는 사람이 회사 외부에 있을 때에도 내부에만 초점을 두기도 한다.

그러나 인재 확보에 성공하려면 후보자 발굴 단계에서 관습을 버려야 한다. 예를 들어, 어떤 유럽인이 일본에서 가장 규모가 큰 외국계 회사의 회장으로 임명된 후 곤경에 처한 회사를 단기간 내에 정상화할 책임을 맡게 되었다. 그때 그는 가장 먼저 전임자가 해고했던 임원을 다시 채용했다. 그와 같은 관행을 벗어난 조치는 지켜보는 많은 사람에게 충격을 주었지만, 신임 회장은 선택에 제한을 두지 않기로 했다. 퇴사한 직원을 고려 대상에 넣지 않을 이유가 어디에 있는가?

또한 지난 몇 년간에 걸쳐 관습에 얽매이지 않는 것만큼 성공적이라고 입증된 창의적인 채용 사례를 살펴보자. 아르헨티나의 중앙은행은 은행 총재와 총관리자에게 직접 보고하는 위치에 있는 고위관리자들을 채용해야 했다. 상황은 긴박했다. 국가는 초인플레이션을 잡고 경제를 개선하기 위해 개혁을 하고 있는 중이었다. 금융시장에서 잠재적인 위기가 발생하지 않도록 중앙은행은 주요 은행들을 적절하게 통제하고 지도할 수 있는 능력을 과감하게 강화해야 했다. 그런데 비어 있는 직무들은 막대한 책임과 투명성이 필요한 자리였다. 그리고 많은 유능한 전문가를 설득할 수 있는 호소력을 가져야 했다. 그러나 그 당시의 공공 부문은 매우 평판이 나빴다. 어느 누구도 정부에서 일하기를 원치 않았으며, 특히 노련한 금융인들은 더욱 그랬다.

금융업이 아닌 다른 산업으로 눈을 돌린 인재개발 팀은 민간 부문에서 일하는 일류 회계법인의 관리자들도 자격이 있다고 판단했다. 그러나 그들을 어떻게 은행으로 유인할 수 있는가가 문제였다. 인재개발 팀은 이 회사들 대부분이 '승진 아니면 사직' 정책을 가지고 있으며 매년 자격을 갖춘 전문가들의 일정 비율이 승진하지 못한다는 사실을 알았다. 인재개발 팀은 이들 회사에 직접 접근해서 사직할 수밖에 없는 관리자들을 집단 채용할 수 있는 가능성을 찾아보기로 하였다.

계획은 효과를 거두었다. 의외로 회계법인들은 국가 금융 시스템의 안정성을 염려하고 있었기 때문에 중앙은행을 적극 도와주고 싶어했다. 많은 회사가 중앙은행의 인재탐색을 환영했으며, 곧 일류 법인에서 일하는 관리자들을 채용했다. 전문가들은 서로 신뢰하는 동료들과 함께 일할 거라는 사실을 알고 있었기 때문에 중앙은행을 위해 관리자 집단을 채용하는 일은 쉽게 이루어졌다. 그리고 마지막으로 은행은 이미 서로 좋은 인간관계를 맺고 있는 공인회계사들을 활용할 수 있어 큰 도움을 얻었다. 이들은 매우 열정적으로 일했으며, 은행의 개혁을 성공으로 이끌었다.

탐색과 채용을 분리하라

일단 지원자 목록을 작성하고 나면 평가 단계가 시작된다. 이 단계에서 기업들은 일반적으로 평가와 채용을 동시에 하고 있다. 다시 말해, 기업은 지원자들에게 직책을 제안함과 동시에 후보자들을 평가하려고 노력한다. 하지만 이것은 잘못된 것이다. 지원자를 공평무사하게 평가하는 데 필요한 에너지를 분산시키기 때문이다. 지원자들이 가능한 직무에 계속 관심을 갖는 것은 중요하지만, 채용은 과정 후반에 이루어지기 때문에 평가를 혼란스럽게 해서는 안 된다.

그 대신 인재개발 팀은 구조화된 면접을 실시하는 데 초점을 맞추어야 한다. 매우 직관적인 면접자가 최고의 면접자라는 일반 통념이 있다. 물론 이러한 면이 도움이 되지만 철저히 준비하는 것이 더 중요하다. 최고의 면접자는 각 후보와 미팅하는 데 필요한 상세한 계획, 즉 조사해야 할 각각의 역량은 물론 이를 측정할 질문을 작성해야 한다('구조화된 면접 설계하기' 참조). 즉, 중요한 것은 행동에 초점을 맞추어서 질문해야 한다는 것이다. 그리고 이 질문은 절대적인 형태를 취해서는 안 된다. "당신은 위험을 어떻게 생각하는가"라고 묻는 것은 무의미하다. "당신은 어떠한 위험에 직면했으며, 어떻게 대처했는가"라고 묻는 것이 더 효과적이다.

가장 이상적인 면접은 조직 내의 두 사람 이상이 실시하는 것이다. 실제로 여러 사람에게 지원자들을 평가하도록 하는 전략은 시스템 내에 강력한 견제와 균형 효과를 제공한다. 단 한 가지 중요한 전제를 붙이면, 여러 사람이 면접을 할 때에는 서로 독립적인 경우에만 의미가 있다는 것이다. 한 사람이 어떤 후보자를 인터뷰하고 나서 다음 면접관에게 "나는 그녀가 훌륭하다고 생각합니다. 당신 역시 그녀를 좋아하기를 바랍니다"라는 메시지를 전하며 그녀를 인터뷰하라고 한다면 두 사람 이상의 면접은 효과가 없다. 면접은 일종의 진공상태에서 실시되어야 한다. 면접자 각자는 사전에 영향을 받지 않고 심사해야 하며 자신이 받은 인상을 기록

해야 한다. 그런 후에 비로소 후보자에 대한 인상을 서로 비교해야 한다.

그렇다면 얼마나 많은 사람이 후보자를 인터뷰해야 할까? 우리의 경험에 따르면, 2차 평가는 채용 오류의 확률을 50퍼센트에서 10퍼센트로 감소시키며 3차 평가는 사실상 훌륭한 결정을 보완해준다.

지원자 면접은 그의 직속상사, 상사의 상사 그리고 인사 담당자가 하는 것이 일반적이다. 또한 새로운 경영자와 앞으로 어떤 관계를 맺을 건지와는 무관하게 경험이 많고 통찰력이 있는 회사 내 직원이 후보자를 면접하는 것이 타당하다.

경쟁우위로서 장기 고용을 중시하는 기업들은 그에 따라서 면접 횟수를 늘려야 한다. 예를 들어, 에곤 젠더 인터내셔널은 5개국에서 모인 최대 35명의 컨설턴트가 지원자 면접을 본다. 그 결과 이 회사는 연간 이직률이 2퍼센트에 불과하다. 그러나 이 같은 극단적인 방법은 이직률이 전략의 중요한 요소가 아닌 경우에는 거의 필요하지 않다.

추천인을 검토하는 일은 좀 더 완벽한 채용을 위한 체계적 과정의 다음 부분이며 아마 가장 까다로운 부분일 것이다. 추천인 검토에 들어 있는 피상성을 어떻게 극복할 수 있을까? 한 가지 해답은 당신이 알고 있는 사람과 이야기를 나누며 가능하다면 후보자를 실제로 알고 있는 사람의 말을 믿는 것이다. 그 사람은 후보의 상사나 그의 동료가 아닐 수도 있지만, 아마도 비영리단체에서 함께 일한 사람일지도 모른다. 물론 후보자의 공식 추천인과도 이야기를 나누어야 하지만, 직접 이야기를 나누기 위해 모든 노력을 기울여야 한다. 짧은 전화통화를 하기보다는 점심식사를 함께 하면 더 많은 정보를 얻을 수 있을 것이다. 또한 식사를 같이 하다 보면 이 정보원을 신뢰할 수 있는지 판단할 수 있다.

추천인과 대화를 하려면 후보자의 구조화된 면접과 동일한 엄격한 준비를 갖추어야 한다. 즉, 후보자에 대해 일반적인 의견을 묻는 것은 거의 의미가 없다. 그보다는 비어 있는 직무의 내용과 극복해야 할 도전들을 설명해야 한다. 그리고 후보자가 현재 또는 과거에 맡은 직책에서 유사한 도전에 직면한 적이 있는가, 그것을 어떻게 극복했는가를 질문해야 한다. 추천인 면접은 후보자의 정서적·사회적 역량을 정확하게 평가할 수 있는 중요한 기회임을 인식해야 한다. 후보자들은 면접이 이루어지는 동안 최선의 행동을 연출하기 때문에 그러한 역량들을 직접 판단하기가 어렵다는 것을 항상 염두에 두어야 한다.

모든 탐색과정은 결코 인재개발 팀이 기대했던 대로 끝나지 않는다. 낚시에 걸린 고기가 가까이 끌려올수록 벗어나려고 몸부림치는 것처럼, 채용과정의 초점이 평가에서 선발로 바뀔 때 능력 있는 많은 후보자들은 달아나버린다. 그 이유는 직무가 마음에 들지 않기 때문이다.

끊임없이 설득하라

채용에서 가장 중요한 부분은 후보자가 지닌 주요 동기와 기본적인 두려움을 이해하는 것이다. 돈에 동기부여가 되기도 하고, 도전을 원하기도 하며, 집단과 함께 일하기를 바랄 수도 있다. 직무를 제안할 때에는 이러한 차이를 고려해야 한다. 이와 동시에 회사가 줄 수 없는 것은 결코 약속하면 안 된다. 만약 후보자가 훌륭한 팀을 원했는데 그에게 평범한 팀밖에 넘겨줄 수 없다면 솔직하게 말해야 한다. 새로운 후보자에게 거짓말을 하여 입사시키는 것처럼 어리석은 일도 없을 것이다.

위험을 대하는 태도는 사람마다 다르다. 일반적으로 처음 채용되어 새로운 직무를 찾지 않았던 신임 채용자들은 위험이 줄어들기를 원한다. 예를 들어, 회사에 입사한 지 얼마 되지 않아서 1사분기의 성과에 영향을 미칠 수 없다면 그에 대한 책임도 지려 하지 않을 것이다. 또 어떤 사람들은 분사 가능성을 걱정할 수도 있다. 또는 가족 소유의 회사인 경우 일상적인 운영에서 가족성원의 역할 부분을 염려할 수도 있다. 이러한 위험 중 어떤 것들은 채용계약 조건을 통해 쉽게 해소될 수 있다. 투명성은 항상 원활한 통합을 촉진시킨다.

마지막으로 설득보다 더 확신을 주는 것은 없다. 만약 어느 후보자를 진정 원한다면 그만큼 특별한 노력을 기울여야 한다. 내가 아는 최고의 채용 사례 중 하나는 끈질긴 인내의 결과였다. 어느 대규모 석유 회사의 CEO는 이상적인 생산담당 경영자 후보를 6개월 동안 쫓아다녔다. 후보자를 수없이 만났으며, 심지어 설날 전날에 두 가족이 함께 축하연을 열기도 했다. 후보자가 입사를 수락하고 나서 바로 다음 주에 입사를 다시 거부했을 때에도 그 CEO는 만남과 편지 그리고 전화통화를 지속하였다. 그 결과 마침내 후보자는 직무를 받아들였으며 기대했던 것보다 더 훌륭하게 일을 수행해냈다.

현명하게 채용하는 용기

채용을 잘하려면 체계적인 접근방식이 필요하다. 그러나 중요한 것은 규율이 필요하다는 것이다. 그리고 채용에는 용기가 필요하다. 조직의 정치성은 물론 시간과 관습의 압력 때문에 많은 채용이 함정에 빠지기 쉽다.

채용이 순탄하게 이루어지려면 경영자는 합의한 역량 목록에서 벗어나서는 안 된다. 그렇지 않으면 채용과정은 곧바로 오염된다. 경영자들은 문제를 정의하고 실행에 옮기는 데 시간과 노력을 기울여야 한다. 이러한 단계를 통해 정보를 얻을 수 있는 것보다 쉬운 길은 없다. 마지막으로 경영자들은 채용과정의 원리와 절차를 다른 사람들에게 가르쳐야 한다. 혼자서 전략을 실행할 수 있는 경영자는 없다. 그리고 채용을 잘하는 것은 바로 전략이다. 그것은 조직의 가장 중요한 전략일지도 모른다.

편법이 끼어들 때 체계적인 접근방식이 실패하는 것을 수없이 보았다. 한 예로 영향력이 있는 어느 이사회 임원은 자신이 가장 중요시하는 기술을 좀 더 반영하여 직무기술서를 다시 작성하라고 요구했다. 또 다른 예는 최종 후보자가 마지막 순간에 형편없는 추천서를 받았다. 두 경우 모두 힘이 작용했다. 그 결과 직무기술서가 바뀌었고 이사회 임원이 추천한 후보자가 채용되었다. 그리고 형편없는 추천서는 무시되었으며 결국 최종 후보자가 선발되었다.

용기는 대화를 해야 하며 때에 따라서는 대결도 불사해야 한다는 것을 의미한다. 두 사례의 주인공들이 용기를 가졌더라면 더 행복한 결말을 얻었을지 모른다. 물론 두 사례에서 새로 채용된 사람들은 결국 해고되었다.

:: 채용을 위해 외부의 도움을 받아야 할 때

많은 조직이 고위경영자 직무가 비어 있을 때 외부에서 도움을 받아야 하는가를 두고 갈등을 겪는다. 이 부분은 지금까지 많은 논란을 불러일으켰다. 고위경영진을 채용하기 위해 전문 회사를 이용하는 데 드는 요금은 수십만 달러에 이를 수 있다. 사실 이 금액은 실패했을 때 드는 비용과 현명한 채용을 했을 때 나타나는 이익과 비교하면 무시할 만한 것이다. 하지만 사람들은 외부의 도움이 실제로 채용결정을 향상시키는 데 도움이 되는지 여전히 의구심을 갖고 있다.

그들의 말이 일리가 있을지도 모른다. 나 또한 고위경영자 전문 헤드헌팅 회사의 파트너로서 전문가의 도움이 불필요할 때가 있다는 것을 잘 알고 있다.

예를 들면 어느 한 직무와 관련된 후보자가 적고 잘 알려져 있을 때 그리고 구체적인 필요성이 분명할 때다. 세계경제 동향 분석가를 찾고 있는 워싱턴 소재의 어느 종합연구소 사례를 보자. 조직 내부에는 매우 재능 있는 2명의 후보자가 있었으며, 이사회 임원들은 12명 정도의 외부 후보자들을 개인적으로 알고 있었다. 외부 후보자들은 모두 학자이거나 다른 연구소의 직원들이었다. 그리고 이사회 회장은 필요한 것이 무엇인지 아주 분명히 알고 있었다. 이때는 내부 후보자 중 한 명이 빠르게 승진한다.

회사가 많은 탐색을 하고 있을 때에는 외부의 도움을 받는 것은 의미가 없다. 회사는 공석인 직무의 수행요건과 그 직무에 가장 적합한 사람의 역량에 대해 잘 알고 있기 때문이다. 따라서 전문적인 직책이라면 외부에서 도움을 받을 필요가 없다. 이 경우에는 노하우와 전문성이 있는 사람을 찾으면 된다. 이러한 객관적인 역량들은 주관적인 관리능력이나 리더십 능력보다 더 쉽게 평가할 수 있기 때문에 전문가의 도움이 필요하지 않다. 마지막으로 지위가 낮을수록 외부 도움의 가치도 낮아진다. 이러한 경우에는 외부 도움에서 아무런 이익을 얻지 못한다. 그러나 이외의 다른 상황은 전문적인 인재탐색 회사를 불러들이는 강력한 사례를 제시해주고 있다.

첫 번째 상황은 회사가 순익에 큰 영향을 미칠 수 있는 고위직을 채용할 때다. 헤드헌팅 전문 회사가 다른 후보자보다 단지 1퍼센트 더 많은 이익을 창출할 수 있는 후보자를 찾아내더라도, 그것은 계속해서 이익을 주게 된다. 게다가 전문 회사는 고위직책에 필요한 것을 신속하고 비밀리에 조사하는 부분에서 조직 내부의 스태프보다 훨씬 뛰어나다. 특히 외부의 도움은 다각화, 신규 시장 또는 합작투자 때문에 생긴 새로운 자리를 채우는 경우에 의미가 있다. 이러한 상황에서 기업은 공석인 자리에 필요한 핵심 역량을 잘 모르고, 잠재적 후보자들과 그들을 평가하는 방법에 대해 제한된 지식을 가지고 있기 때문이다.

또한 헤드헌팅 전문 회사들은 회사가 다양한 부분에서 새로운 경영자를 찾을 때 가치를 더해줄 수 있다. 예를 들어, 구태의연한 것으로 명성이 높은 어느 투자 기업은 새로운 마케팅 담당 임원을 채용하기로 결정했다. 이 회사가 의뢰한 헤드헌팅 회사는 축적된 경험과 노하우를 통해 자동차 회사, 아침식사용 시리얼 제조 회사, 의류업계를 중심으로 탁월한 후보자 목록을 작성했다. 이 회사는 결국 시리얼 제조 회사 출신의 경영자를 채용했는데, 그는 회사 브랜드의 명성을 회복시켜주었다.

마지막으로 어느 한 후보자를 두고 많은 회사가 서로 채용하고자 경쟁할 때 경영자 탐색 회사를 택하면 도움을 얻을 수 있다. 많은 헤드헌팅 회사들은 이러한 후보자들이 요구하는 복잡한 고용계약을 정교하게 작성할 수 있는 풍부한 경험이 있기 때문이다. 인센티브와 보너스를 독창적으로 구축하는 방법을 알고 있고 후보자가 지각하는 위험을 최소화하는 방법을 알고 있다. 스톡옵션, 파격적인 제의 등 최신의 재무 수단들이 나타나고 있는 오늘날에는 전문가에게 의뢰하는 것이 이익이 될 수 있다.

그러나 아웃소싱에서처럼 고위 경영자 전문 헤드헌팅 회사를 이용하기로 선택한 기업은 주의해서 진행해야 한다. 결국 고위경영자를 채용하는 일은 전략적 의사결정에 관한 것이라고 할 수 있다. 따라서 기업의 경영자들은 채용과정의 모든 단계에 계속 관여해야 한다. 그 방법은 다음과 같다.

기업뿐만 아니라 컨설턴트도 선택하라

헤드헌팅 전문 회사가 제시하는 안내자료만을 근거로 기업을 선택하는 것은 이력서만을 근거로 고위경영자를 채용하는 것과 같다. 인재탐색 회사를 선택할 때는 회사의 컨설턴트와 여러 번 면접을 실시하고 그 회사 고객들의 추천을 검토하라. 또한 회사의 전문 스태프의 이직률에 대해 질문하고 협력을 강화하기 위해 회사가 사용하는 메커니즘에 대해 질문하라. 안정된 스태프를 가진 회사는 그들의 지식을 공유할 수 있기 때문에 잠재적 후보자들과 이들을 효과적으로 평가하는 방법에 대한 독특한 정보를 구축하고 있을 가능성이 매우 높다. 많은 컨설팅 회사처럼, 어떤 고위경영자 전문 헤드헌팅 회사들은 일을 따낼 때는 노련한 파트너들을 이용하지만 인재탐색을 실시할 때에는 갓 졸업한 MBA와 같은 경험이 적은 사람들을 이용한다. 따라서 선발과정에서 컨설턴트를 만나 그들이 실제로 탐색의 각 단계를 처리할 수 있도록 해야 한다. 당신은 그들의 경험과 전문적 능력을 평가하고 그들의 이용 가능성과 상냥함, 솔직성을 파악해야 할 것이다.

잠재적 갈등을 피하라

대부분의 헤드헌팅 전문 회사들은 부분적으로 커미션에 따라 대가를 받기 때문에 내부에 있는 후보자가 똑같은 자격을 갖추고 있는데도 불구하고 외부에 있는 후보자를 추천하는 경향이 있다. 이와 마찬가지로 헤드헌팅 전문 회사가 신규 채용자의 보상체계의 일정 비율을 보수로 받을 때에는, 지나치게 비싼 계약을 맺으려 하는 경향도 있다. 균일 수수료나 의뢰비와 같은 방식을 사용하면 이러한 모든 문제를 피할 수 있다. 사실 나는 그러한 옵션을 제시하지 않는 기업이 걱정이 된다.

팀으로 일하라

효과적인 인재탐색은 헤드헌팅 전문 회사와 의뢰 회사 사이의 파트너십의 결과다. 따라서 문제정의부터 실행단계와 최종 제시에 이르기까지 모든 채용과정에 완전히 참여하는 것이 결정적으로 중요하다. 컨설턴트가 이러한 채용과정을 통해 가치를 부가시킬 수 있지만, 의뢰 회사의 경영자보다 직무와 조직에 대해 더 잘 알고 있는 사람은 없기 때문이다.

:: 구조화된 면접 설계하기

구조화된 면접은 면밀한 계획과 규율이 잡힌 실행의 결과다. 실제로 우리는 2시간 동안의 면접을 통해 의미 있는 정보를 얻으려면 적어도 그만큼 준비시간이 필요하다는 것을 발견했다. 준비를 할 때 가장 중요한 부분은 후보자가 그 직책을 담당할 수 있는 역량이 있는지 확인할 수 있는 질문 목록을 작성하는 것이다. 이것은 후보자에게 경험과 행동에 대해 질문하는 것을 의미하지만, 대부분의 면접자들은 대개 후보자가 자신의 이야기를 하도록 내버려둘 뿐이다. 최근에 급변하는 소비재 회사의 마케팅 담당 임원을 면담했는데 그때 우리는 그 직책에 적절한 5가지 역량과 일련의 전문적 자격요건을 파악하였다. 아래 표에는 구조화된 면접에 필요한 몇 가지 질문들이 제시되어 있다. 이 질문들은 일반적인 사항보다는 행동에 초점을 두고 있다.

역량	질문
결과지향성	· 사업 착수나 제품 출시에 참여한 적이 있는가? 사업 착수 또는 제품 출시가 성공할 수 있도록 당신이 취했던 구체적인 조치는 무엇인가? · 당신이 주도했던 가장 성공적인 마케팅 커뮤니케이션 프로젝트를 설명해보라.
팀 중심 리더십	· 당신이 팀을 효과적으로 이끌었던 때를 기술하라. 당신이 한 일은 무엇인가? 팀과 조직은 당신이 취한 조치로 어떤 도움을 받았는가? · 당신이 특별히 도전적인 팀 프로젝트를 맡았던 때를 기술해보라. 그때 당신은 장애물을 어떻게 극복했는가?
전략적 사고	· 당신이 현재 몸담고 있는 회사가 직면하고 있는 전략적 이슈 3가지는 무엇인가? · 이들 이슈 가운데 하나를 처리하는 데 당신이 개인적으로 참여했던 상황을 기술하라. 어떤 조치를 취했는가?
변화 주도자	· 당신이 책임을 맡았던 아이디어나 프로젝트에 대해 조직 차원의 저항을 받았던 때를 기술하라. 저항을 어떻게 처리했으며 결과는 어떠했는가? 현재라면 그것을 다르게 처리할 것인가? · 우리에게 필요한 조직문화와 변화를 상정할 때, 당신이 이 직책을 효과적으로 수행하고 즐길 거라는 것을 입증할 구체적인 사례를 당신이 경험한 것을 토대로 생각해낼 수 있는가?
마감시간 압력에 대한 대처능력	· 당신이 마감시간을 맞추기 위해 엄청난 노력을 기울였던 때를 기술하라. 결과는 어떠했는가?

4

평범한 직원에서
프로페셔널한 파트너로

허미니아 아이바라
Herminia Ibarra

요약 | 평범한 직원에서 프로페셔널한 파트너로

여러 해 동안 프로페셔널 서비스 기업의 파트너들은 전문직 사원에서 파트너로 도약하는 것을 자연도태의 문제, 즉 적자생존에 대한 시련이라고 간주했다. 그러나 이 모델은 바야흐로 소멸하기 직전에 있다. 오늘날의 기업에서는 인재를 확보하고 유지하는 일이 매우 중요해졌다. 파트너가 되리라는 희망으로 고된 일을 마다하지 않는 젊은 MBA들이 성황을 이루고 있는 새로운 인터넷 기업으로 대거 이동하고 있기 때문이다.

그렇다면 기업은 그들이 양성하려고 그토록 열심히 노력을 쏟아 부은 인재를 어떻게 하면 붙잡을 수 있을까? 저자는 전문직 사원들이 파트너의 인격체를 형성할 수 있도록 도움을 줄 때보다 적극적인 조언자 역할을 맡는 것이 한 가지 방법이라고 말한다. 그녀는 파트너가 되기를 열망하는 전문직 사원의 여정에서 길잡이가 되기 위해 파트너들이 취할 수 있는 3단계를 다음과 같이 설명한다.

첫 번째 단계는 역할모델을 관찰하는 것과 관계가 있다. 콜라주 방식을 택하면, 젊은 전문직 사원들은 다양한 인물을 관찰함으로써 가능한 행동 스타일 목록을 크게 만들 수 있다. 파트너들은 어떤 스타일이 전문직 사원들에게 맞는지 그 이유를 명확하게 알려줌으로써 이러한 관찰과정에 도움을 줄 수 있다. 파트너들이 취할 수 있는 두 번째 단계는 전문직 사원들을 격려하여 역할모델을 목록으로 작성하는 것이다. 전문직 사원들은 많은 상급자와 협력하여 올바로 조언해주는 사람들을 쉽게 찾을 수 있다. 그리고 세 번째 단계에서 상급자들은 파트너로 전환하는 과정에서 가장 힘든 순간에 전문직 사원들을 지원하는 특별한 관심을 기울일 수 있다.

전문직 사원에서 파트너로 건너뛰는 일은 쉽지 않다. 때로는 견디기 어려울 수도 있다. 그러나 파트너로 도약하고자 하는 의지와 용기를 가지고 전환과정에 관련된 심리적·정서적 장애물을 이해하면 성공할 수 있다.

직원과 경영자 사이의 균열 뛰어넘기

회사 내의 경영 컨설턴트, 투자 은행원, 공인회계사와 같은 전문직 사원들은 누구나 어느 시점에 이르면 전문직 사원에서 파트너로 도약을 시도하지 않을 수 없다. 어떤 사람들은 이 균열을 쉽게 뛰어넘는다. 그들은 고객의 비위를 맞추고 계속 만족시키는 방법을 익혀왔기 때문이다. 그들은 자신감을 갖고 도약하는 법을 배웠다. 그러나 대부분의 사람들에게는 균열을 뛰어넘는 일이 좌절과 혼란의 경험이 된다. 그래서 균열을 뛰어넘어 다른 쪽에 도달하더라도 상처를 입는다. 또 어떤 사람들은 시도에서 실패하여 결국에는 실의에 빠져 회사를 떠나고 만다.

여러 해 동안, 프로페셔널 서비스 기업의 파트너들은 전문직 사원에서 파트너로 도약하는 것을 자연도태의 문제, 즉 적자생존에 따르는 불가피한 통과의례라고 간주했다. 그들은 과거에 자신들도 균열을 뛰어넘었기 때문에 균열을 뛰어넘을 수 없는 사람은 회사에 필요한 올바른 소질을 가지고 있지 않다고 생각했다. 그러나 오늘날 경제 호황기에 몰아치고 있는 인재 확보 전쟁을 통해 많은 기업이 이러한 사고방식을 바꾸었다. 과거라면 파트너로 임명될 거라는 희망으로 10년간의 고된 일을 마다하지 않았을 재능 있는 MBA들을 이제는 발견하기 어렵다. 이들은 성황을 이루고 있는 새로운 인터넷 기업으로 옮겨가고 있다. 이제는 맥킨지나 골드만삭스와 같은 명성 있는 기업들조차도 판매자 시장에서 인재를 찾지 않을 수 없게 되었다.

요컨대 프로페셔널 서비스 기업들은 더 이상 자연도태에 의존할 수 없다. 고급 인력을 충분히 확보하려면 회사가 양성해서 균열 바로 앞까지 데려온 전문직 사원들에게 도움을 주어야 한다. 하지만 어떤 방법으로 도울 것인가? 해답은 파트너가 되는 기준을 낮추는 데 있지 않다. 그렇게 하기보다 파트너들은 젊은 직원들에게 적극적으로 조언자 역할을 하여 그들에게 균열을 뛰어넘어서 살아남는 방법을 가르쳐주어야 한다. 이렇게 하기 위해서 파트너들은 자신들이 뿌리깊이 이해하고는 있지만 토론한 적이 거의 없는 경영자로의 변신과정을 인정하고 이에 적극 관여해야 한다. 즉, 파트너가 되고자 하는 포부를 가진 전문직 사원들이 새로운 정체성을 형성하는 것을 도와주어야 한다.

유감스럽게도 파트너가 되고자 하는 전문직 사원들은 딜레마에 빠져 있다. 그들은 파트너로서의 역량을 갖추고 고객들과 관계를 정립하기도 전에 파트너처럼 행동해야 한다. 또한 그들은 자신이 회사 어느 곳에 적합하며 어떻게 공헌할 수 있는지에 대한 견해를 바꾸어야 하는 어려운 입장에 놓이게 된다. 이들은 회사를 대변하는 입장에서 그리고 좀 더 경험이 풍부한 고위경영자에게 동등한 지위의 조언자로서 당당하게 말하고 행동해야 한다. 요컨대 그들은 전문직에 대해 과거와는 다른 새로운 정체성을 확립해야 하는데, 이러한 변화는 힘겨운 정신적 경험이 될 것이다.

이러한 경험은 대부분의 젊은 전문직 사원들이 회사에서 정식으로 충분한 지도를 받지 않은 채 균열을 건너뛰어 파트너 역할을 맡는다는 사실 때문에 더욱 악화된다. 그들은 혼자 힘으로 해내며, 임기응변으로 문제를 해결한다. 대부분의 사람들이 전문직 사원에서 파트너로 전환하는 과정이 무작위적이고 산만하다고 느낀다. 그들을 판단하는 기준도 정해져 있지 않다. 어떤 이들은 적절한 지도를 받지 못하고 파트너가 되므로 파트너로서 당연한 것이라 생각하고 취한 행동 때문에 커다란 상처를 입기도 한다. 어떤 이들은 효율성을 발휘하기 위해 필요한 것을 깨닫는 데 엄청난 시간이 걸리기도 한다. 이들은 좌절감을 느낀 나머지 자신이 파트너로서 맞지 않다고 생각하여 다른 자리를 알아볼 수도 있다. 많은 기업이 단지 이러한 식으로 귀중한 인재를 놓쳐버렸다.

물론 어떤 전문직 사원들은 맡은 일에 충실하며, 이들 중 대부분은 결국 파트너로서의 진정한 정체성을 새롭게 개발한다. 그러나 이들조차 파트너로 발돋움하는 여정은 여전히 힘난하다. 대부분의 사람들은 여정 도중에 자신이 파트너의 역할을 제대로 해낼 수 있는지 의문을 가지기 때문이다. 그들은 파트너가 될 때까지는 파트너인 척한다는 접근방식과 싸우는데, 이러한 접근방식을 임시변통의 조치로 받아들일 수밖에 없다고 느낀다. 그들은 성실성의 문제와도 씨름하게 된다. 파트너로 변신하는 과정만큼 심리적으로 복잡한 변신과정도 드물다.

최근 몇 년간, 나는 하버드 경영대학원의 연구보조원인 제니퍼 수시와 나오미 앳킨스의 도움을 받아서 대형 전문 서비스 회사에 근무하는 35명의 파트너 지망생들을 연구했다. 이 연구에서 나는 파트너가 되는 데 성공한 전문직 사원들이 역할모델을 관찰하여 새로운 행동을 실험해보고 진전과정을 평가하는 분명한 접근방식을 사용하고 있다는 것을 발견하였다. 파트너가 되는 속도도 느리고 비효과적인 사람들은 유연성이 크게 떨어지고 위험이 높은 다른 접근방식을 사용하였다. 지도교사로서 성공하기 위해 파트너는 2가지 접근방식 모두를 잘 알아야 하며 파트너가 되려는 포부를 가진 사람들이 더욱 효과적인 파트너로 성장하도록 지도하고 지원하는 방법을 알 필요가 있다.

경영자가 되는 3단계 과정

모든 전문직 사원이 파트너가 되고자 하는 여정에서 혼자 힘으로 꾸려나가도록 방치되지는 않는다. 어떤 사람들은 그러한 도중에 풍부한 도제제도의 경험을 누리기도 하지만, 오늘날에는 이런 경우가 매우 드물다. 오늘날에는 대부분의 파트너들이 업무에 쫓겨 회사 밖에 있게 된다. 오늘날처럼 경쟁이 치열하고 갖가지 기회가 널려 있는 경제상황에서는 그렇게 하지 않을 수 없다. 따라서 도약을 모색하는 젊은 전문직 사원들은 단편적인 막연한 조언을 얻는 경우가 많다. 가장 자주 듣는 조언은 '파트너가 되기를 원한다면 파트너처럼 행동하라'는 것이다. 더욱 심하게는 '내가 하는 대로만 행동하라'와 '자신의 본연의 모습을 잃지 말라'는 2가지 상반된 조언을 듣기도 한다.

전문적으로 말하자면 이처럼 단편적인 조언은 잘못된 것은 아니지만 전혀 도움이 되지 않는다. 파트너들이 이보다 더 많은 것을 알고 있는 것은 사실이지만, 일반적으로 이들의 통찰력은 묵시적 지식에 지나지 않아서 말로 표현하기가 어려울 수 있다. 전문직 사원들이 특별한 조언을 해달라고 조르면 파트너들이 "자신감을 가지고서 계속 일을 하라"라든가 "자신의 존재를 높이도록 노력하라"는 말과 같이 막연한 제안을 하는 이유는 아마도 이 때문일 것이다. 파트너가 되기 위해서 전문직 사원들은 자신이 갖고 있는 기술뿐만 아니라 의사소통 스타일도 바꾸어야 한다. 그러나 전문직 사원에서 파트너로 옮겨가기 위해서는 더 강력한 개인적인 변신이 필요하다. 그리고 정체성을 창조할 때 파트너가 되기를 열망하는 직원들은 바로 여기서 어려움을 겪으며 가장 도움을 받고 싶어한다.

내가 수행한 연구에서 어느 전문직 사원의 사례를 살펴보자. 그는 자신이 근무하는 컨설팅 회사에서 뛰어난 분석가로 알려져 있었다. 전 세계의 고객을 상대로 힘든 업무를 수행하면서 5년을 보내자 이제 회사에서 승진하거나 떠나야 할 때가 되었다.

그는 그때 이렇게 말했다. "이 게임에서 정말로 성공하기 위해서는 모든 자료를 가지고 있고 모든 사실을 알고 있는 사람이라는 나의 이미지를 버려야 한다. 그리고 나 자신이 조언자라고 생각할 뿐만 아니라 고객에게도 조언자로 인식되어야 한다. 그것은 나에게는 전혀 새로운 역할이다. 만약 내가 기존에 해왔듯이 자료에 의지할 수 없다면 나의 존재기반은 완전히 무너지는 것과 같다."

이 컨설턴트는 전전긍긍했지만 결국 파트너의 길을 따라 훌륭하게 전진하였다. 내가 수행한 연구에서 높은 자리로 올라간 다른 사람들처럼 그는 처음에는 산만해 보였던 전략을 사용했다. 그러나 좀 더 자세히 검토해본 결과 그가 사용한 전략은 역할모델의 관찰, 새로운 행동에 대한 실험, 실험의 결과에 대한 평가라는 3단계의 반복되는 학습과정으로 구성되어 있다는 것이 입증되었다.

이 과정을 설명하기 위해 2명의 전문직 사원을 살펴보자. 한 명은 29세의 컨설턴트인 로버트 포먼이며, 다른 한 명은 27세의 투자 은행의 직원인 리즈 브레너다. 동일한 기본 전략에 대한 서로 다른 접근방식을 취한 두 사례를 살펴보면, 어느 방식이 더 효과적인지 분명하게 알 수 있을 것이다. 로버트 포먼과 리즈 브레너는 내가 수행한 연구의 참여자를 대표하며, 그들의 이름은 이 장에 나오는 다른 모든 사람처럼 가명이다.

로버트 포먼의 사례

로버트 포먼은 6년 동안 뛰어난 수리력과 확실한 시장분석 능력을 보여준 우수한 직원이었다. 그러나 파트너로 임명될 즈음 그는 고객에 대해 자세를 개선할 필요가 있다는 이야기를 들었다. 그는 곧바로 역할모델을 찾기 시작하였다.

첫 번째 그가 선택한 사람은 그의 상사인 조 맥더피라는 파트너였는데, 그의 성격은 느긋한 로버트 포먼과는 정반대였다. 로버트 포먼은 조 맥더피를 이렇게 묘사했다. "그는 해야 할 필요가 있다고 생각하면 매우 직설적으로 이야기하는 스타일이다. 심지어 그는 고객의 잘못에 대해서조차 퉁명스럽게 이야기할 것이다."

로버트 포먼은 조 맥더피를 모방하려고 노력했지만, 그의 스타일을 자신의 것으로 받아들일 수 없다는 것을 곧 깨달았다. 예를 들어 어느 회의에서 로버트 포먼은 고객에게 거만하게 대하는 식으로 과잉 대응을 했다가 반발을 샀다. 그는 자신의 고유한 스타일을 더 고수하기로 결정하고 다른 모델을 찾았다. 모델을 찾는 과정에서 그는 파트너의 스타일이 적극적 스타일에서 탐색적 스타일에 이르기까지 연속체상에서 다양하게 나타난다는 것을 발견하였다.

그의 설명을 들어보자. "양극단의 유형은 모두 효과가 있지만, 대부분의 사람들이 적극적 유형에 속한다. 예를 들어 맥더피, 루이스, 로버츠,

폭스워스, 리처드슨은 모두 지시적이며 고객에게 자신의 의견을 밀어붙인다. 매든은 연속체의 다른 쪽 끝에 있다. 그는 여행에 당신과 동행하겠다는 식의 탐색형이다."

몇 개월 동안 로버트 포먼은 기회가 있을 때마다 다른 행동을 시도해보았다. 그러고는 다양한 사람들의 반응을 면밀히 관찰하면서 많은 것을 배웠다. 그는 이렇게 회상하였다. "용기를 가지고 상급자들을 상대하는 방법은 리처드슨에게서 배웠다. 맥더피는 핵심 문제에 고객의 관심을 집중시키는 방법에 대해 몇 가지 조언을 해주었다. 나는 매든이 고객과 일대일 대화를 할 때 어떻게 대처하는지를 지켜보았다." 그는 자신이 관찰한 파트너들의 행동 일부와 자기 자신의 스타일을 혼합한 후 고객과의 회의에서 시도해보았다.

그 결과 행동의 폭이 넓어진 것을 느꼈다. 예를 들어, 그는 자신의 느긋한 스타일에 조 맥더피의 직설적인 방식을 접목했다. 즉, 고객들의 의견이 잘못되었다고 생각했을 때는 고객에게 이를 이야기했지만, 그들의 기분이 상하지 않도록 하기 위해 말을 순화시켰다.

이렇게 다양한 행동들을 실험하자 그는 상급자들이 그에게 건설적인 조언을 빈번하게 해준다는 것을 깨달았다. 어느 여성 파트너는 그녀가 부재중일 때 그에게 일련의 회의를 주재해달라는 부탁을 하기도 했다. 그의 고객들도 호의적인 반응을 보였다. 그들은 그의 의견을 더 많이 요구했으며, 지난번 회의 때 그가 지적했던 기발한 의견을 종종 회상하였다. 로버트 포먼은 이렇게 말했다. "6개월도 안 되어서, 나는 능숙하게 처리하는 방법을 이해했을 뿐만 아니라 자신의 정체성을 훼손하지 않고도 일을 처리하는 방법을 배웠다." 그는 자기 자신에 충실하면서도 다른 사람들을 모방하여 새로운 정체성을 창조하였던 것이다.

리즈 브레너의 사례

뛰어난 투자 은행 직원으로 명성이 높은 리즈 브레너는 특히 기술적 분석과 시간 관리에서 뛰어난 기술을 가지고 있었다. 그러나 3년째 되는 해의 업적검토에서 그녀는 고객업무에서 좀 더 적극적인 역할을 맡아야 한다는 통고를 받았다. 이러한 조언에도 리즈 브레너는 전혀 놀라지 않았다. 그녀는 자신이 고객과 마주하면 부끄럼을 타는 경향이 있다는 것을 잘 알고 있었기 때문이다. 그녀는 이렇게 말했다. "회사 직원들과 같이 있을 때 나는 논쟁을 벌이기를 좋아하고 엄격하며 많은 요구를 하는 편이다. 그러나 고객과 함께 있으면 나도 모르게 조심스러워 내 의견을 제시하지 못하는 경향이 있다. 내가 새로운 고객을 상대로 처음부터 입장을 올바르게 확립하는 데 어려움을 겪는 이유는 바로 이 때문이다."

그녀는 회사의 고위경영자들을 관찰하면 파트너가 되기 위해 필요한 것이 무엇인지 알 수 있을 거라고 직감적으로 생각했다. 그러나 문제는 마음에 흡족한 역할모델을 찾을 수 없다는 것이었다. 그녀는 입사한 후 관리담당 이사인 다니엘 모리스 밑에서 거의 모든 업무를 처리했다. 하지만 그녀는 그의 스타일을 좋아하지 않았다. 그가 퉁명스럽고 거만하게 느껴졌기 때문이다. 다니엘 모리스는 성공적으로 업무를 추진하긴 했지만 그녀는 그를 인간적으로 존경하지 않았다.

그녀는 또한 브라이언 핀이라는 다른 임원 밑에서 일한 적도 있다. 그녀는 그의 우호적인 방식을 높이 평가했지만 그를 역할모델로 삼을 수는 없었다. 왜냐하면 그는 고객을 상대할 때 지나치게 느긋하며 일을 부탁하지 않았다. 그러한 행동을 할 수 있는 건 그만큼 여러 해의 경험을 쌓아왔다는 것이기 때문에 그녀와는 맞을 수가 없었다.

그녀는 역할모델을 찾지 못하자 자신의 능력에 의존하기로 결심했다.

그녀는 자신의 강점이 분석기술이라는 것을 알고 있었다. 그래서 고객에게 이러한 기술을 가장 잘 보여줄 수 있는 방법을 찾는 데 집중하였다. 고객들과 회의를 하기 전에 그녀는 가능한 모든 각도에서 고객의 업종을 조사하는 데 시간을 보냈다. 그녀는 평소보다 더 잘 설계된 차트와 훨씬 더 포괄적인 보고서를 손에 들고 회의에 참석하였다. 그런데 유감스럽게도 고객이 제기하는 질문은 그녀가 준비한 자료와 동떨어진 것이었다. 그래서 평소처럼 보조 역할에만 머물러야 했다.

1년 동안, 그녀는 어떻게 하면 고객들에게 좋은 인상을 줄 것인가 하는 문제에 매달렸다. 매번 새로운 고객과 회의를 하기 전에 그녀는 자료와 분석결과를 꼼꼼히 검토하였다. 심지어는 상대방에게 좋은 인상을 심어주는 방법을 교육받기도 했다. 시간이 지나자 그녀는 대부분의 고객들이 자신의 지식과 전문능력을 점차로 신뢰한다는 것을 깨달았다. 그러나 그녀의 업적에 대한 공식적인 평가에서 지적했듯이, 첫날부터 고객들의 신뢰와 관심을 사로잡을 수는 없었다.

그녀는 성실성을 유지하기는 했지만, 회사에 처음 입사했을 때처럼 상사에게 많은 조언을 받지 못하고 있음을 깨달았다. 그리고 그녀는 과감하게 행동하는 일부 동료들이 하는 방식으로 업무를 반복하지 못했다. 투자은행 직원이 되려면 자신의 타고난 스타일을 포기할 필요가 있었기 때문에 그녀는 그 일을 수행하기에는 적합하지 않다고 느꼈다. 그녀는 이렇게 말했다. "나는 잘 알지 못하는 일들에 대해 이야기하기를 좋아하는 그런 사람들과는 정말로 다르다."

그녀는 자신이 개발한 스타일에 계속 집중적으로 의존하였다. 그러나 자료분석에는 점차 덜 의존하게 되었다. 고객과의 회의를 준비할 때, 그녀는 고객이 속한 분야의 복잡한 사정을 잘 이해하고 있는 상급자들과 더 많은 시간을 보내기 시작했지만 고객과의 관계에서 계속 불편함을 느꼈다. 내가 연구를 마칠 즈음, 그녀는 여전히 파트너가 되기 위한 길을 걷고 있었다. 하지만 그녀의 발전속도는 로버트 포먼보다 훨씬 더 느렸으며 즐거움도 덜했다.

역할모델을 선택하라

앞서 말한 바와 같이, 파트너가 되는 데에는 역할모델의 관찰, 가능한 자아에 대한 실험, 그 결과의 평가라는 3가지 과정이 필요하다. 로버트 포먼과 리즈 브레너는 3가지 과정을 모두 밟고 있지만, 상반된 연구대상이다. 역할모델을 관찰하고 선택할 때 그들이 취한 접근방식을 살펴보자. 로버트 포먼은 특히 조 맥더피의 스타일을 모방하려는 첫 번째 시도가 실패하자 자신이 따라 배울 수 있는 다양한 행동을 인식하였다. 상급자들의 행동을 관찰할 때 그는 자신에게 이렇게 물었다. "이 일을 처리하는 올바른 방법은 하나밖에 없는가? 효과적으로 일을 처리하기 위해 내가 선택할 수 있는 것은 무엇인가? 전문가 기질을 보여주려면 어떻게 해야 하는가?" 그는 꾸준한 관찰을 통해 지시적 행동, 추진력, 부드러운 표현 등 다양한 효과적인 행동을 찾아냈다. 이와 마찬가지로 리즈 브레너는 고객을 대할 때 거만한 스타일과 우호적인 스타일 모두 효과적이라는 것을 깨달았다. 또한 그녀는 파트너처럼 행동하는 방식이 한 가지만이 아니라는 것을 관찰하였다.

그러나 가능한 행동범위를 이해하는 일은 사람들의 행동 스타일을 관찰하는 과정의 일부에 지나지 않는다. 전문직 사원들은 눈앞에 놓여 있는 다양한 행동 스타일 가운데 실제로 어떤 것을 따라 배워야 할 것인지를 결정해야 한다. 전문직 사원들은 효과적인 행동 하나하나를 자신에 비추어보고 평가해야 한다. 이를 위해서는 다음과 같이 물어보아야 한다. "이 행동이 나의 정체성과 조화되는가? 그것은 내게 효과가 있는가? 나는 이 사람처럼 되기를 원하는가?"

로버트 포먼은 그가 관찰한 스타일과 자기 인식을 비교했다. "나는 이처럼 될 수 있지만 이 스타일을 좋아하지 않는다"거나 "그는 탐색형이다…… 내가 자신을 보는 방식은 여기에 속한다"라는 식이다. 나는 이 과정을 정체성 맞추기라고 부른다. 여기서는 2가지 역동성이 작용한다. 즉, '그것이 나에게 효과가 있을 것인가' 라는 행동의 실행 가능성과 '나는 이것을 하기를 원하는가' 라는 행동의 호소력이 그것이다. 결국 로버트 포먼은 좀 더 조용한 접근방식을 취한 역할모델이 효과적이고 호소력이 있다고 깨달았다. 후에 그는 고객의 초점을 핵심 쟁점 문제에 집중시키고 고객이 잘못되었다는 것을 알았을 때 이를 지적하는 것과 같이 실행 가능성이 있는 여러 행동 사례를 발견하였다.

리즈 브레너도 유사한 각양각색의 행동 스타일을 관찰하기는 했지만 정체성 맞추기에서는 로버트 포먼처럼 성공하지 못했다. 그녀는 첫 번째 역할모델처럼 거만하게 행동할 수는 있었지만, 그 스타일이 별로 마음에 들지 않았다. 그리고 두 번째 역할모델인 상급 파트너의 우호적 스타일은 마음에는 들었지만 자신의 나이와 경험이 부족하여 효과가 없을 것이라고 생각했다.

그녀가 거둔 수준 이하의 성과 원인을 잘못된 역할모델 선정과 까다로운 성질에 돌리면 안 된다. 원인은 다른 데 있기 때문이다. 로버트 포먼은 여러 역할모델을 동시에 관찰한 반면, 리즈 브레너는 한 번에 한 명의 파트너만을 관찰했다. 로버트 포먼은 역할모델들 각각을 통해 배웠다. 그는 상급 파트너들을 구체적인 장점과 특성에 비추어서 관찰했다. 그다음 그들의 행동을 자신의 욕구와 선호에 맞게 자신의 것으로 만들었다. 예를 들어, 그는 적극적인 리처드슨의 행동에 전적으로 공감하지는 않았지만, 자신이 본보기로 삼기를 원했던 그의 특별한 스타일을 관심 있게 관찰했다. 이와 달리 리즈 브레너는 역할모델들을 전체적으로 관찰했다. 그녀는 개인적인 스타일과 직업 가치 등 파트너들이 나타내는 모든 것을 묶어서 이해했으며 이것을 바탕으로 가치판단을 하였다. 그녀가 취한 접근방식은 전부 아니면 전무라는 식이었다.

로버트 포먼과 리즈 브레너가 취한 방식은 내가 '콜라주 관찰방식' 과 '전체적 관찰방식' 이라고 지칭한 것을 각각 예증해주고 있다.[1] 로버트 포먼이나 리즈 브레너처럼 대부분의 젊은 전문직 사원들은 직장생활을 전체적 접근방식으로 시작한다.

그 이유는 경력의 초기 단계에서 오로지 한 사람에게 배치되어 그와 긴밀하게 함께 일하기 때문이다. 그러나 점차 많은 상사를 만나기 시작하면 많은 사람은 로버트 포먼처럼 콜라주 방식을 택한다. 콜라주 방식은 분명히 더 효과적이다. 이유는 간단하다. 즉, 콜라주 방식을 택하는 사람들은 다양한 인물을 관찰하고 여기서 구체적인 행동을 골라낸다. 그렇기 때문에 전체적 방식을 택하는 사람들보다 더 많은 스타일을 선택해서 수집할 수 있으며 더 빨리 수집할 수 있다.

심리학자 헤이젤 마커스는 한 사람이 가질 수 있는 다양한 정체성을 설명하기 위해 '가능한 자기possible selves' 라는 용어를 만들었다.[2] 콜라주 방식을 취하는 관찰자들은 더 많은 가능한 자기를 보기 때문에, 현재의 자기와 자신이 되기를 원하는 것 그리고 자신이 할 수 있는 것을 조화시킬 수 있다. 전문직 사원들이 관찰 단계에서 실험 단계로 이동할 때 이러한 행동들은 특히 도움이 된다.

테스트하고 또 테스트하라

나의 연구에 참여한 사람들 중 40퍼센트는 파트너들이 무엇을 하는지 지켜보고 60퍼센트는 용기를 내서 이를 시도해본다. 결국 파트너가 되기를 열망하는 전문직 사원들은 모두 행동을 해야 한다. 이는 실험을 하는 것을 의미한다. 여기서도 또다시 로버트 포먼과 리즈 브레너는 상반된 접근방식을 보여주고 있다.

로버트 포먼은 자신의 새로운 역할이 고객에게 조언을 해주는 것이라는 것을 알고 자신과 상반된 스타일을 소유한 모델을 적극적으로 찾아 나섰다. 실제로 그는 자신의 자연스러운 행동이 가져다주는 안락지대에서 벗어나려고 과잉 대응을 한 결과 고객을 불쾌하게 만들기도 했다. 하지만 이러한 적극적인 실험에 실패하자 그는 자신이 수집해두었던 다른 행동들을 기회 있을 때마다 적용하였다. 그의 접근방식을 나는 '카멜레온 전략' 이라고 부른다.

이와 대조적으로 리즈 브레너는 상황에 맞도록 자신을 변화시키기를 원하지 않았을 뿐만 아니라 부자유스럽다고 생각되는 행동들을 실험해보기를 거부했다. 그녀는 '자기충실 전략' 이라는 접근방식을 사용했다. 그녀는 상황이 적극적인 성격을 요구한다는 것을 알면서도 과거에 그녀에게 효과적이었던 행동을 고집했다. 로버트 포먼과 달리 그녀는 자기 특유의 스타일을 계속해서 실천하였다.

리즈 브레너가 자신과는 매우 다른 행동들을 실험하기를 꺼려했던 부분적인 이유는 그렇게 한다고 해서 고객들과 대화할 때 도움이 될 수 있을까 하는 의심 때문이었다. 또 다른 이유는 불성실하고 표리부동하다고 생각되는 모리스와 같은 상급 파트너들보다 자신이 더 진실성이 있다고 보았기 때문이다. 따라서 매번의 실험은 경험이 많은 상급 파트너들을 관찰하는 것이 아니라 자기에 대한 인식에 좌우되었다. 유감스럽게도 그녀의 실체를 나타내는 스타일은 새로운 역할에는 적합하지 않았다. 따라서 역할에 숙달하려고 기울인 노력은 결국 자신의 수레바퀴를 계속해서 돌린 결과가 되고 말았다. 자신의 실체를 보호하려는 이러한 시도는 그녀의 학습과정을 오히려 방해하였다.

모든 면을 평가하라

카멜레온 전략을 사용하든 자기충실 전략을 사용하든, 학습과정의 실험 단계는 감정에 좌우되기 쉽고 어려움이 뒤따른다. 그러나 자신이 시도한 행동을 평가하는 수단이 없다면 여기에 기울인 힘든 노력은 허사가 될 것이다. 파트너가 되기를 바라는 사람이라면 효과가 있는 것과 그렇지 못한 것이 무엇인지 분석해야 하며 새로운 실험을 할 때마다 이것이 목표에 한 걸음 더 접근하도록 해준다고 생각해야 한다. 시간이 지남에 따라 대부분의 전문직 사원들은 접근방식을 다듬고 완벽하게 만들어 효과적이면서도 확실한 스타일을 연마하게 된다. 그러나 이렇게 하는 데는 시간이 많이 걸린다. 이러한 과정이 얼마나 빨리 이루어지고 성과를 거두는지는 전문직 사원들이 얼마나 겸허하게 실험결과를 수용하고 경험이 많은 파트너들을 통해 얼마나 값진 피드백을 받을 수 있는가에 달려 있다.

나의 연구에 참여한 대부분의 젊은 전문직 사원들은 일종의 정신적인 리트머스 테스트를 실시하여 행동 실험을 평가했다고 말했다. 그들은 자신이 취한 행동과 자기에 대한 인식을 비교하고 다음과 같은 물음을 던졌다. "나 자신에게 충실했는가? 현재의 나와 앞으로 되고자 하는 나에게 어울리는 방식으로 행동했는가?" 리즈 브레너는 다른 사람의 행동을 따라 배우는 것이 단지 기분 좋게 느껴지지 않았기 때문에 그렇게 할 수 없었다. 로버트 포먼이 적극적 스타일에 대한 실험을 실패했다고 느낀 이유는 이 스타일이 기분을 울적하게 만들고 이상적인 자기 자신과 충돌한다는 것을 깨달았기 때문이다. 자기 일치성에 대한 인식이 없다면 새로운 행동을 실천할 가능성은 낮을 것이다.

로버트 포먼은 실험에서 느낀 불편함을 통해 동일한 목표를 달성하려고 할 때 자신의 행동을 점진적으로 적응시킬 수 있는 방법을 배우게 되었다. 그는 실험할 행동을 새롭게 설계하기 위해 처음으로 되돌아갔다. 그리고 이번에는 자신의 자연스런 스타일에 바탕을 두고 설계하였다. 실험을 계속하면서 그는 이상적 자기에 대해 자신이 생각하는 것과 점점 더 일치하는 행동들을 연마할 수 있었으며, 더 나은 짝이라고 생각되는 역할모델을 찾을 수 있었다.

로버트 포먼의 행동처럼 카멜레온 전략을 선호하는 사람들이 다른 행동을 실험하는 경향은 실험의 다양성을 높이게 된다. 이렇게 되면 자기발견의 가능성이 높아지고 자신에게 효과적인 것이 무엇인지 이해할 기회도 많아진다. 자기충실 전략을 선호하는 사람은 기분이 좋지 않다는 이유를 내세워 다른 행동을 실험하기를 거부할 것이다. 카멜레온 전략을 선호하는 사람들은 실험을 해보았기 때문에 자신의 행동이 현재의 자기와 앞으로 되고자 하는 자기와 얼마나 동떨어진 것인가를 확실히 알고 있다. 나의 연구에서 등장한 카멜레온형 참가자들은 자신의 행동과는 다른 행동을 실험해본 후에 그것이 그렇게 나쁘지 않으며 자신도 할 수 있다는 생각을 하게 되었다고 이야기했다. 그들의 반응은 상상이나 가설이 아닌 경험에 바탕을 둔 것이었다.

결국, 젊은 전문직 사원들은 다음과 같은 물음을 자신에게 던져볼 필요가 있다. "나는 신뢰할 만한 사람인가? 나는 유능한가? 고객, 상사, 동료들은 나의 업적을 어떻게 평가했는가?" 이와 같이 자신이 실험을 한 스타일이 효과가 있는지 여부를 알기 위해 고객과 상급 파트너들을 살펴볼 필요가 있다. 예를 들어, 로버트 포먼은 그의 고객이 그를 신뢰하고 더 많이 찾기 시작했기 때문에 그가 실험한 행동의 일부가 효과를 거두고 있다는 것을 알았다. 그러나 로버트 포먼의 초기 실험은 그 자신의 기준 때문에 실패한 반면, 리즈 브레너의 시도는 고객의 기준을 충족시키지 못했기 때문에 실패했다.

카멜레온형과 자기충실형에 대한 고객과 상급 파트너들의 반응은 서로 다르다. 카멜레온형은 좀 더 빨리 발전하는 경향이 있기 때문에 올바른 방향으로 움직이고 있는 것으로 보인다. 그리고 상급 파트너들이 떠오르는 별이라고 생각하는 사람들을 끝까지 도와주려고 하는 경향이 있기 때문에 카멜레온형은 아무래도 그들에게서 더 많은 조언을 얻게 될 것이다. 또한 로버트 포먼과 같이 카멜레온형에 속하는 사람들은 회의 주재 등과 같이 만약 카멜레온형이 아니었다면 가지지 못했을 기회를 얻게 된다. 이와는 대조적으로 자기충실형은 그러한 기회를 얻지 못하는 것으로 생각한다. 파트너들은 차츰 이들에게 피드백을 주는 데 할애하는 시간을 줄이게 되며, 리즈 브레너처럼 일을 독자적으로 판단하여 처리하도록 내버려두게 된다.

젊은 전문직 사원들이 어떤 실험방식을 선택하든 간에 내부 및 외부 평가는 그들이 전략에 필요한 수정조치를 취하는 데 도움을 줄 것이다. 실험한 행동을 평가하면 그들은 파트너의 역할이 무엇인가를 경험을 통해 깊이 이해하게 될 것이다. 또한 자신에 대한 견해와 파트너 직무를 성공적으로 수행하는 데 필요한 행동 사이의 불일치를 줄이는 데 도움을 줄 것이다.

로버트 포먼과 리즈 브레너의 경험에서 보듯이, 새로운 정체성 형성의 기초가 되는 학습과정은 역경과 새로운 발견으로 가득 차 있다. 무엇을 배우고, 누구에게 배우며 어떻게 행동할 것인가를 이해하기란 쉽지 않다. 처음 시도로 완벽하게 이해하는 사람은 아무도 없다. 학습과정의 매 단계마다 모방할 모델이 바뀌고 행동도 달라진다. 그러나 학습과정을 마치면 전문직 사원들은 로버트 포먼처럼 진정한 자기를 손상시키지 않고 업무를 훌륭하게 수행하는 방법을 이해할 것이다.

파트너의 역할

부모들이 사춘기의 정신적 외상을 이해하고 공감한다면 자녀들이 사춘기를 제대로 극복하도록 도와줄 수 있다. 전문 서비스 회사에서 새로운 정체성을 형성하기 위해 노력하는 젊은 전문직 사원들의 입장을 공감하는 파트너들도 이와 마찬가지다. 젊은 전문직 사원들이 다양한 성격을 관찰하고 실험하며 평가하는 과정에 있다는 것을 이해하는 파트너들은 전환과정 내내 안내와 지원을 해줄 수 있다. 그 방법은 다음과 같다.

무엇이 그들에게 효과적인지 명확하게 알려준다

연구에서 가장 괄목할 만한 결과는 전문직 사원들이 똑같은 상급 파트너를 관찰하더라도 다른 결론을 이끌어냈다는 것이다. 멀리 떨어져서 파트너를 관찰한 사람들은 종종 그들의 성공을 다음과 같이 냉소적으로 해석했다. "그는 고객에게 그들이 듣고 싶어하는 말만 한다. 그의 전문기술은 별 것이 아니다. 그는 심한 수다쟁이일 뿐이다." 그러나 가까이에서 파트너를 관찰하고 업무방식에 대해 그들의 통찰력을 들었던 전문직 사원들은 한층 더 긍정적인 견해를 표시했다. "그녀는 고객에게 불쾌한 감정을 일으키지 않으면서도 자신의 주장을 전달할 수 있다." "그는 가장 뛰어난 은행원이 아닐지도 모르지만 고객이 소중하다는 느낌을 가지도록 고객을 능숙하게 다룬다."

대부분의 경우 상급자가 조언을 하는 데는 많은 시간이 필요하지 않다. 회의장에 들어가기 몇 분 전에 회의전략에 대해 이야기를 나누거나 혹은 출장에서 돌아오는 비행기 안에서 간략하게 보고를 할 수 있다. 또한 이러한 순간을 통해 젊은 사원들에게 비밀을 털어놓을 수 있다. 이 순간들을 통해 젊은 사원들은 상급자를 모방하고 싶어한다. 파트너는 젊은 사원들에게 자신의 생각을 설명함으로써 전문직 사원들이 '가능한 자기'의 폭을 넓히는 데 도움을 준다.

그러나 상급 파트너들은 기내에서 나누는 몇 마디 말 외에 더 많은 이야기를 해줄 수 있으며, 파트너가 되는 방법에 대한 강력하고 종합적인 견해를 제시할 수 있다. 또한 기회와 도전, 주요 경쟁기업과 전망 등 사업 전반에 대한 파트너의 분석도 제시할 수 있다. 내가 연구한 어느 회사에서 가장 성공한 젊은 전문직 사원들은 파트너가 시간을 내서 사업에 대한 스토리와 파트너로 성공하는 방법을 이야기해주었을 때 얼마나 도움이 되었는지를 거듭해서 말했다. 매우 분명한 이 파트너의 철학에는 다음과 같은 조언이 담겨 있었다.

고객이 X를 하기를 원한다고 말할 때, 당신이 젊은 팀 리더라면 "좋습니다"라고 대답할 것이다. 더 높은 자리를 맡게 되면, 당신은 "X에 대해 논의해봅시다"라고 말할 가능성이 높을 것이다. 당신은 진짜 문제가 어디에 있는지를 파악하기 위해 노력할 것이다. 예를 들어, 어느 고객이 프랑스에 있는 공장을 폐쇄해야 하는 문제를 놓고 도움을 요청했다고 하자. 당신이 해야 할 일은 고객의 사업과 이익을 내는 기반을 이해하는 것이다. 당신은 그들에게 다음과 같은 말로 대화를 끝낼 수도 있을 것이다. "당신의 문제는 제조 분야에 있지 않다. 당신 회사의 브랜드 이미지가 성공의 열쇠가 될 것이다." 이것은 큰 그림을 그리는 것과 같으며 현재의 상황이 고객의 전반적인 전략과 어떻게 조화되는지를 이해하는 것과 같다.

이러한 파트너와 함께 일했던 많은 전문직 사원들은 그를 위대한 교사라고 불렀다. 그는 전문직 사원들이 깊이 몰두하고 있는 신비한 과정을 이해하는 데 도움을 주었던 것이다.

역할모델의 행동목록을 개발하도록 격려하라
파트너들은 또한 젊은 전문직 사원들이 역할모델을 올바르게 결합하는 방법을 찾는 데 도움을 줄 수 있다. 이 과제는 겉으로 보기보다 복잡하다. 나의 연구에 참여했던 어느 한 참가자는 이렇게 회상하였다. "상사가 내 사무실에 들러서 몇 가지 역할모델을 생각해볼 때가 되었다고 이야기했다. 그리고 나서 그는 업계에서 3명의 여성 이름을 넌지시 말했다.

그들은 흔히 만날 수 있는 인물로 영향력 있고 성공한 사람들이었다. 그들은 모두 똑같이 행동했으나 나는 그와 같지 않았다." 달리 말해서, 파트너는 역할모델을 권유할 때 전문직 사원들 고유의 스타일을 고려할 필요가 있다. 또한 파트너는 여러 유형을 제안하는 것이 대단히 유익하다는 점을 인식해야 한다.

지도교사는 직원들이 잠재적 역할모델을 판단할 수 있는 명확한 기준을 마련하도록 도와줄 때 전환과정에서 또한 중요한 역할을 맡을 수 있다. 앞에서 지적했듯이 젊은 전문직 사원들은 관찰 단계에서 다음과 같은 3가지 질문을 던져야 한다.

역할모델이 성공적인가?(효과성), 그의 행동이 나에게 효과적으로 작용할까?(실행 가능성), 나는 그의 성격에 끌리는가, 또한 나는 그를 닮기를 원하는가?(매력) 이러한 질문을 염두에 둔다면, 지도교사는 전문직 사원에게 도움이 될 역할모델을 추천할 수 있다. 이렇게 하려면 전문직 사원들이 개발할 필요가 있는 기술뿐만 아니라 그들이 씨름할 수도 있는 문제들이 어떤 것인지 주의를 기울여야 한다. 파트너들은 전문직 사원들의 마음에 드는 역할모델의 행동과 다른 지도교사의 기술을 어떻게 결합할 수 있는지 그 방법을 제안할 수 있다. 또한 그들은 전문직 사원들이 행동 스타일의 겉모습 이상을 볼 수 있도록 도와줄 수도 있다. 아마도 전문직 사원들은 마음에 드는 모델이 좋은 첫인상을 남기기 위해 사용하는 것과 동일한 행동 스타일을 채택할 수는 없지만, 이들 수단 뒤에 있는 전략을 통해 많은 것을 배울 수 있을 것이다.

가장 어려운 순간에 정서적·실제적 지원을 하라

파트너가 되기를 열망하는 사람들은 어느 시점에서 관찰하는 일을 그만두고 실험을 시작해야 한다. 고위경영자라면 당신은 경험학습을 피할 수 없다고 공개적으로 제기하여 문제를 도울 수 있다. 학습과정에는 정서적 문제로 고민하는 시기가 있다는 것을 알면 고위경영자들은 파트너가 되기를 열망하는 전문직 사원들에게 성숙한 전문가 기질을 발견하도록 도움을 주기 위해 실험과정을 사기꾼이 되는 연습이 아니라 작은 시험의 연속으로 이해하도록 만들 수 있다.

또한 파트너들은 전문직 사원들이 '가능한 자기'에 대해 배울 수 있는 위험부담이 적은 방법을 찾는 데 도움을 줄 수 있다. 예를 들어, 전문직 사원들에게 고객을 만나서 새로운 행동을 실험하기 전에 내부 회의에서 이를 실습하도록 격려할 수 있다. 또한 파트너들은 전문직 사원들이 새로운 고객을 확보해서 이들과 동료처럼 긴밀한 관계를 구축할 수 있는 좋은 기회를 갖도록 도움을 줄 수 있다.

오랫동안 지속된 장기적 관계에서는 새로운 역할이나 정체성을 다루기가 종종 어렵다. 오랜 고객들은 전문직 사원이 갖고 있는 과거의 모습에 익숙해 있기 때문이다. 그러므로 파트너가 전문직 사원들에게 새로운 관계를 설정해준다면 전문직 사원들이 적극적으로 실험하는 데 더 도움이 되는 환경을 창조하게 된다.

마지막으로 균열 뛰어넘기를 저항하는 전문직 사원들에게는 자기충실 접근방식이 발전의 속도를 늦출 수도 있다는 것을 인식하도록 도움을 줄 수 있다. 많은 경우 이러한 자기충실 방식은 실패를 피하기 위한 방어기제에 불과할 수도 있다. 파트너가 줄 수 있는 최선의 조언은 자신을 고수하는 것을 중지하라는 것이다. 하지만 걱정할 필요는 없다. 누구든 이 단계를 반드시 거쳐야 하기 때문이다. 그것이 바로 학습이다.

조직 차원에서 지원하라

파트너는 젊은 전문직 사원들을 지도할 때 적극적인 역할을 맡을 수 있지만 혼자 해서는 안 된다. 또한 인력관리 부서이든 경영 팀이든 조직들도 파트너가 되기를 열망하는 전문직 사원들이 성공적으로 균열을 건너뛰도록 도움을 줄 수 있다.

첫 번째 단계가 업무할당 과정이다. 전통적으로 프로페셔널 서비스 기업들은 전문직 사원이 가진 전문기술과 업계 전문지식을 넓히기 위해 업무할당 과정을 이용해왔다. 어떤 기업에서는 직원들에게 여러 해 동안 같은 파트너와 함께 일하도록 권장한다. 이러한 도제식 모델을 찬성하는 입장은 이렇게 함으로써 전문직 사원들이 마스터한 사람을 통해 철저하게 배울 수 있다는 것이다.

그러나 파트너와 전문직 사원이 이 수준에서 의기투합한다면, 전문직 사원들이 다른 역할모델을 접할 수 있는 기회를 넓혀주는 업무할당 과정을 사용함으로써 많은 것을 얻을 수 있다. 바꾸어 말하면, 전문 서비스 회사는 전문직 사원들이 무엇을 배워야 하는지, 누구에게 배워야 하는지 창의적으로 사고할 필요가 있다.

업무할당 과정은 일하는 속도가 느린 사람들이 균열을 뛰어넘는 것을 도와주기 때문에 매우 중요하다. 젊은 전문직 사원들은 종종 기대에 부응해서 행동한다. 파트너와 동료들은 전문직 사원들이 일정한 방식으로 행동하기를 기대한다. 따라서 전문직 사원들은 새로운 모습을 공개적으로 보이기를 꺼린다. 그러나 새로운 업무 때문에 전문직 사원들은 새로운 사람들, 즉 예상하지 않았던 사람들 앞에 설 수도 있다. 새로운 동료들과 함께 새로운 업무를 시작한 전문직 사원들이 갑자기 두각을 드러냈다는 이야기는 바로 이러한 이유에서 나온 말이다. 그들은 새로운 기술이나 대담한 성격을 마술의 힘을 빌려 습득한 것이 아니다. 그들은 다만 새로운 관객을 만났을 뿐이다.

조직은 또한 파악하기 어려운 상급 전문직의 능력을 개발하는 교육을 실시하여 전문직 사원들이 준비를 갖추도록 도움을 줄 수 있다. 예를 들어, 어떤 기업에서는 자기인식과 전문기술 개발을 위한 훈련을 실시하고 있다. 이러한 훈련은 새로운 정체성을 형성하는 데 필요한 무대와 도전 과제를 분명하게 제시할 수 있다.

지도교사를 훈련시켜라

개인지도는 언제나 경영자에게 가장 어려운 책임이 되어왔다. 도제식 모델이 확고히 자리잡았던 시대에도 많은 경영자들은 지도하고 가르치며, 밀고 당기고, 챙기고 맡기는 등의 복잡한 역할을 수행하느라 고군분투하였다. 오늘날의 경제 환경에서는 이것이 한층 더 어려워지고 있다. 경제적 기회의 가능성에 비추어볼 때 파트너들은 주로 사무실 밖에 있을 수밖에 없다. 개인지도의 필요성은 오히려 늘어났지만 여기에 할애할 시간이 크게 줄어든 것은 분명하다.

또한 오늘날 경영자들이 전문직 사원들을 지도하기가 어려워진 것은 그 역할을 어떻게 수행해야 하는지 한 번도 들어본 적이 없기 때문이다. 직무의 정확한 책임과 한계가 분명하지 않아서 경영자들은 심지어 불안해하기도 한다.

최근에 내가 국제 규모의 어느 전문 서비스 회사에서 개인지도에 관한

워크숍을 실시했을 때 일어난 일을 통해 살펴보자. 이 워크숍은 새로운 공식적 개인지도 프로그램의 첫 번째 행사의 일환으로 실시되었다. 나는 첫 번째 집단의 지도교사와 그 구성원들에게 새로운 관계에서 무엇을 얻기를 바라는지 그리고 프로그램에 대해 두려워하는 것이 무엇인지 의견을 말해달라고 요청했다.

구성원들이 먼저 이상적인 지도교사가 갖춰야 할 특징들을 장황하게 제시하였다. 그들이 말하는 지도교사는 현명하고 성공적이며, 회사에서 권한을 양보하고 발군의 기술력을 가지고 있으며, 구성원들을 돌보고 그들을 위해 시간을 내며, 멋있고, 일이 전부가 아니라는 확고한 인생관을 영위하는 사람이었다.

이상적인 지도교사의 목록이 제시되자 지도교사 역할을 담당한 사람들의 얼굴은 놀라움으로 가득했다. 그리고 그들은 솔직하게 심정을 털어놓았다. "우리가 두려워하는 것은 바로 이것이다. 즉, 당신들은 우리가 도저히 충족시켜주지 못할 기대를 하고 있다는 것이다. 우리는 어떻게 이 일을 해내야 할지 모르겠다."

이러한 혼란이 있다고 해서 많은 기업이 거의 모든 전문직 사원들을 경험이 많은 지도교사와 연결시키는 야심찬 공식적 개인지도 프로그램을 중단하지는 않았다. 따라서 이러한 프로그램들이 일반적으로 실패하는 이유는 한 가지뿐이다. 그것은 바로 지도교사와 지도를 받는 사람들이 서로 얼마나 조화를 이루느냐에 있다. 서로간의 조화는 진정한 개인지도 관계에서 핵심 요소이지만 실제 업무과제에서 함께 일한 결과로 생긴다. 그것은 인적자원 부서나 경영 팀이 지시한다고 해서 이루어지는 것이 아니다.

그렇다면 공식적인 프로그램을 버려야 한다는 의미인가? 그런 것은 아니다. 하지만 기업들은 그 목적을 재검토해야 할 것이다. 지도교사의 역할을 맡은 사람은 전통적인 모델에서처럼 코치, 친구, 후원자가 되어야 한다. 그러나 새로운 지도교사는 구성원들이 좀 더 이상적인 지도교사를 찾을 때까지 여러 분야의 사람들을 만나게 해주고 다양한 경험을 쌓을 수 있게 해주어야 한다. 지도교사와 구성원들이 새로운 짝을 찾기로 선택했다면 이에 소요되는 비용이 두 사람 모두에게 부담이 되지 않도록 프로그램을 구성할 수 있다. 많은 전문 서비스 회사는 총명한 인재들의 학습을 도와준다는 기본 업무를 지도교사들에게 훈련시켰을 때 이익을 얻을 수 있다는 것을 깨달았다.

1인 기업가로의 도약

오늘날 사람들이 구경제를 이야기할 때 빈정거림이 섞여 있는 것을 자주 느낄 수 있다. 신경제는 훨씬 더 많은 유연성과 기회를 부여해준다고들 생각하고 있다. 그러나 구경제가 사라졌을 때 몇 가지 유용한 관행도 함께 사라졌다. 이들 가운데는 젊은 컨설턴트, 투자 은행 직원, 회계사들을 장기간에 걸쳐 파트너로 양성하는 도제 제도도 있었다. 물론 도제 제도가 남아 있다고 해서 전문직 사원들이 누구나 쉽게 파트너로 도약할 수 있다는 보장은 없다. 그리고 어떤 사람들은 낡은 전통과 취약한 경제상황 때문에 실패할 수밖에 없었다. 그러나 아직도 일부 젊은 전문직 사원들은 도제 제도를 통해서 균열의 다른 측면에 이르는 길을 제시받았다.

오늘날 기업들은 그 어느 때보다 부족한 전문적 재능을 다른 쪽에 전수할 필요가 있다. 하지만 파트너의 시간 부족과 개인지도 자체에 대한 지식 부족 때문에 효과를 거두지 못하고 있다.

더 많은 시간을 할애한다는 것은 아마 불가능할 것이다. 그러나 파트너들은 전문직 사원들이 파트너가 되기 위해 겪는 복잡하고도 민감한 전환 과정, 즉 정체성 형성을 이해할 수 있을 것이다. 그리고 이러한 이해를 통해 파트너들은 전문직 사원들이 파트너로 도약하고 높이 비상할 수 있도록 도와줄 수 있을 것이다.

5

백만장자 직원을 어떻게 관리할 것인가

수지 왯로퍼
Suzy Wetlaufer

요약 | 백만장자 직원을 어떻게 관리할 것인가

월스트리트의 장기 호황을 타고 많은 백만장자가 탄생했다. 그 숫자를 정확히 아는 사람은 아무도 없지만, 새로 등장한 백만장자 직원들은 경영자들에게 완전히 새로운 도전과제를 안겨주고 있다. 백만장자 직원들을 동기부여하고 확보하는 일은 그 어느 때보다 어렵다. 또한 그들이 받는 보수는 이미 무리한 수준을 훨씬 넘어서고 있다. 그렇다면 백만장자 직원들을 어떻게 관리해야 하는가?

이러한 질문에 답하기 위해 『하버드 비즈니스 리뷰』의 선임 편집자인 저자는 20명 이상의 CEO와 인사담당 이사, 월스트리트와 실리콘밸리에서 활약하는 헤드헌터 그리고 6명의 백만장자 직원들을 인터뷰했다.

조사를 통해 많은 경영자가 백만장자 직원들이 출현하리라는 것을 전혀 예상하지 못했다는 사실이 드러났다. 월스트리트의 장기 호황을 타고 얼마나 많은 백만장자가 탄생했는지 정확히 말할 수 있는 사람은 아무도 없다. 그러나 정부조사에 따르면 1998년 말까지 미국에서 연수입이 100만 달러 이상인 가정은 이미 460만 가구에 달했다. 이 수치는 전체 가구의 5퍼센트 미만이므로 일견 적은 것처럼 보인다. 그러나 특이한 점은 신흥 백만장자들이 첨단 산업과 금융 분야에 집중해 있다는 사실이다. 백만장자 직원들은 회사가 제품과 서비스에 대해 과거보다 더 창의적이어야 하고 더 창업가 정신을 되살려야 한다고 요구하고 있다. 또한 시장에서 목표를 계속 달성할 것을 요구하며, 상사에게도 생산적이고 건전한 문화 형성을 위해 노력하라고 압력을 넣고 있다.

어떤 백만장자 직원들은 회사 제트 비행기, 커다란 사무실에 진열된 진본 예술품, 세계 일류의 경영자 전용 구내식당 요리를 제공받으며 행복을 만끽한다. 다른 시대에는 무시되었을지 모를 이러한 경영관리 관행이 오늘날에는 현실이 된 것이다. 역설적인 것은 그러한 관행들이 처음부터 모든 사람을 위해 존재했어야 한다는 것이다.

까다로운 백만장자 채용하기

인터넷 서비스 회사인 코바드의 CEO 밥 놀링의 사무실에는 간혹 능력이 출중한 직원이 찾아온다. 직원이 의자에 앉아 미소를 지으면 밥 놀링도 미소로 답한다. 그들 사이에는 약간의 긴장감이 돈다. 밥 놀링은 그가 찾아온 이유를 잘 알고 있다. 직원은 사직을 원하는 것이다. 그는 일에 싫증을 느낀 나머지 새로운 도전을 원하거나 자녀들과 함께 지내면서 쉬고 싶어한다. 이러한 퇴직 사유는 새로운 것이 아니다. 새로운 것이라면, 그러한 일이 오늘날 빈번하게 일어나고 있다는 것이다. 신경제의 다른 영역과 마찬가지로 밥 놀링의 사무실에 찾아오는 직원들 모두 백만장자들이다. 그들은 생계를 위해 일할 필요가 없다. 돈이 모든 것을 변화시키고 있다.

밥 놀링과 떠나려는 직원은 감정에 얽매이지 않는 어조로 차분하게 1시간가량 이야기를 나누었다. 밥 놀링은 직원에게 고위직을 제안했다. 밥 놀링은 그가 새로운 리더십을 발휘할 수 있도록 여건을 조성해주겠다고

도 했다. 그러나 직원은 고개를 가로저었다. 그는 회사가 출범한 지 얼마 안 됐을 때 느꼈던 흥분과 열정이 없다고 했다. 상장 전 단계에 있는 회사의 CEO 제안을 물리치기는 어렵지만 자신은 내키지 않는다고 얘기했다. 그는 가족과 함께 장기간 휴가를 떠나는 등 긴장에서 벗어날 수 있는 시간을 갖고 싶어했다. 결국 밥 놀링은 그를 붙잡을 수 없었다. 그는 직원과 다정하게 악수를 한 후 진정으로 잘 되기를 축복했다.

지난 몇 년간 밥 놀링은 백만장자들이 입사하고 퇴사하는 것을 겪어왔다. 그가 할 수 있는 최선책은 그들이 회사에 있는 동안 관심을 기울이는 것이었다.

월스트리트의 장기 호황을 타고 얼마나 많은 백만장자가 탄생했는지 정확히 말할 수 있는 사람은 아무도 없다. 그러나 정부조사에 따르면 1998년 말까지 미국에서 연수입이 100만 달러 이상인 가정은 이미 460만 가구에 달했다. 이 수치는 전체 가구의 5퍼센트 미만이므로 일견 적은 것처럼 보인다. 그러나 특이한 점은 신흥 백만장자들이 첨단 산업과 금융 분야에 집중해 있다는 사실이다.

마이크로소프트의 직원 3만 1,000명 가운데 약 30퍼센트가 백만장자라고 한다. 또한 어느 소식통에 의하면, 씨티그룹에는 5,000만 달러 이상의 재산을 가진 사람이 150명이나 되며 약 1,000명이 매년 현금으로 100만 달러 이상을 벌고 있다고 한다. 심지어 월마트와 같은 전통 기업조차 주식을 전 직원에게 과감하게 배당하여 상당수의 백만장자를 배출하고 있다.

앤드루 카네기는 문명의 척도가 '백만장자가 자신의 재산을 마음대로 처분할 수 있는 권리 보장'에 있다고 주장하였다. 하지만 '백만장자 직원'들은 행복을 누릴 기회가 충분한데도 여전히 기업주를 위해 일해야 한다. 이러한 딜레마 때문에 많은 백만장자 직원들이 은퇴 연령 전에 퇴사를 결심한다. 어떤 사람들은 임박한 기업공개처럼 급박하고 역동적인 일을 맡는다. 반면 어떤 이들은 은퇴를 결심하거나 창업을 준비한다. 최악의 경우 경쟁기업을 설립하기도 한다.

퇴사하지 않은 백만장자 직원들은 자기가 원하는 업무 환경을 회사와 상사에게 끊임없이 요구한다. 자신의 경력을 키울 수 있는 도전적인 일을 달라고 하거나, 재미를 느낄 수 있는 일을 달라고 하기도 한다. 때로는 몇 가지 이유를 대며 더 많은 급여를 요구하기도 한다. 매년 수백 명의 투자 은행가와 첨단기술 경영자들을 기업에 소개해주는 에곤 젠더 인터내셔널의 CEO 다니엘 메일랜드는 이렇게 말한다. "일단 부자가 되고 나면 일하는 데 돈은 문제되지 않는다고 말한다. 그러나 일단 근무조건에 대한 협상을 시작해보면, 넘쳐나는 돈만큼 좋은 것이 없다는 것을 알게 된다. 오직 일만을 생각하며 급여가 깎이는 것을 흔쾌히 받아들이는 사람은 별로 없다."

그러나 다니엘 메일랜드뿐만 아니라 인터뷰했던 다른 많은 기업 경영자들도 백만장자 직원의 출현을 예상하지 못했다. 그런 만큼 백만장자 직원들에게 동기부여하고 그들을 확보하는 일은 어느 때보다도 어려워졌다. 또한 그들이 받는 보수는 이미 무리한 수준을 훨씬 넘어서고 있다. 거기다 그들은 창업가 정신을 갖고 제품과 서비스에 더 창의적으로 접근할 것을 요구하고 있으며, 더 재미있게 일하고 싶어한다. 회사는 직원 중에 백만장자가 있다는 사실 때문에 목표를 초과 달성해야 하는 부담을 안게 된다. 승리의 행진을 멈추면 백만장자들이 회사를 떠날 수 있기 때문이다.

또 백만장자 직원들은 그들의 상사에게 일에 더욱 몰두할 수 있도록 생산적이고 건전한 문화를 만들어달라고 압력을 넣는다. 인텔의 인사담당 관리자인 패티 머레이는 이렇게 말한다. "백만장자들 때문에 당신들은 최고의 경영자가 될 수밖에 없다. 그렇지 않으면 그들은 미련 없이 회사를 떠날 것이다. 눈높이가 과거 그 어느 때보다 더 높아졌다. 상사들은 전략에 집중적으로 관심을 쏟아야 하고, 모든 사람이 전략에서 어떤 중요한 역할을 담당하는지 살펴보아야 하며, 그런 다음 전략이 실현되도록 해야 한다. 또한 상사들은 직원 한 사람 한 사람의 기술과 재능 그리고 욕구를 진정으로 이해해야 한다."

씨티그룹의 인사담당 이사인 마이클 댐브로스도 같은 의견을 피력하고 있다. "백만장자들은 인격체로 대우받기를 원한다. 그들은 상사에게 존경받기를 원한다. 이는 그들의 말을 경청하고 그들을 위해 시간을 내주기를 바란다는 것을 의미한다. 이런 상황 때문에 경영자의 직무가 더 어려워질까? 장담하건대 그렇다. 이것은 노력할 가치가 있는가? 역시 그렇다."

그렇다면 누가 백만장자를 관리해야 하는가? 아무도 백만장자를 관리하고 싶지 않을 수도 있다. 그러나 조직이 백만장자 직원을 제대로 관리했을 때는 그 자체로 충분한 보상이 된다는 것을 알아야 한다.

나는 최근에 수십 명의 CEO와 인사담당 관리자들을 인터뷰하여 백만장자 직원을 관리하는 최선의 방법이 뭔지 조사했다. 또한 실리콘밸리와 월스트리트에서 활약하고 있는 수많은 헤드헌터와 대화를 나누면서 백만장자들을 회사로 끌어들이는 요인과 회사를 떠나게 하는 요인을 알아보았다. 그리고 내가 들었던 백만장자 직원을 동기부여하고 붙잡아두는 데 성공한 접근방식을 검증하기 위해서, 나는 6명의 백만장자 직원을 인터뷰했다. 내가 인터뷰한 직원들의 의견은 다양했지만 몇 가지 기본적인 점에서 일치하고 있었다.

첫 번째는, 백만장자 직원을 올바르게 관리하려면 처음부터 자세한 정보를 수집한 후, 채용해야 한다는 것이다. 회사로 인해 백만장자가 될 사람을 고용하든지 아니면 다른 곳에서 이미 거부가 된 사람을 채용하든지 간에, 재산 혹은 다른 무언가를 인생에서 남기고 싶어하는 사람을 찾으려고 노력해야 한다. 즉, 차이를 만들어내고 나아가서 세상을 변화시키기를 원하는 사람을 찾아야 한다. 이런 사람은 은행 잔고 액수에 관계없이 회사에 머무를 가능성이 더 높다.

이러한 접근방식은 이론적으로는 이치에 닿지만 현실에 적용하기란 쉽지 않다는 문제점이 있다. 기업주가 신의 눈, 즉 영혼을 읽어내는 눈으로 채용 후보자들을 바라보아야 하기 때문이다. 많은 경영자가 인정하듯이 후보자의 성격을 읽으려고 노력할 수는 있지만, 시간에 쫓길 때 정확히 사람을 판단하는 일은 대단히 어렵다.

두 번째는, 일단 백만장자를 채용하면 이들에게 끊임없는 변화와 한층 더 어려운 도전과제를 주어야 한다는 것이다. 그리고 상사는 그들을 방해해서는 안 된다. 어떤 의도와 목적이 있다고 해도 사람을 세세하게 관리할 수는 없다. 게다가 백만장자 직원들은 성장을 독려하는 가족적인 문화에서 도전적이고 자유롭게 업무가 이루어지기를 바란다. 실리콘밸리에서 일하는 어느 경영자는 원하는 곳에서 플레이를 하고 싶고, 경기에서 졌을 때에도 여전히 사랑받기를 원한다고 말한다. "누구나 그렇지 않나요?"라고 그는 솔직하게 덧붙였다.

마지막은 에티켓과 관계가 있다. 오늘날의 경영자들은 인재 확보를 위한 전쟁에서 패배를 맛보면서 인재를 영입할 때만큼이나 떠나보낼 때에도 호의를 표하는 법을 배웠다. 그것은 경제순환과 같아서 회사가 올바른 태도를 보이면 떠나간 백만장자들은 언젠가는 다시 돌아올 수 있다. 그러기 위해서는 먼저 그들을 즐겁게 떠나보낼 줄 알아야 한다.

그들의 능력을 붙잡아라

　신경제의 인재 풀을 잠시 생각해보자. 경영자들은 대부분 인재 풀이 매우 작다는 데 동의할 것이다. 풀에서 수십만 명의 엔지니어와 분석가, 투자 금융가들이 수영을 하고 있지만 그들 중 올림픽에 출전할 수 있는 자격을 갖춘 사람은 소수에 불과하다. 이러한 풀에 인재 확보에 필사적인 수많은 기업을 풀어놓고 숫자 10까지만 센다고 하면, 아마 남은 거라고는 그렇고 그런 인력밖에 없을 것이다.

　바로 이러한 물에서 오늘날의 경영자들은 '꿈을 이루고자 하고, 인생에서 뭔가 다른 것을 이루려는' 사람들을 찾아 헤매고 있다. 당신이 냉소주의를 버리고 세상 사람 절반이 그러한 유산을 남기기를 열망한다고 가정하더라도, 현재의 조건에서는 그런 훌륭한 사람들을 찾기가 매우 드물다. 그럼에도 경영자들은 이들을 찾아 헤매고 있다. 경영자들은 돈이 전부가 아니라는 증거를 찾아내기 위해 X레이와 같은 눈으로 그들을 조사한다. 하지만 역설적으로 수백만 달러 또는 그 이상의 돈이 여전히 최고의 카드가 된다.

　그렇다면 돈에는 관심이 없지만 결국 많은 돈을 제공하는 기업들을 선택하는 희귀한 사람들을 어떻게 찾을 수 있는가? 아마존닷컴의 고위경영진 중 한 명인 조이 코비는, 해결의 열쇠는 대화 이면에 숨어 있는 의미를 찾는 데 있다고 말한다. "면접에서 '내가 여기에 온 이유는 오로지 큰돈을 벌기 위해서다'라고 말하는 사람은 거의 없다. 그렇지만 미묘한 징후들이 있다. 말하자면 그들의 감수성은 거기에서 배어나온다. 면접 초기 단계에서 그들은 회사의 비전이나 사명 또는 그들의 역할보다는 금전적인 보상에 더 초점을 둔다. 그들은 주식정책에 대해 많은 것을 묻고 연금수령권의 구조에 대해 자세히 알고 싶어한다. '현재의 나의 조건을 받아들일 것인가?' 라고 묻기도 한다. 그들은 확실한 보장을 기대하고 있는 것이다. 그들의 이야기를 경청하다 보면, 우리는 그러한 종류의 사람을 받아들일 수가 없게 된다. 왜냐하면 그들은 우리가 하고 있는 일, 즉 장기적으로 회사를 구축하고 있는 일을 망치고 있기 때문이다."

코바드에서도 선발은 매우 중요한 요소다. 1999년에 상장한 이 회사의 CEO 밥 놀링은 다음과 같이 말했다. "우리 회사는 과거에 너무 빠르게 성장하는 바람에 마치 안개 속에서 뽑듯이 직원을 채용했다." 그러나 너무 빨리 부자가 된 후 그만두는 직원들 때문에 회사는 방법을 바꾸어야 했다. 그 결과 연간 이직률이 15퍼센트에서 3퍼센트로 떨어졌다. 그가 사용한 해결책은 채용할 때 엄격한 규율을 부과하는 것이었다. 그의 말을 들어보자.

"물론 지금도 먼저 성과에 대해서 평가한다. 그런 다음에는 가치관이 어떤지를 집중적으로 심사한다. 우리가 채용하는 사람은 고객을 대하는 열정이 있어야 한다. 그리고 모든 일에 성실성을 보여야 하고 긴장감도 보여줘야 한다. 즉, 성과 지향적이어야 한다. 그런데 우리는 그들에게 이러한 성향과 태도를 가지고 있는지 묻지 않는다. 그 대신 그들이 과거에 어떻게 행동했는지를 알아본다. 그리고 '나' 라는 단어, 즉 '나는 이렇게 했다' '나는 저렇게 했다' 와 같은 말을 얼마나 남용하는지, '팀' 이라는 단어는 얼마나 사용하지 않는지를 주의 깊게 살펴본다. 이것은 아주 나쁜 징후이기 때문이다."

경영컨설팅 회사인 베인앤컴퍼니의 CEO 톰 티어니가 이미 백만장자가 되었거나 그럴 가능성이 높은 사람을 채용하는 것은 마치 상대방의 심리구조를 파악하는 게임을 하는 것 같다. 일반적으로 사람들이 "나는 충분히 벌었어"라고 말하는 선이 있다. 여러 해 동안 5,000명 이상의 잠재적인 백만장자들을 채용한 후에 톰 티어니가 배운 것은, 어떤 사람은 100만 달러와 만족스러운 직무만 있으면 행복하게 생활할 수 있는 반면, 어떤 사람은 10배나 더 많이 가지고서도 부족하다고 느낀다. 그들에게 돈이란 득점을 올리는 것과도 같다. 다른 사람이 자신보다 더 많이 갖는 것을 용납하지 못하는 것이다. 어떤 회사도 이런 사람들을 만족시킬 수는없다. 이들은 누구도 해결해줄 수 없는 갈증에 의해 동기부여되기 때문에 직원으로는 부적절해 보인다. 하지만 그들은 종종 최고의 업적을 올리는 사람이 되기도 한다. 이 때문에 톰 티어니는 앞장서서 그들을 어떻게 해서든 채용한다. 그는 이렇게 말한다. "그들 스스로도 자신을 모르는데, 당신이 어떻게 알 수 있겠는가. 그러므로 항상 최고를 영입하라. 본질은 바로 거기에서 나온다."

그러나 내가 인터뷰했던 대부분의 경영자들이 그렇듯, 조이 코비와 밥 놀링, 톰 티어니는 가치관에 따라 채용하면 성공률이 기껏해야 절반에 불과하며 그것도 좋은 편에 속한다는 데 동의하고 있다. 일단 백만장자 직원을 확보하고 나면, 이들이 최고의 업적을 올리도록 해야 한다. 다른 직원과 마찬가지로 그들도 고달픈 마감시간을 맞춰야 하고 따분한 회의에 참석해야 하며, 곤란한 고객을 상대해야 한다. 즉, 일을 성사시켜야 한다. 더욱이 정해진 시간에 맞춰 정확하게 이루어져야 한다. 그러나 다른 직원들과 달리 고용된 백만장자들은 권리의식과 같은 어떤 것을 표출할 수 있다. 그들은 일을 할 때 마음과 영혼 그리고 정신까지 모두 쏟아붓기를 원한다.

이것은 직원과 주주 간의 상충되는 욕구의 전형적인 사례이기도 하다. 그렇지 않은가?

그들에게 정보와 기회를 집중시켜라

하지만 현실은 그렇지 않다. 경영자들은 백만장자 직원을 관리하면서 겪는 시련과 고난을 한탄하지만 그러한 노력이 가치 없다거나 결국 실패할 것이라고 불평하는 사람은 아무도 없다. 사실 어떤 경영자들은 그들이 백만장자를 위해 사용하는 동기부여 방법과 인재 확보 관행이 가난한 직원, 부유한 직원 할 것 없이 모두에게 유효하며, 이렇게 하면 주주의 이익을 거의 희생시키지 않을 것이라는 걸 알고 있다. 다만 이들이 경솔하게 행동할 때 이러한 방법과 관행들이 얼마나 효과적이고 적절한지는 사람마다 다를 수 있다. 이는 무시할 수 없는 중요한 사실이다. 관리자라면, 이런 점을 명확히 알고 있어야 한다.

그러나 사이카모어 네트웍스의 CEO 댄 스미스는 백만장자 직원을 관리하는 다른 방법을 말한다. "이것은 아주 구식적인 방법이지만 당신이 꼭 해야 하는 일이다." 매사추세츠 주에 본사를 두고 광학 네트워킹 제품을 만드는 이 회사는 1999년에 상장하였다. "당신의 제품은 제 역할을 해야 한다. 고객을 제대로 읽어야 한다. 그런 다음 실행하고 또 실행해야 한다. 시장에서 승자가 되는 것은 최고의 동기부여 요인이자 인재 확보 수단이 된다. 아주 간단한 것이다."

댄 스미스는 그의 논지를 입증하기 위해 1998년 7월까지 운영했던 첨단기술 회사 캐스케이드를 이용하였다. 캐스케이드의 상장으로 100명 이상의 백만장자가 생겨났다. "많은 사람이 일을 그만둘 수 있었지만, 내가 알기로는 단 한 명도 그렇게 하지 않았다. 주된 이유는 이 회사가 사람의 마음을 사로잡는 환경을 조성했기 때문이다. 그들은 자신이 회사의 성공에 직접 기여한다고 보았다. 그들은 자신이 하는 일이 경쟁사를 패배시키고 고객을 만족시킨다고 생각했다." 물론 이러한 현상은 경영진에게 전체 성과를 매우 높게 유지해야 한다는 엄청난 압력을 준다. 댄 스미스는 그러한 사실에 동요되지 않았다. 그는 이렇게 지적하고 있다. "정말로 선택의 여지가 없다. 만약 당신이 잘 해내지 못한다면 조직에 먹구름이 드리울 것이다. 사람들은 '왜 힘들게 여기에서 일하고 있지?'라고 말하며 떠나기 시작한다."

댄 스미스는 백만장자들을 동기부여하기 위해 그가 사용하는 또 다른 관리방법인 '가능한 한 짧은 피드백 고리shortest possible feedback loop'를 소개한다. "이것은 대기업들에서 전염병과 같은 것이다. 사람들은 그들이 일하는 전체를 보지 못한다. 그들은 어떤 날에 일을 잘했는지 못했는지를 알 수 없다. 예를 들어, 사람들이 제품개발 프로그램에 배치되어 1년이 지나도록 그 프로그램이 성공을 거두었는지 실패했는지를 모르는 것이다. 이것은 사기를 떨어뜨리는 일이다."

이와는 달리 사이카모어는 5개의 '미니 회사'로 이루어져 있으며, 각각은 별도의 광학 네트워킹 플랫폼과 시장 구획에 초점을 두고 매주 활동을 검토하거나 프로젝트에 따라 필요할 경우 매일 검토하기도 한다. 판매와 지원 활동을 통해 이루어지는 고객에게서 받는 피드백은 또한 즉각 조직으로 되돌아온다. 이런 식으로, 각각의 미니 회사 내의 엔지니어들은 자신들의 노력이 효과적이었는지를 수일 내에 알 수 있다. 댄 스미스는 이렇게 말하고 있다. "사람들은 무엇을 하고 있으며 왜 하는지를 항상 알아야 하며, 자신들이 하는 일이 어떻게 차이를 만들어내는지를 이해하고 그것의 결과를 즉각 느낄 수 있는 위치에 있어야 한다. 이것은 그들이 백만장자이든 아니든 마찬가지다. 그리고 매일 아침 회사에 오는 이유를 알아야 할 때는 더욱 중요하다."

댄 스미스가 사이카모어에서 즉각적인 느낌과 의미충만감을 갖도록 일을 설계하고 있다면, 다른 경영자들은 끊임없는 신선함과 도전감을 느끼도록 일을 설계하고 있다. 코네티컷 주에 소재한 직원 400여 명의 프라이스라인닷컴의 인재담당 부회장 존 패터슨은 이렇게 말하고 있다. "프라이스라인에 들어오는 모든 인재를 언제까지나 잡아둘 수 없다는 것을 우리는 잘 알고 있다. 우리가 할 수 있는 최선책은, 회사에 절대적으로 중요한 사람이 누구인지 그리고 그들을 잡아두려면 무엇을 해야 하는지 가능한 한 정확하게 예측하는 것이다. 그리고 그들과 얼굴을 맞대고 그들의 일이 흥미진진하다는 확신을 심어주어야 한다. 그렇지 않으면 그들은 위기에 처하게 된다."

존 패터슨이 말하듯이 프라이스라인닷컴은 인재 확보 경쟁에 적합한 사업모델을 가지고 있다. 새로운 사업기회가 파악되면 이것을 추가하거나 분사하여 최고의 인재들에게 프라이스라인 그룹 내의 새로운 기회를 제공해준다. "최고의 성과를 올리는 사람들, 즉 말 그대로 어느 곳에서든 일할 수 있는 사람들을 붙잡아두기 위해 우리는 그들에게 먼저 신규 사업을 맡도록 환경을 조성해야 한다. 우리는 그들을 위해 참신한 프로젝트를 만들어내고 있다. 우리는 그들이 신규 사업 전체를 운영하거나 어떤 국제적인 일을 착수하도록 허용하고 있다. 우리는 그들이 경력을 관리할 수 있도록 지원하고 있다. 회사가 그들을 혹사시킨다고 느끼면 그들은 회사를 떠나가버린다."

존 패터슨이 지적하듯이 이러한 접근방식은 모두에게 적용되는 것은 아니다. 대가가 너무 크기 때문이다. 그들이 받는 봉급이 이미 높기 때문에 회사는 최고 인재를 파악한 다음 그들의 전문적·심리적 욕구를 충족시키는 데 집중해야 한다. 존 패터슨은 이렇게 말한다. "어느 인적자원 담당자의 '모든 사람에게 주식보너스를 줍시다'라는 말을 들으면 나는 절로 움츠러든다. 그것은 잘못된 것이다. 오히려 그 돈과 에너지를 높은 성과를 내는 사람에게 집중하는 것이 더 낫다. 다른 모든 사람에 대해서는, 그들이 배우고 기여하며 즐겁게 지내도록 하라. 그들이 회사에서 어떤 기회를 얻을 수 있는지 알 수 있도록 하라. 그러나 언제든 떠날 수 있는 사람들을 붙잡아야 한다면 싸울 상대를 골라잡아라. 한 번에 너무 많이 싸울 수는 없다. 핵심 인재를 확보하는 데 집중해야 한다."

프라이스라인과 마찬가지로, 인텔도 직원들을 동기부여하고 붙잡아두기 위해 다양한 활동을 하고 있다. 인사담당 관리자인 패티 머레이는 이렇게 말한다. "직원을 여기저기 인사이동하는 것은 회사 정책의 일부다. 우리는 사람들이 도전을 즐기기 위해 일한다고 생각하기 때문에 이런 정책을 편다. 그리고 우리는 이것을 반복해서 실시하고 있다."

적절한 사례로 루이스 번스를 들 수 있다. 그는 18년 전에 기술 분야 판매원으로 인텔에 입사했다. 4년 동안 루이스 번스는 세인트루이스에서 독자적으로 일을 한 다음 댈러스로 이동하여 지역담당 기술판매 운영부문의 책임자로 활동했다. 몇 년 후, 그는 캘리포니아에서 세계적인 기술판매 사업을 이끌고 있었다.

그러던 어느 날, 그의 상사가 예고 없이 찾아와서 IT 부문으로 이동하는 문제를 이야기했다. 그는 이렇게 회상하고 있다. "그곳은 완전히 새로운 영역이었고, 또 베테랑들이 이미 포진해 있는 분야였다. 내 기술과 경험이 거기서도 통할지 전혀 알지 못했다. 겁이 났지만 그래도 시도해보기로 결심했다." 4년 후, 루이스 번스는 인텔의 모든 IT 운영을 책임지게 되었다. 그런데 또다시 기회가 찾아왔다. 회사의 가장 중요한 제조라인, 즉 핵심 논리 및 통합 그래픽 칩 세트를 생산하는 플랫폼 컴포넌츠 그룹PCG: Platform Components Group을 운영해달라는 요청을 받은 것이다. 그는 이렇게 회상한다. "나는 그것에 대해 생각하지도 않았다. 그저 '예'라고 말했다. 심장은 빠르게 뛰었으며, 전체 라인 하나를 이끈다는 것이 거대하게 느껴졌다. 마치 내가 해야 할 일이 바로 그것이라고 말해주는 것 같았다." 루이스 번스는 1년 동안 PCG 사업을 운영하고 있는데, 아마 또 회사의 다른 부문으로 이동할 것이다.

인텔에서 경력을 쌓는 과정에서 그는 금전적 이익은 부차적이라는 것을 깨달았다. "나에게 돈이 문제된 적은 한 번도 없었다. 돈이야 있으면 좋다. 그러나 돈을 갖게 된 다음에 중요한 것은 일이다. 이 점을 분명히 하기 위해 나 자신에게 다음과 같이 물어본다. '내가 매일 이 일을 하는 이유는 무엇인가.' 나의 답은 항상 '내가 좋아하니까'이다. 당신도 이러한 답을 얻을 수 있다면 매일 아주 상쾌한 기분으로 잠자리에서 일어날 수 있을 것이다."

그러나 도전적인 업무만으로는 충분히 백만장자 직원들을 동기부여할 수 없다. 그들이 혼자서 일할 수 있도록 내버려두는 것이 중요하다. 독립적인 사생활을 영위하는 사람들은 일할 때도 절대 자율성을 포기하지 않는다. 이것이 바로 밥 놀링이 코바드에서 재능 있고 매우 부유한 고위경영자를 세세하게 관리하려고 할 때 어렵게 배운 교훈이다. 밥 놀링은 이렇게 회상했다. "나는 항상 그 사람 머리 위에 있었다. 그러자 그는 곧바로 그만두었다. 그것은 나에게 주의를 환기시키는 경고신호였다. 이제 나는 진두지휘하는 위치에 있을지라도 항상 내 밑의 사람들과 거리를 유지한다. 사람들에게 임무를 수행할 수 있는 공간과 여지를 주는 것이다. 어떤 사람은 일주일에 몇 번, 어떤 사람은 더 적게 점검해야 한다. 개입하지 않고서도 접촉을 유지할 수 있다. 나는 내 고집을 버리고 사람이 자기 스타일과 방법대로 일하는 것을 수용했다. 이러한 환경에서 CEO는 코치이자 조력자, 후원자가 될 수 있다. 그렇지 않으면 사람들에게 떠나도록 실탄을 안겨주는 것과 같다. 게다가 그들은 많은 실탄을 가질 필요도 없다."

인재 확보에 적합한 문화 형성

그렇다면 과연 이것이 전부인가? 사람의 마음을 사로잡는 환경, 즉시성, 의미, 도전 그리고 자유만 있으면 되는가? 가장 부유한 직원을 동기부여하고 붙잡기만 하는 게 전부인가? 대답은 '아니요' 다.

백만장자 직원들은 다른 모든 직원이 원하는 것, 즉 자신을 사랑해주고 양육하며 용서하는 조직을 원한다. 그들은 좋은 어머니 같은 기업을 원한다. 그들이 다른 직원과 다른 것은, 자기들이 울 때 어머니가 달려오지 않으면, 집을 떠난다는 것뿐이다.

대부분의 경영자들은 긍정적인 문화를 조성하려고 한다. 그들은 긍정적인 문화가 갖는 장점을 잘 알고 있지만 문화를 최우선 순위에 두지는 않았었다. 그러나 이제 더 이상 그렇게 해서는 안 된다. 오늘날 기업들은 후원, 파티, 단체여행 등 소속감을 느끼게 하는 수많은 방식을 사용하여 백만장자 직원들의 욕구를 충족시키고 있다.

그러나 그것이 전부는 아니다. 많은 기업은 매우 부유한 사람들만이 누리는 각종 편의와 서비스를 제공해왔다. 예를 들어 씨티그룹에서는 경영자들이 세계 일류 요리사들의 시중을 받으면서 식사를 한다. 그들은 장거리 비즈니스 여행을 할 때 회사 제트 비행기를 쉽게 예약할 수 있으며,

자기 집처럼 화려하고 개인 취향에 맞게 사무실을 꾸밀 수도 있다. 인사담당 이사인 마이클 댐브로스는 이렇게 말한다. "그들이 예술품을 원하면 우리는 즉시 구해준다. 우리는 항상 욕구를 충족시켜줄 준비가 되어 있다. 우리는 이곳을 완벽한 업무공간으로 만들고 싶다. 환경 때문에 다른 곳에서 일하고 싶다거나 이곳에서 전혀 일하고 싶지 않다는 생각이 들지 않게 해야 한다."

베인앤컴퍼니 역시 어느 누구도 떠나기를 원치 않는 문화를 창조하는 데 노력을 기울이는 것으로 유명하다. 톰 티어니는 말한다. "연계감을 느끼게 하려면 음성메일이나 전자메일로는 충분하지 않다. 사람들은 서로를 잘 알아야 한다. 함께 일하고 즐길 수 있어야 한다." 이를 위해서 베인앤컴퍼니는 끊임없이 사교적 행사와 비즈니스 행사를 후원하고 있다. 또 래프팅, 사외 훈련 회합, 피크닉 등을 20년째 진행하고 있다. 그리고 1년에 한 번씩 자체적으로 아카데미 시상식을 개최하고 있는데, 스태프들은 50개의 후보작 중 최고의 고객성공담을 뽑는다. 톰 티어니는 이렇게 말한다. "우리는 진정으로 축하하고 기쁨에 찬 문화를 계속 창조하기를 원한다. 그러한 문화가 있을 때 사람들은 즐겁게 일할 수 있고, 이로 인해 고객은 더 큰 만족을 느끼게 될 것이다. 그러나 문화는 저절로 형성되는 것이 아니다. 거기에는 피나는 노력이 필요하다."

월마트에서 인사담당 수석 부회장으로 있는 콜 피터슨도 그의 말에 동의한다. "우리 회사는 조직 문화를 끊임없이 가꾸고 있다. 사용하는 언어만 봐도 이를 알 수 있다. 우리는 '보스'라는 말보다는 '코치'라는 말을 더 선호한다. 누구나가 동료다. 사실 계층구조는 맨 위에 있는 사람 외에는 누구도 기분 좋게 받아들이지 않는다. 그래서 우리는 '문호개방 정책'을 시행하고 있다. 만약 작업환경, 매장 또는 구역에 문제가 있다면 직급을 막론하고 회사 내 누구에게도 이야기할 수 있다. 신분의 비밀도 보장된다. 이렇게 하면 정보가 위에까지 잘 전달될 수 있다. 경청은 시간을 요구하지만 문제를 해결하고 좋은 결정을 내리기 위해 필요한 모든 것을 얻게 한다. 인재를 붙잡는 최선의 길은 강력하고 건강한 문화를 창조하는 것이다."

유연한 복귀 계획을 수립하라

그러나 건강한 문화조차 모든 사람을 붙잡을 수는 없다고 콜 피터슨은 이야기한다. 그는 이렇게 지적하고 있다. "어떤 사람들은 닷컴기업을 직접 창업하고 싶어하거나 변화를 원할 것이다. 그들에게 더 많은 돈을 주거나 다른 일을 맡기는 것은 근본적인 해결책이 되지 않는다. 어느 시점에 이르면 더 이상 붙잡아두려고 해서는 안 된다. 그들은 이미 떠나기로 결정했기 때문이다." 이렇게 해서 백만장자 직원을 관리하는 과제는 경영자의 손을 떠나게 된다.

밥 놀링은 말한다. "바로 지난 달, 가장 유능한 사람이 회사를 떠나겠다고 말했다. 우리는 이미 그를 위해서 두 번이나 업무를 재설계했다. 하지만 이제 그는 회사에 비해 너무 크게 성장해 더 이상 여기에 있을 수 없었다. 그에게 필요한 것은 새로운 출발이었다. 나는 이 문제를 잭 웰치식의 사고방식으로 해결했다. 즉, 작별인사를 할 필요가 없다는 사실을 공표한 것이다. 오히려 '다시 만날 때까지'라고 말했다. 나는 그에게 이력서를 달라고 한 뒤 언제든지 돌아올 수 있다고 말했다. 그리고 그의 새로운 CEO에게 그는 함께 일하기에 멋진 사람이라고 말해주었다."

핵심은 떠나는 사람에게 회사에 대해 근사한 감정을 심어주는 것이다. 그렇게 하면 경쟁사에 합류하거나 경쟁 사업 벌이는 걸 막을 수 있다고 밥 놀링은 말한다.

작별을 고하는 것보다 덜 급진적인 방법은 파트타임으로 일하도록 하거나 서서히 그만두도록 하거나 또는 휴가를 주는 것이다. 5년 전에 체이스 H&Q의 최고 투자 금융가가 CEO 댄 케이스에게 퇴사하겠다고 말했을 때 일어났던 일을 살펴보자. 댄 케이스는 이렇게 회상하고 있다. "나는 그에게 퇴사할 수 없다고 말했다. 그는 필요한 존재였다. 고객에게도 그가 필요했다. 그리고 그 역시 우리를 조금이라도 필요로 할 거라고 생각했다. 그래서 이렇게 말했다. '자문위원이 되어주게. 그리고 편한 대로 출퇴근하게.' 처음에 그는 이 제안을 거절했다. 그는 '아닙니다. 자문위원은 노인이나 하는 일이죠' 라고 말했다."

그러나 댄 케이스가 채택한 유연한 퇴사전략은 마침내 그를 설득시켰다. 그 결과 그는 여러 해 동안 댄이 담당하고자 했던 거래를 수행했으며 기대 이상의 성과를 올렸다. 사실 1999년에 이미 여러 번 백만장자가 되었던 그는 현재 가장 호시절을 보내고 있으며 댄 케이스와 다른 사람들에게 소중한 조언자로 남아 있다.

베인앤컴퍼니 역시 유연한 퇴사 계획을 제시하고 있다. 퇴사한 직원이 다른 회사에서 일하다가 마음이 바뀌어 복귀를 희망하면 재입사를 허용하고 있으며 심지어는 권장하고 있다. 그리고 보통 5~6년 정도 회사에서 일한 파트너들은 유급휴가를 얻을 수 있다.

최근 이 회사는 비영리 조직을 위한 자문기관인 베인브리지 그룹을 차려 새로운 벤처사업을 시작했는데, 새로운 전문성을 원하거나 재정적으로 안정된 현직 및 전직 직원들은 이곳에서 페이스 조절과 변화를 위해

1~2년의 시간을 보낼 수 있다. 톰 티어니는 이렇게 말한다. "어느 면에서 이것은 아주 이타적인 것이다. 그러나 다른 면에서는 전혀 그렇지 않다. 그러나 그것은 근사한 일이다. 사람들에게 열정을 추구할 기회를 주어야 한다. 만약 그들이 떠난다면 우리는 그들을 소중한 동창으로 대우할 것이다. 그러면 아마 그들은 되돌아올 것이다."

부자를 이끄는 부자들

오늘날 백만장자들은 백만장자들의 관리를 받는다. 이것은 스톡옵션을 통한 보상을 의미하기도 한다. 경영자와 백만장자 직원들은 결국 비슷한 사람들이다. 어느 의미에서 그들은 대등한 사람들이라고 할 수 있다. 이는 비즈니스에서 오랫동안 지탱해온 것, 즉 계층구조의 종말을 예고하고 있는지도 모른다.

백만장자 직원과 경영자 사이의 복잡한 춤은 경제가 허용하는 한 계속될 것이다. 노동자에 의한 체제 전복도 없을 것이며 상사에 의한 공격도 없을 것이다. 그보다 기업들은 다른 시대라면 터무니없고 비굴하다고 무시받았을지 모르는 관리관행을 활용하여 백만장자 직원들을 계속 만족시킬 것이다. 오늘날 이러한 것들은 단순히 게임을 관전하기 위한 입장권에 불과하다. 아이러니는 그러한 관행들이 처음부터 모든 사람을 위해 존재했어야 한다는 것이다.

6

직장 내 세대차이를 어떻게 해결할 것인가

다이안 코투
Diane Coutu

요약 | 직장 내 세대차이를 어떻게 해결할 것인가

아머코트 보험의 CEO인 앨버트는 일요일 저녁 편히 쉬려고 하는 순간 회사 최고의 세일즈맨인 에드 맥글린의 전화를 받고 마음이 산란해졌다. 52세의 에드 맥글린은 자기보다 젊은 기술 지도교사와 업무상 저녁식사를 하고 돌아왔는데, 자신이 받은 대접이 형편없어 침통해 있었다. 그래서 그는 앨버트에게 전화를 걸어 만약 로저 스털링이 다시 보이면 회사를 떠나겠다고 경고한 것이다.

28세의 로저 스털링은 편집광적이고 다소 반사회적인 성향을 지닌 전자상거래 담당 관리자다. 그는 에드 맥글린을 교육시키는 임무를 부여받았으나 그와 갈등을 빚는 바람에 교육에 차질을 빚고 있었다. 이 모든 것은 앨버트가 도입한 역개인지도 프로그램 때문이었다. 그는 이 프로그램이 판매 그룹과 기술 그룹 사이에 시너지를 창출할 수 있는 훌륭한 방법이라고 생각했다. 그의 목표는 아머코트가 경쟁기업 못지않은 디지털 보험 상품을 내놓는 것이었다.

그러나 시작부터 에드 맥글린과 로저 스털링 사이에는 성격 차이와 두 부서의 특징에 기인한 긴장감이 돌았다. 그들은 서로를 이해하려고 저녁식사도 같이 해보았지만 대화는 순조롭게 진행되지 않았다. 에드 맥글린은 보험 상품을 파는 데 중요한 것은 인터넷이 아니라 보험판매원들이라고 주장했다. 로저 스털링은 웹이 보험 판매 및 유통방식을 일대 혁신할 것이라고 주장했다. 따라서 에드 맥글린이 이를 받아들이지 못한다면 떠나야 한다고 말했다. 에드 맥글린은 이 말에 불끈하여 자리를 떠남과 동시에 앨버트에게 전화를 걸었다.

앨버트는 에드 맥글린과 통화를 한 후 깊은 생각에 잠겼다. 그때 다시 전화벨이 울렸다. 이번에는 로저 스털링이었다. 그는 다음과 같은 최후통첩을 하였다. "에드 맥글린이 그만두지 않으면 내가 그만두겠다."

앨버트는 월요일 아침에 이들과 회의를 해야 한다. 과연 그가 할 수 있는 일은 무엇인가? 이에 대해 6명의 전문가들이 조언을 하고 있다.

최고 세일즈맨의 분노

앨버트는 「법과 질서」라는 쇼 프로그램을 좋아한다. 시간이 없어 TV를 거의 보지 않지만 그래도 이 프로그램은 자주 본다. 재방송이 시작되자 그는 거실에 있는 가죽소파에 자리를 잡고 앉아 안경을 고쳐 썼다. 그때 전화벨이 울렸다.

앨버트는 아버지에게 물려받은 자산 및 상해보험 회사인 아머코트의 CEO다. 그런 그가 마음대로 할 수 없는 일이 한 가지 있다. 그건 바로 시도 때도 없이 걸려오는 전화다. 일요일 밤만이라도 전화를 받지 않고 편히 쉬고 싶은데 그게 마음대로 되지 않았다. 그는 한숨을 쉬며 리모컨으로 TV 소리를 줄인 후 전화를 받았다.

"앨버트 회장님이세요? 회장님을 찾으려고 여기저기 수소문했습니다."

전화를 건 상대방은 화가 난 듯 목소리가 격앙되어 있었다. 앨버트는 그 목소리의 주인공이 회사에서 가장 뛰어난 세일즈맨인 에드 맥글린이라는 것을 바로 알아차렸다.

에드 맥글린은 지난 10년 동안 6번이나 최고의 판매원 자리에 올랐다. 그는 아머코트의 주요 고객 대부분을 끌어들였다. 고객들은 그를 좋아했다. 52세의 나이에도 그는 여전히 매력적이고 인기 있는 하키 영웅이었다. 그는 주말이면 주요 고객들을 요트 경기에 데려갔고 주중에는 그들과 골프를 쳤다. 그에게는 자신의 대성공을 이야기할 때마다 꼭 빼놓지 않는 자랑거리가 있다. 맹장수술을 했을 때 300명이 넘는 아머코트 고객들이 쾌유를 비는 카드를 보내왔다는 사실이다. 그런 그가 노발대발하면서 말했다.

"저는 23년 동안 이 회사를 위해 모든 것을 바쳤습니다. 하지만 이제는 안 되겠습니다. 회장님께서 끌어들인 그 녀석, 나를 공격하고 있는 그 자가 없어지지 않는다면 제가 이 회사를 떠날 것입니다. 그 녀석은 인터넷에 능숙하다는 이유만으로 거만하게 구는데다 동료를 존중할 줄도 모릅니다. 게다가 그는 우리와 가치관도 다릅니다. 분명히 말씀드리지만 저는 똑똑한 척하는 애송이들이 내 인생을 압박하는데 가만히 당하고만 있지는 않을 것입니다."

디지털 신동의 등장

에드 맥글린이 말하는 사람은 바로 지난해 아머코트의 전자상거래 부문 관리자로 채용된 28세의 웹 전문가 로저 스틸링이다. 앨버트는 그에게 에드 맥글린의 컴퓨터 스킬을 도와주는 개인지도교사의 임무를 부여하였다. 창업가적 안목과 편집광적인 집중력을 가진 로저 스틸링은 실리콘밸리에서 활약하는 전형적인 소프트웨어 엔지니어처럼 보였다. 그는 칼텍 공대에서 1년 동안 수학을 공부했으며 2,000만 달러의 신생기업에 합류하기 위해 학교를 중퇴하기 전까지 과내 차석을 하던 수재였다. 세상 사람들이 시대에 뒤떨어졌다는 확신과 천성적인 자부심을 가지고 있는 로저 스털링은 공학적 기지와 무인 업무처리 기술로 명성이 높았다. 회사가 상장된 후 그는 그 전보다 더 부자가 되었을 뿐만 아니라 더 건방지게 행동했다.

그는 보험업에서 전자상거래 혁명의 시기가 무르익었다는 확신을 갖고 아머코트를 선택했다. 보험은 순전히 정보와 돈으로만 이루어진 제품이었다. 그는 기존의 보험업에 종사하는 사람들이 거의 인식하고 있지 않던 인터넷의 가능성을 이미 완벽하게 이해하고 있었다. 앨버트가 웹상에서 고객들에게 직접 보험을 팔 수 있는 전국 규모의 프로그램을 재구축하는 문제에 대해 이야기를 꺼냈을 때, 로저 스털링은 그 잠재력의 의미를 정확히 알고 있었다. "우리는 2,000여 명의 보험판매원들을 줄일 수 있습니다. 온라인 판매는 돈을 찍어내는 기계나 다름없습니다."

로저 스털링은 몇몇 사람들이 왜 자기를 싫어하는지 이해할 수 없었다. 앨버트는 그것을 세대차이로 돌렸다. 로저 스털링은 감정을 좀처럼 드러내지 않았다. 일 외의 다른 것에는 어떤 흥미도 가지고 있지 않은 것처럼 보였다. 그는 스포츠뿐만 아니라 그 흔한 낚시도 하지 않았다. 오로지 BMW 컨버터블을 타고 집과 직장을 오가는 것 외에는 아무것도 하지 않는 것처럼 보였다.

"그래, 만약 직원들 중 어느 한 사람만을 내 클럽에 초청해야 한다면 그것은 분명히 에드 맥글린일 거야"라고 앨버트는 중얼거렸다. 그는 상처받은 에드 맥글린을 위로해주고 싶었다. 앨버트는 최고의 세일즈맨 에드 맥글린의 처지를 공감했다. 자신도 컴퓨터에 대해 아는 것이 거의 없었기 때문이다. 하지만 그는 디지털 이전의 시대로 되돌아가지 못한다는 것을 알고 있었다. 아머코트는 웹 시대로 나아가지 않으면 사라지고 말 것이다.

변화의 유산

1879년, 앨버트 가문의 네 사람이 설립한 프랑스계 캐나다 회사에서 변화의 바람이란 정말 일상적인 것이었다. 설립 이래 아머코트는 앨버트 가문의 모든 사람이 어릴 적부터 경험을 쌓아온 곳이었다. 몇몇 나이든 직원들은 앨버트의 할아버지 아나톨의 전설적인 이야기를 아직도 기억하고 있다. 아나톨은 철권으로 회사를 경영했다.

그러나 오늘날과 같이 32개 주에 지점을 둔 전국적인 기업이 되기까지는 앨버트 아버지의 공헌이 컸다. 앨버트가 1980년대 말에 이 기업을 물려받았을 때 아머코트의 매출과 이익은 급신장하고 있었다. 그리고 1996년 마침내 상장하기에 이르렀다.

상장을 통해 앨버트 가문은 대단한 부자가 되었으며, 앨버트도 백만장자가 되었다. 앨버트는 그의 가족과 주주들이 자신을 믿고 있다는 것을 알고 있었다. 그 믿음은 고객들에게 계속 집중하고 비용을 줄여나갈 것이라는 기대를 의미했다.

전통 있는 많은 보험회사들이 온라인 진출을 고려하고 있다는 것을 상정한다면, 즉 비용을 계속 줄여나간다는 것은 특히 힘든 일이었다. 인터넷에서만 운영되는 신생기업들은 이미 뿌리깊이 박혀 있는 비싼 판매인력 네트워크를 대체할 좀 더 저렴하고 효율적인 방법을 발견했다. 앨버트는 아머코트가 이러한 선택을 무시한다면 모험을 무릅쓰지 않을 수 없다는 것을 느끼고 있었다.

그러나 지금까지 어느 회사도 사람을 직접 만나 설명을 듣고 보험에 가입하려는 고객의 욕구를 대체할 수 있는 방법을 찾지 못했다. 사람들은 죽음 및 재해와 관련된 보험 상품을 컴퓨터와 같은 비인간적인 매개물을 통해 구매하고 싶어하지 않는다.

따라서 극복해야 할 과제는 온라인 판매 상품을 친숙하고 위협적이지 않은 것으로 만드는 방법을 찾는 것이었다. 이를 위해서 아머코트는 에드 맥글린의 강점(확실한 고객관계)과 로저 스털링의 강점(최신 기술)을 모두 사용할 필요가 있다고 생각했다. 구세대와 신세대는 이 일을 이루기 위해서 협력해야 했다.

하지만 그것은 쉬운 일이 아니었다. 시작부터 회사의 세일즈맨들과 로저 스털링의 부서 사이에 긴장감이 감돌았다. 게다가 인터넷 전문가들은 비싼 돈을 들여 데려와야 했다. 사실 앨버트는 그들에게 보험 업계에서 적어도 15~20년을 일한 판매인들이 받는 액수와 동일한 액수를 제안해야 할 때 많이 망설였다. 세일즈맨들이 '급여를 과하게 받는' 신참들을 괘씸하게 생각할 것이 당연했기 때문이다. 또한 새로 들어온 웹 디자이너들은 로저 스털링에게 직접 보고하도록 되어 있었다.

앨버트는 로저 스털링의 경영관리 직책이 세일즈맨들의 감정을 자극하고 회사의 우선순위에 대한 우려를 불러일으킬 수 있다는 것을 알고 있었다. 그러나 그는 회사가 변화하려면 새로 들어온 기술직 채용자들에게 많은 지원과 책임이 있어야 한다는 점도 알고 있었다. 그때 앨버트는 비용을 줄이기 위해 영업 인력을 10퍼센트 줄였다. 그 반발은 너무 심각했다. 해고되지 않은 생존자들도 회사에 배신당했다고 느꼈다. 그리고 세일즈맨들은 그들 한가운데 던져진 구조조정의 책임을 웹 디자이너 탓으로 돌렸다.

책임자는 누구인가

앨버트는 전화를 끊고 깊은 생각에 잠겼다. 그때 그의 아내 카렌이 거실로 들어왔다. TV 소리가 들리지 않자 재빨리 남편의 표정을 읽었다.
"무슨 일 있어요?" 카렌이 물었다. 아동심리학자인 카렌과 앨버트 사이에는 애니와 사이몬이라는 두 아이가 있다. 앨버트와 카렌은 결혼한 지 25년이 되었으며, 이들 부부는 집안일이든 사업에 관한 일이든 모든 걸 터놓고 대화하기를 좋아했다.
앨버트는 한숨을 쉬면서 말했다. "모든 일이 엉망이야. 에드 맥글린이 방금 전화를 했는데, 로저 스털링과 감정 충돌이 있었는지 화가 나서 길길이 날뛰고 있어. 차라리 로저 스털링에게 개인지도를 그만두라고 하는 게 낫겠어."
앨버트는 리모컨을 다시 집어서 소리를 키운 후 「법과 질서」의 마지막 장면을 보았다. 프로그램이 끝나자 온라인 주식중개 회사인 아메리트레이드의 광고가 나왔다. 파티 초대를 위해 자신의 사진을 복사하고 있는 젊은 직원에게 상사가 다가왔다. 그는 직원을 질책하기보다는 온라인으로 주식을 사달라고 도움을 청하고 있었다. 젊은 친구는 상사에게 웹을 항해하는 방법을 보여준 다음 춤을 추면서 상사를 파티에 초대하였다.
앨버트는 그 광고를 본 후 무심결에 이렇게 말했다. "우리 아머코트에도 저런 변화가 필요해." 그러고는 다시 깊은 생각에 잠겼다. '좋든 싫든,

우리에게 조언을 해줄 수 있는 사람들은 바로 젊은 세대들이다. 문제는 에드 맥글린과 같은 친구들이야. 그는 너무 거만하고 기술을 의심하고 있어. 그래서 변화를 마음 내켜하지 않는 거야. 그러나 젊은 사람들은 변화의 필요성을 잘 알고 있어.'

"당신은 정말 갈 길이 멀군요."

카렌이 말하면서 TV를 껐다.

"내가 젊었을 때는 누가 무엇을 했는지가 분명했지. 그 시절이라면 개인지도가 훨씬 쉬웠을 거라는 생각이 들어. 지혜는 여러 세대를 거치면서 내려왔지. 그러나 오늘날 칼자루를 쥐고 있는 친구들은 학교를 중퇴한 젊은이들이야."

앨버트가 설명했다.

"그게 뭐가 이상해요. 우리도 아이들을 통해 배우잖아요? 저 또한 환자를 통해 많은 것을 배워요."

카렌이 말을 받았다.

"그래. 하지만 우리 젊었을 때를 생각해봐. 나는 기껏해야 우표수집 전문가였고 당신은 낸시 드루(소녀 명탐정 소설 '낸시 드루 시리즈'의 주인공) 전문가였어. 하지만 요즘 젊은이들은 달라. 그들은 우리 생활의 모든 면에 영향을 미치고 있는 세계 혁명의 전문가야. 그러니 에드 맥글린이 통제력을 잃는 것도 이상한 일은 아냐."

바로 그때 전화가 다시 울렸다. 이번에는 로저 스털링이었다. 그의 목소리에는 피곤함이 배어 있었다.

"회장님, 저는 불안정한 중년 세일즈맨의 자아를 치료하는 전문가가 아니라 디지털 전문가입니다. 저는 그것 때문에 아머코트에 온 것은 아닙니다. 에드 맥글린이 팀을 떠나든지 아니면 제가 떠나겠습니다. 결정은 회장님이 하셔야 합니다. 그럼 내일 다시 뵙고 말씀드리겠습니다."

앨버트는 수화기를 내려놓고 로저 스털링이 한 말을 카렌에게 전했다. 그리고 "내가 무엇을 해야 할까?"라고 물었다. 그는 깊은 좌절감에 빠진 듯했다. "아머코트에서는 세대차이가 필요하지 않아. 나는 두 친구가 사이좋게 지내기를 원해. 그렇지 않으면 우리 회사는 5년 안에 지위를 잃고 말 거야."

나이 어린 지도교사

사실 앨버트는 정확히 아메리트레이드 광고처럼 하려고 노력했다. 아머코트의 인적자원 부서는 올해 초 역개인지도 프로그램을 시행했다. 이 프로그램에서 모든 세일즈맨은 아머코트의 새로운 온라인 데이터베이스에서 정보를 저장하고 불러내는 방법과 웹서핑하는 방법을 가르쳐줄 젊은 지도교사를 선택하라는 강력한 권고를 받았다. 만약 세일즈맨들이 웹을 이해하고 활용한다면 아머코트가 인터넷을 활용하여 이익을 높이고 서비스를 개선하는 데 도움이 될 수 있을 것이라는 생각에서 이 프로그램이 도입되었다.

앨버트는 에드 맥글린이 개인지도교사를 선택하지 못했다는 것을 알고는 로저 스털링에게 그와 함께 일할 지도교사 역할을 맡겼다. 로저 스털링은 인간관계 기술은 부족하지만 재치가 있었고 보험에 대한 흥미가 남달랐다. 에드 맥글린은 이 2가지 장점을 크게 칭찬하였다. 앨버트는 결과가 좋으면 에드 맥글린이 회사의 기술 전문가에게 일일이 주목을 받고 우쭐해할 것이라고 감히 기대하기도 했다.

앨버트는 로저 스털링에게 이렇게 충고했다. "당신에게 고지식한 질문을 하도록 에드 맥글린에게 여유를 주시오. 그는 전혀 친숙하지 않은 것을 배워야 합니다. 그러니 당신이 그를 잘 인도해주시오. 그리고 그의 질문도 진지하게 받아주기 바랍니다. 그는 우리 고객에 대해 가장 많이 알고 있으니까요."

로저 스털링은 전혀 긍정적이지 않았다. 그는 실험 전체가 시간낭비라고 생각했다. 그래서 그는 앨버트에게 이렇게 말했다. "문제는 컴퓨터를 다루는 몇 가지 기술이 아니라 에드 맥글린과 같은 사람들이 사업에 관해 완전히 새로운 방식으로 생각하는 법을 배워야 한다는 사실입니다. 에드 맥글린은 사고방식을 완전히 바꿀 필요가 있습니다. 그러나 그에게 컴퓨터를 이용하는 몇 가지 요령을 가르쳐주는 것으로는 그렇게 될 수가 없습니다. 그들에게 이런 컴퓨터 훈련 수업은 무의미합니다."

그들의 관계는 거기서 더 나아지지 않았다. 어느 날, 화가 난 로저 스털링은 앨버트에게 전화를 걸어와 웹을 통해 보험회사와 고객 사이의 효율적인 접점을 창조할 수 있는 방법에 관해 설명하는 중요한 회의에 에드 맥글린이 참석하지 않았다고 불평을 했다. 로저 스털링은 "달변가인 에드 맥글린은 팀 플레이어가 되지 못한다"라고 격렬하게 항의했다.

앨버트는 그 당시 로저 스털링의 전화를 그다지 심각하게 받아들이지 않았다. 이사회 회의가 다가오고 있었고, 12년 만에 처음으로 떨어지고 있는 회사의 분기 실적에 관해 프리젠테이션을 준비하는 데 몰두하고 있었기 때문이다. 그는 이렇게 말했다. "당신들끼리 불화를 해결할 수는 없소? 같이 문제를 해결해보려고 노력 좀 하시오." 그런데 3분 후에 에드 맥글린에게서 전화가 왔다. 그 또한 회의에 대해 불평을 늘어놓았다. 그 순간 앨버트는 폭발했다. "더 이상 듣고 싶지 않소. 맙소사, 에드! 당신은 로저 스털링보다 나이가 두 배나 더 많아요. 스스로 문제를 해결해요!"

갈등 폭발하다

로저 스털링과 에드 맥글린은 앨버트의 말대로 일을 수습하려고 일요일 저녁 식당에서 만나기로 약속했다. 그들이 함께 식사하는 것은 처음이었다. 로저 스털링은 제시간에 맞춰 식당에 도착했다. 에드 맥글린이 아직 도착하지 않은 걸 확인한 그는 먼저 자리를 잡고서 녹차를 시켰다. 에드 맥글린은 조금 늦게 도착했다. 그는 멋쩍은지 "아, 내 딸이 좋아하는 차를 마시고 있군요. 우리 애는 컴퓨터를 정말 잘 다루지요"라고 너스레를 떨었다. 로저 스털링은 미소만 지을 뿐 한마디도 대꾸하지 않았다.

에드 맥글린은 그런 그를 보자 자신이 짜증이 난 이유를 알게 되었다. 그 이유는 바로 로저 스털링과 같은 사교술이 부족한 사람을 권한이 있는 자리에 앉혀 놓았기 때문이다.

그는 위스키 두 잔을 주문한 후 로저 스털링이 애피타이저로 주문해놓은 뱀장어와 캘리포니아 마끼 주변을 젓가락으로 쿡쿡 찌르기 시작했다. 본격적인 화제를 끄집어낸 사람은 에드 맥글린이었다. 그는 심각한 표정으로 말했다. "앨버트는 우리가 서로 의논하여 의견차를 해소하라고 말했소. 분명히 말하지만 우리 세일즈맨들은 아머코트를 위해서 이러한 혁신조치가 제대로 이루어지도록 할 수 있어요."

로저 스털링의 반응은 빠르고 무덤덤했다. "우리 팀 역시 일을 잘하고 있어요. 나는 앨버트에게 일이 제대로 이루어지고 있다고 말했죠. 우리 팀은 일정보다 훨씬 빠르게 일을 해나가고 있습니다."

로저 스털링의 응수에 에드 맥글린은 테이블 아래에서 주먹을 불끈 쥐었다. 그의 목소리는 떨리고 있었다. "로저, 나는 어리석지 않아요. 웹이 유통을 변화시키고 있는 것은 사실이지만, 보험업에서는 위대한 세일즈맨들이 핵심이 되어왔고 앞으로도 계속 그럴 거예요. 사람들은 보험을 사지 않아요. 우리가 그들에게 파는 것이지요. 그들은 죽음을 피할 수 없는 운명이라고 생각하지 않아요. 우리가 그들에게 그것을 점잖게 상기시켜 주는 겁니다. 나는 이 사업이 어떻게 돌아가는지 잘 알고 있어요. 나는 당신이 태어나기 전부터 이 일을 해왔으니까요."

로저 스털링은 전에도 이 이야기를 들은 적이 있었기 때문에 어떤 반응도 보이지 않았다. 에드 맥글린은 로저 스털링의 무반응에 몹시 화가 났지만 꾹 참았다. 마침내 그는 말했다. "허심탄회하게 얘기해봅시다. 나는 당신처럼 똑똑하고 출세한 젊은 친구들이 판매 일선에 있는 우리를 대하는 방식이 마음에 들지 않아요. 당신은 짐짓 겸손한 척 흉내를 내고 있소. 당신은 심지어 우리에게 시간이 어떤지 묻지도 않고 회의 일정을 잡고 있소. 당신은 우리를 전혀 존중하지 않고 있어요."

로저 스털링은 에드 맥글린에게 상체를 기울이며 타협을 시도했다. "보세요. 저는 현장에서 이루어지는 일이 가치 없다고 말하는 것이 아닙니다. 그러나 내가 보기에 당신은 고객들의 사고방식이 얼마나 많이 변하고 있는가를 제대로 인식하지 못한 듯합니다. 요즘 사람들은 빠른 정보를 원합니다. 그들은 숫자와 서비스를 비교하고 싶어하며, 그것은 온라인으로 하기가 훨씬 쉽습니다. 제 생각에는, 당신은 두 가지 선택을 할 수 있습니다. 팀에 합류하거나 팀을 떠나는 것입니다. 잔인하게 들리겠지만, 영업을 하는 젊은 친구들은 이미 이것을 이해하고 있습니다."

그의 말을 듣자 에드 맥글린은 소름이 끼쳤다. 그는 지갑을 꺼내면서 말했다. "젊은이, 충고 몇 마디 하겠소. 자가당착에 빠지지 마시오." 에드 맥글린은 저녁 값을 치르고도 남을 만큼의 돈을 테이블 위에 털썩 내려놓고는, 윗도리를 들고 식당을 박차고 나갔다.

CEO 역할은 무엇인가?

여기서는 전문가 6명의 충고를 들어보겠다.

하버드 경영대학원 조직행동 담당 부교수 **모니카 히긴스**

아머코트에서 일어난 일은 역방향이건 아니건 개인지도 프로그램은 아니다. 이 회사는 새로 채용된 젊은이가 회사에서 23년간 일해온 세일즈맨에게 웹서핑 방법을 가르치는 책임을 부여받은 상황에 있다. 이러한 프로그램은 일종의 코칭과 같은 것이지 진정한 개인지도가 아니다. 개인지도에는 직업 측면의 지원뿐만 아니라 우정과 배려와 같은 심리사회적 지원이 필요하다.

이 사례는 조직의 변화, 즉 고객에게 서비스를 제공하는 방식을 변화시켜야 하는 어느 성공적인 가족경영 보험회사에 관한 것이다. 아머코트를 새로운 방향으로 효과적으로 이끌려면 앨버트가 책임을 주도해야 한다. 그런데 앨버트는 돈과 기술 외에는 아무런 관심이 없는 것처럼 보이는 신참 로저 스털링이 조직변화를 주도할 것을 요구하고 있다. 이것은 비현실적일 뿐만 아니라 실패할 확률도 크다. 따라서 이 회사의 귀중한 두 직원인 로저 스털링과 에드 맥글린이 모두 불끈하여 회사를 떠나려고 하는 것은 놀라운 일이 아니다.

역개인지도 프로그램을 실시하려는 시도는 분명히 실패했다. 그 이유를 살펴보자. 앨버트는 로저 스털링에게 에드 맥글린을 지도하는 일을 맡겼다. 그러나 연구에 따르면, 개인지도 관계는 전문능력 계발에 대한 관심의 공유를 통해서 비공식적인 방식으로 일정 시간을 거쳐 전개될 때 가장 효과적이라고 알려져 있다. 이것은 아머코트의 사례와는 분명히 다르다.

다른 연구에서는 지도를 하는 사람과 받는 사람의 대화 스타일이 서로 조화를 이룰 때 효과적인 개인지도 관계가 이루어진다는 결론이 나왔다. 이 부분에서도 이 사례는 정반대에 해당된다. 에드 맥글린은 사람들과 일대일로 접촉하는 것을 즐기며 고객들이 그에게 쾌유를 비는 카드를 보낼 정도로 고객과 끈끈한 관계를 맺고 있다. 로저 스털링은 로봇 같은 스타일이다. 이렇게 다르니 두 사람의 손발이 맞지 않는 것은 어찌보면 당연하다.

개인지도 관계에 대한 이해가 부족하다는 것 외에도, 앨버트는 변화를 위한 노력에서 나타나는 정서적 악영향(감정 대립)을 감지하지 못하고 있다. 그는 이 상황을 어떻게 진단하고 있는가? 그는 '세대차'라고 말하고 심지어는 에드 맥글린에게 "해결하라"고 지시하고 있다. 이런 식으로는 진짜 문제를 다룰 수 없다. 진짜 문제는 에드 맥글린이 저녁식사를 하면서 로저 스털링에게 분명히 말했듯이 고참 세일즈맨들이 자신의 경험이 존중받지 않고 있다고 느낀다는 것이다.

에드 맥글린의 감정은 20대건 40대건 어느 한 세대만의 전유물이 아니다. 그러나 이 사례에서 그의 불평은 근본적인 문제를 강조하고 있다. 즉, 총체적인 변화를 위해 분투하고 있고 서로를 진정으로 존중하지 않는 직원들에게 개인지도 프로그램을 기계적으로 강요한다면 어떠한 변화 프로그램도 성공할 수 없다는 것이다. 아마도 무엇이 문제인지를 가장 잘 이해하고 있는 사람은 앨버트의 아내 카렌일 것이다. 그녀는 아머코트가 변화하려면 젊은 사람들을 조직 안으로 끌어들여야 한다는 것을 인식하고 있다. 그러나 그녀는 근본적으로 새로운 것이 있다고 보지 않는다. 그녀는 항상 그녀의 어린 환자들에게서 배운다고 말한다. 그와 마찬가지로 오늘날의 정보기반 경제에서 지식이 가장 중요할지 모르지만, 가장 본질적인 것은 신세대와 구세대 간의 공유다.

아머코트를 변화시키기 위해서는 로저 스털링과 에드 맥글린 두 사람 모두 필요하다. 그러나 어떠한 의미 있는 변화 노력이나 개인지도 프로그램에 착수하기 전에 앨버트는 진정한 지도력을 훈련할 필요가 있다. 그는 로저 스털링과 에드 맥글린 두 사람 모두 각자 강점을 가지고 있다는 사실을 알고 있지만, 그것을 알리는 데 실패했다. 그는 거기서부터 시작해야 한다. 아직 늦지 않았다. 결국 두 사람이 모두 그에게 충고와 조언을 구하지 않았던가. 이제 앨버트가 조언을 해줄 차례다.

GE 산업 시스템스의 CEO 겸 회장 **로이드 트로터**

로저 스털링과 에드 맥글린이 서로 조화를 이루지 못하고 있다. 이러한 관계를 바로잡으려면 앨버트는 즉각적인 조치를 취해야 한다. 그러나 아머코트의 문제는 이들 두 사람 간의 성격충돌을 넘어서는 더욱 깊은 차원의 것이다.

로저 스털링은 서툰 개인지도교사일 뿐만 아니라 회사의 핵심가치에 동조하지 않는 직원이다. 그의 태도는 아머코트에서 오랫동안 내려온 동료애와 팀워크의 가치와 조화를 이루지 못하고 있다. 따라서 앨버트는 개인지도 문제보다 로저 스털링을 데리고 있을 것인지 내보낼 것인지를 먼저 결정해야 한다.

앨버트가 에드 맥글린의 실추된 명예를 회복시켜줄 방법을 찾는 것 또한 중요하다. 최고 세일즈맨으로서의 자존심과 자부심은 크게 상처를 입었다. 오늘날과 같이 압박이 심한 기업 환경에서, 앨버트는 에드 맥글린이 퇴사하는 것을 받아들일 여유가 없다. 그를 소외시키면 회사의 생산성에, 그리고 궁극적으로는 회사의 이익에 엄청난 영향을 줄 수 있다. 에드 맥글린의 상황을 가능하면 빨리 해결해야 한다.

그리고 에드 맥글린은 재신임한다는 모호한 말 이상의 약속을 앨버트에게서 얻어내야 한다. 그가 아머코트에서 현재 일어나고 있는 모든 변화를 받아들이려고 노력할 때 회사는 그를 지원해야 한다. 우리는 GE를 통해 경영자가 새로운 일들을 배우려고 노력하지 않으면 그는 자신의 경력을 위태롭게 할 뿐만 아니라 회사의 성공도 장담할 수 없다는 것을 배웠다. 가장 좋은 것은 인적자원 부문이 개입하는 것이다.

앨버트는 이러한 모든 문제를 해결한 후에 역개인지도 프로그램을 직원들에게 더욱 적극적으로 재배치해야 한다. 이것은 마치 프로그램이 톱다운식으로 만들어져서 회사 내 서로 충돌하는 부서들에게 강요한 것처럼 보인다. 이 기업은 훌륭한 가족경영 역사와 강력한 직업윤리를 가지고 있다. 따라서 만약 이 프로그램이 협력을 위한 도구로 자리잡는다면 아머코트의 직원들은 역개인지도 프로그램을 훨씬 적극적으로 수용할 것이다.

아머코트는 또한 각 개개인을 어떻게 결합시킬 것인가를 재검토해야 한다. 아머코트는 역개인지도 관계에 참여하는 사람들의 역학관계를 고려해야 한다. 앨버트는 다른 기업들이 성공한 최고 실행사례를 찾아낼 필요가 있다. 그들은 개인지도 후보자들을 어떻게 심사하는가? 어떤 성격적 특성이 가장 조화를 이루는가? 개인지도 관계에 참여하는 양쪽이 기대하는 것은 무엇인가?

마지막으로 역개인지도 프로그램은 조심스럽게 도입할 필요가 있다. 나 또한 젊은 직원들이 나를 이끌 것이라는 이야기를 들었을 때, 처음에는 기가 죽었던 기억이 있다. 그러나 GE에서 행해진 역개인지도 프로그램은 양쪽 모두에게 상호학습과 성장을 위한 탁월한 도구가 되었다. 우리의 성공비결은 어느 위치에 있든지 간에 변화를 수용할 수 있다는 데 있다. 변화를 수용할 수 없는 사람들은 조직에서 뒤처지게 된다. 우리는 지도교사와의 미팅을 통해 변화에 대처할 준비를 할 수 있었고 좋은 면도 있고 나쁜 면도 있는 수많은 배움과 가르침의 기회를 놓치지 않을 수 있었다.

나는 지도교사에게 인터넷을 배웠으며 미래의 GE에 없어서는 안 될 리더들을 대표할 똑똑하고 젊은 인재를 직접 경험하고 볼 수 있었다. 이와 동시에 나의 지도교사는 CEO가 되는 것이 어떤 것인가를 배울 수 있는 굉장한 기회를 얻었다. 만약 우리 두 사람 모두 이러한 경험을 받아들이지 않았다면 쓸데없이 시간만 낭비하는 어리석은 사람이 되었을지 모른다. 위에서 시작되든 아래에서 시작되든 학습에 개방되어 있지 않은 사람은 이렇게 된다. 그것은 미래로 가는 문을 닫아버리는 것과 같다.

앨버트가 아머코트에서 역개인지도 프로그램을 도입한 시기는 적절했다. 그의 시도는 회사가 E-비즈니스를 추진하는 데 도움을 줄 뿐만 아니라 역개인지도 프로그램에 착수하기를 원하는 다른 기업들에도 도움을 줄 수 있을 것이다.

하버드 의과대학 정신의학 임상교수 **스티븐 애블론**

『포춘』 선정 500대 기업에 속하는 어느 기업의 CEO였던 나의 아버지는 늙은 사람이 물러나고 젊은 사람이 자리를 이어받을 때 진보가 이루어진다고 말했다. 나는 그 지적에 대해 논쟁을 벌였다. 나는 진정한 진보는 사람들이 나이에 관계없이 지도교사에게 배우려는 개방적인 자세가 되어 있을 때 일어난다고 생각한다. 그리고 좋은 개인지도의 핵심적 특징은 서로가 가진 복잡한 경험에 대한 개방성이다.

아머코트에서는 에드 맥글린이나 로저 스털링 어느 누구도 상대방을 이해하려고 노력하지 않았다. 정확한 이유는 알 수 없지만 각자 상처받기 쉬운 자존심과 관계가 있거나 부모나 형제자매와 같이 권위의 상징과 동일시하는 방식과 관계가 있을 수도 있다.

에드 맥글린과 로저 스털링 사이에 적개심이 생긴 이유가 무엇이든, 앨버트의 임무는 직원들이 함께 일하는 데 도움이 되는 창의적인 방법을 찾는 것이다. 두 사람만 저녁식사를 하게 한 것은 책임을 방기한 것이다. 그는 그들을 이해하고 있다는 데서 멈추지 말고 그들과 함께 그들의 관점에 깊이 빠져들어야 한다.

앨버트는 에드 맥글린과 로저 스털링이 각자의 경험과 관심사를 공유하는 데 필요한 편안한 환경을 만들어줄 필요가 있다. 그런 의견교환을 장려한다면 앨버트는 두 사람에게 개방성과 상호 조언의 중요성을 이해시킬 수 있을 것이다. 그렇게 되면 그는 이러한 경험을 활용하여 두 사람이 서로에게서 무엇을 배울 수 있는지 입증할 수 있을 것이며 구경제와 신경제 모두에서 이득을 취하는 기업으로 변화할 수 있을 것이다. 이것이 어떻게 작용하는지 예로 들어 설명해보겠다.

나는 아동 정신분석 전문의로 일하면서 환자들에게서 많은 것을 배웠다. 환자 중에 해리라는 10세 소년이 있었는데, 1년이 넘도록 슬픔에 빠져 자주 눈물을 흘렸다. 학교에서도 늘 공상에 빠져 있는 모습을 보다 못해 소년의 부모는 해리를 나에게 데려온 것이다. 해리는 사무실이 편안하게 느껴지자 내게 체스를 두고 싶다고 말했다. 소년은 체스를 매우 잘 둔다고 말했다. 우리는 체스 게임을 여러 번 했는데, 소년은 게임하는 방법이 매우 독특했다. 어려운 상황에 처할 때마다 소년은 자신의 말에게 비범한 힘을 주는 새로운 규칙을 선언하였다. 그러면 신기하게도 소년은 정말 나를 이겼다.

어느 날 해리는 여왕이 실제로는 아주 약한 말이라고 말했다. 혼자서는 할 수 있는 것이 거의 없는 왕을 경계하는 일에 너무 많은 시간을 보내야 하기 때문에 약할 수밖에 없다고 설명했다. 시간이 지나자 해리와 나는 이 게임이 우리의 인생과 너무나 닮았다는 생각을 하게 되었다. 작년에 해리의 아버지는 천식을 앓았는데 생명을 위협하는 발작을 여러 번 했다고 한다. 해리의 어머니는 남편이 갑자기 죽을지 모른다는 공포 속에서 생활하였다. 그녀는 남편이 위급할 때 옆에 있어야 한다고 생각해서 일상적인 활동을 포기했다. 이러한 상황에서 가족은 혼란에 빠졌다. 해리는 그의 가정생활이 예측할 수 없고 불확실하다고 느꼈다.

해리와 나는 서로에게 개인지도교사 역할을 했다. 나는 해리가 만든 체스 규칙을 적용하면 도움이 필요 없고 패배를 인정할 필요가 없다는 것을 알았다. 소년은 본연의 자기 안에 있는 더 넓고 깊은 경험을 이해할 누군가가 필요했다. 이와 동시에 해리는 내가 그의 모순되고 혼란스러운 감정과 경험을 탐색하고 이해하는 데 관심을 가지고 있다는 것을 알아채기 시작했다. 해리는 내가 자신을 판단하지 않고 이해하려고 한다는 것을 알았다.

만약 에드 맥글린과 로저 스털링이 서로에게서 배워야 한다면, 두 사람은 이와 유사한 방식으로 개방적으로 행동할 필요가 있다. 그들은 함께 일하고 서로의 차이를 기꺼이 받아들일 때 궁극적으로 서로의 강점을 살릴 수 있다는 것을 이해할 필요가 있다. 그들은 모두 독특하게 기여하고 있다. 그러나 함께 일을 잘해나가려면 둘 사이에 끼어들어서 리드해

나갈 앨버트가 필요할 것이다.

  상대방의 복잡한 경험을 이해하는 것은 모든 관계에서 필수적이며, 활력이 넘치고 만족스런 인생을 사는 데도 극히 중요하다. 비록 아버지와 의견이 항상 일치하지는 않았지만 오랜 세월에 걸쳐 나는 많은 것을 배웠다. 차이점을 이해하는 것은 서로를 더 가깝게 만들어준다.

(스티븐 애블론은 매사추세츠 종합병원 임상교수로 있으며, 보스턴 정신분석학회의 성인 및 아동 훈련과 감독 분석 전문의이기도 하다.)

P&G 마케팅 서비스 IT 관리자 **스튜어트 피어슨**

P&G 코스메틱 부문 부회장 **모한 모한**

  에드 맥글린과 로저 스털링 사이의 역개인지도 관계에서 진짜 문제는 두 사람이 가지고 있는 상당한 두려움과 불안정성이다. 앨버트는 그들을 훌륭한 팀으로 만들 수 없을지 모르지만, 개인지도와 변화의 특성을 알기 위해 갈등을 활용할 수도 있을 것이다.

  건방지고 냉혹하지만 기술적으로는 탁월한 로저 스털링은 컴퓨터 교육이 '무의미' 하다고 생각하면서도 실제로는 네트워크 경제에서 에드 맥글린이 성공적으로 이익을 낼 수 있도록 경쟁하는 데 많은 것을 가르칠 수 있다. 온라인 혁명이 무르익은 업계에서 로저 스털링이 웹 권위자가 된 것은 결코 운이 아니다. 그는 변화나 계층구조를 두려워하지 않는다. 우리 경험으로 보면 그것은 젊은 지도교사들이 가져야 할 좋은 특성이다. 역개인지도교사들은 쉽게 위협을 받지 않는다. 지도할 상대방에게 도전과제를 설정하기 위해서는 자신감이 필요하며, 만약 그렇지 않으면 관계는 작동하지 않을 것이다.

지도교사로서 로저 스털링의 역할은 기술을 배워야겠다는 에드 맥글린의 열정에 불을 지피는 것이다. 그러나 앨버트 또한 로저 스털링에게 에드 맥글린에게서 배울 것이 있다는 확신을 줄 필요가 있다. 이러한 상호 존중이 없다면 어떤 개인지도 관계든 제대로 작동할 수 없을 것이다.

로저 스털링은 인간관계 기술이 부족하기 때문에 어려움에 빠져 있다. 로저 스털링은 에드 맥글린이 기술에 대해 편안하게 느끼도록 하지 못했을 뿐만 아니라 심지어 자신이 에드 맥글린을 만나고 싶어하는지도 확신하지 못하는 것처럼 보인다. 이 시점에서 앨버트는 로저 스털링을 설득하여 기술을 최고 수준으로 끌어올리라는 임무에서 잠시 물러나 대인관계 요인을 자세히 검토해야 한다. 이것이 관계를 개선시키는 첫 번째 조치가 될 것이다.

물론 에드 맥글린도 자신이 해결해야 할 문제를 안고 있다. 새로 채용한 직원의 급여를 정하는 문제, 영업 부서에서 몇 명을 해고해야 할 것인지의 문제, 늙어가는 것에 대한 두려움 등이 그것이다. 그리고 숫자가 말해주듯이 에드 맥글린은 자기 일을 훌륭히 해내고 있을지는 몰라도 변화하는 세계에서 일을 처리하는 방법을 배우려고 하지 않는다. 로저 스털링과의 훈련회합에 게으름을 피운 것부터 지도교사를 애초에 선정하지 못한 것에 이르기까지, 그가 보였던 모든 행동은 과거의 보험판매 방식을 바꾸는 것을 두려워하고 있다는 것을 의미한다.

에드 맥글린은 결코 기술 전문가가 될 수는 없겠지만, 새로운 훈련과 정보를 얻기 위한 전향적인 접근방식을 취할 필요가 있다. 여기서 인적자원 부서는 에드 맥글린이 원하는 전문 기술을 소개해주는 주문형 프로그램을 만드는 식으로 도움을 줄 수 있을 것이다.

에드 맥글린과 로저 스털링 사이에 무슨 일이 일어나든, 앨버트는 역개인지도를 포기해서는 안 된다. 이것은 회사의 성장을 위한 강력한 도구이기 때문이다. 그러나 앨버트는 역개인지도 프로그램의 핵심에 미묘한 문제가 있음을 인식해야 한다. 그것은 역개인지도 프로그램을 강요할 수 없다는 것이다. P&G에서 실시한 역개인지도 프로그램은 자발적으로 이루어지고 있으며, 계속 효과를 거두었다. 우리 둘의 관계가 이곳 P&G에서 전체 훈련에 적합하기는 하지만, 원래 우리는 프로그램에 의해 배정받은 것이 아니라 서로를 원했기 때문에 만나게 됐다. 우리는 서로 편하게 만날 수 있는 시간을 정한다. 우리는 이 만남을 나이 차이에 부담을 느끼지 않고 사업과 개인관계를 풍부하게 만들 수 있는 기회라고 생각한다. 우리가 PDA에 대해 이야기하든 직장과 개인생활의 균형에 대해 이야기하든 상관없이 말이다.

P&G에서의 역개인지도 프로그램은 또 다른 이익을 낳고 있다. 즉, 기업 전체에 지식 기반을 확산시킨다는 것인데, 이것은 어떤 조직이든 경쟁에서 이기려고 할 때 결정적으로 중요하다. 회사 내에서 대화를 나누는 방법은 많지만 그중 역개인지도 프로그램이 가장 좋은 방법이다. 그리고 이 프로그램에 필요한 것은 진정으로 배우고자 하는 의욕이다.

P&G에서 우리의 경험들은 '21세기의 문맹이란 읽거나 쓸 줄 모르는 사람이 아니라 새로운 것을 배우려 하지 않고, 배운 것을 버리고 다시 배우려고 하지 않는 사람'이라는 앨빈 토플러의 의견에 크게 영향을 받은 것이다.

펜실베이니아 대학교 와튼스쿨 마케팅 담당 교수 **요람 윈드**

앨버트는 아머코트를 디지털 시대에 맞게 변화시키려고 노력했다. 그는 매우 뛰어난 자격을 갖춘 기술자인 로저 스털링을 채용했으며, 그에게 인터넷 혁명을 통해 회사를 이끌어가도록 권한을 주었다. 그는 온라인에 대한 로저 스털링의 전문지식과 고객의 니즈를 파악하는 에드 맥글린의 이해력을 통합할 필요가 있다고 생각했다. 시너지 효과를 얻기 위해 역개인지도 프로그램을 실시하였다.

그러나 그의 의도와는 달리 앨버트는 극도로 비참한 2명의 선수를 데리고 있다. 그들은 가장 실력이 뛰어난 사람들이다. 그런데 왜 문제가 발생하는가?

앨버트의 전략에는 3가지 치명적인 결함이 있다. 첫째, 앨버트는 다기능 팀을 통하지 않고 기술 부서를 통해 회사의 변화를 실행한다는 계획을 수립했다.

둘째, 그는 조직구조를 무시했다. 그는 아머코트의 e-변환을 도와줄 수 있는 문화와 보상체계를 변경하는 데 실패했다.

마지막으로, 앨버트는 효과적인 역개인지도 프로그램을 만들지 못했다. 역개인지도가 효과적으로 작동하려면 참가자 양쪽에게 위협적이지 않고 도움을 주며 교육적인 경험이 되어야 한다. 따라서 지도교사를 선택하는 일은 프로 스포츠에서 코치를 선택하는 일만큼 중요하다. 그리고 주의 깊은 사고와 배려가 필요하다. 예를 들어, 당신은 세계적인 테니스 선수 안드레 애거시에게 같은 수준의 테니스 선수 피트 샘프라스를 지도하도록 하지는 않을 것이다. 두 선수가 서로 적극적으로 경쟁을 하는 동안에는 말이다. 이처럼 로저 스털링에게 에드 맥글린을 지도하는 역할을 맡긴 것은 적절하지 못했다.

에드 맥글린의 관점에서 보면 로저 스털링은 적이다. 그의 입사로 에드 맥글린의 친구와 동료가 해고되었으며, 업무를 수행하는 방식은 에드 맥글린이 믿고 있는 모든 것과 반대였다. 반면 로저 스털링의 관점에서 보면 에드 맥글린은 동료가 아니라 진보의 길을 가로막는 장애물이다. 두 사람의 심각한 대립을 감안할 때 앨버트가 강요한 관계는 실패하게 되어 있다.

    지도를 하는 사람과 지도를 받는 사람은 공동의 목표를 공유해야 하며 서로 신뢰해야 한다. 에드 맥글린에게 적합한 지도교사는 에드 맥글린이 회사의 미래에 필요한 기술을 익힐 때 흥미와 공감을 표하며 현명하게 조언할 줄 아는 사람이다. 또한 에드 맥글린이 갖고 있는 기술에 합당한 존경심을 보여야 한다. 로저 스털링의 성격을 감안한다면 그는 지도교사를 맡지 않는 것이 좋다.

    마지막으로, 역개인지도는 기능 집단 간의 협력을 강화할 수는 있지만 이러한 팀워크를 촉진하는 유일한 도구이거나 변화의 유일한 촉매제는 되지 못한다. 오히려 효과적인 역개인지도는 기능 집단 사이에 이미 존재하는 훌륭한 커뮤니케이션의 부산물이다. 지도를 하는 사람과 지도를 받는 사람 사이의 가장 좋은 관계에도 한계는 있다.

(요람 윈드는 와튼 e-펠로우 프로그램의 개발 관리자였다. 여기에는 고위 임원과 와튼 재학생들을 결합하는 역개인지도 프로그램도 들어 있다.)

7

인재들의 나쁜 습관 없애기

제임스 왈드롭
James Waldroop

티모시 버틀러
Timothy Butler

매우 유능하기는 하지만 치명적인 성격상 결함 때문에 제 능력을 발휘하지 못하는 사람들과 일해본 적이 있는가. 어떤 사람은 끊임없이 너무 많은 일을 떠맡는다. 어떤 사람은 모든 변화추진 제안을 부정적으로 본다. 또 어떤 사람은 사람들을 잘못된 길로 몰아간다. 이러한 나쁜 습관을 가진 사람들은 스스로 장벽을 만들어서 자신의 성공과 회사의 공헌에 제약을 가한다. 최악의 경우에 그들은 자기 경력을 파멸로 몰고 간다.

이러한 심리적 결함이 있는 사람들은 그들 상사에게 도움을 받아 치유할 수 있다. 이 장에서 심리학자 제임스 왈드롭과 티모시 버틀러는 이러한 결함의 근본원인을 검토하고 나쁜 습관을 가진 사람들이 다음의 6가지 행동 패턴을 인식하고 이를 고칠 수 있도록 구체적인 방법들을 제시한다.

첫 번째 유형인 '영웅형'은 항상 자기 자신뿐만 아니라 부하직원들에게 오랜 시간 너무 많은 일을 하도록 몰아세운다. '실력지상주의형'은 최고의 아이디어가 객관적으로 결정될 수 있고 또한 결정될 것이라고 믿으며 대부분의 상황에 내재해 있는 정치적 역학관계를 무시한다.

'우격다짐형'은 권력을 추구하여 다른 사람을 짓밟아버린다. '비관형'은 잘못될 수 있는 것을 항상 걱정한다. '반항형'은 권위와 관습에 반사적으로 저항한다. 마지막으로 '홈런타자형'은 너무 많은 일을 너무 빠른 시간 내에 하려고 애쓴다. 그는 안타 치는 법을 배우기도 전에 담장을 넘기려고 한다.

사람들 자신이 설정해놓은 장벽을 돌파하도록 도움을 주는 것은 서로에게 유익한 시나리오다. 이 시나리오는 개인과 조직 모두에게 이익이 된다. 이 장에서 소개한 방법을 사용하면 관리자는 뛰어난 성과를 올리는 것은 물론 심리적 결함이 있는 직원을 탁월한 성과를 내는 사람으로 만들 수 있다.

문제 직원들의 6가지 유형

당신은 뛰어난 성과를 올리기는 하지만 한 가지 심각한 성격상 결함이 있는 사람들과 일해본 적이 있을 것이다. 이러한 사람들은 다른 사람의 삶을 어렵게 만들고 자신의 생산성에도 제약을 가한다. 예를 들어, 어떤 사람은 끊임없이 너무 많은 일을 떠맡는다. 어떤 사람은 필요한 지원을 확보하기 위해 비밀리에 정치적 흥정을 해야 한다는 사실에 분노한다. 또 어떤 사람은 작은 변화도 부정적으로 본다. 우리와 함께 일한 어느 경영자는 이런 사람들이 '95퍼센트의 탁월성과 5퍼센트의 불행'을 가지고 있다고 말한다.

여기서는 이러한 파괴적인 행동 패턴을 '나쁜 습관'이라고 부른다. 이 표현은 단순히 뿌리 깊은 심리적 결함을 지칭한 것이다. 다시 말해, 우리는 담배를 피우거나 손톱을 물어뜯는 것과 같은 강박 행동을 묘사하기 위해 이 용어를 사용하고 있는 것이 아니다. 또 동료를 못살게 굴거나 자신감 상실로 고통을 겪거나 또는 자기 자신을 너무 심하게 몰아세우는 사람들에게 이 용어를 적용하는 것도 아니다. 완벽한 사람이란 없다. 우리는 누구나 악마와 맞붙어 싸우며 실수를 저지른다.

우리는 심리적 상태를 끊임없이 문제 행동으로 드러내는 직원들을 묘사하기 위해 이 용어를 사용한다. 그들의 나쁜 습관은 성격의 중심 요소를 이루고 있으며 그들이 매일 어떻게 행동하는지 알려준다. 이러한 사람들은 스스로 장벽을 만들기 때문에 자기의 개인적 성공과 회사의 공헌에 제약을 가한다. 최악의 경우에는 매우 유능하고 귀중한 사람들이 자신의 경력을 파멸로 몰고 간다.

그러나 이러한 사람들을 도울 수 있는 방법이 전혀 없는 것은 아니다. 나쁜 습관을 가진 사람들이 이것을 인식하고 고칠 수 있도록 하는 검증된 효과적인 방법들이 있다. 우리는 거의 20년 동안 기업에서 연구와 실무경험을 쌓으면서 경력에 흠집을 내는 12가지 별개의 행동 또는 습관 패턴을 알아냈다. 관리자들은 심리적 결함이 매우 심각한 직원이라도 그들을 도와줄 수 있는 다양한 수단을 가지고 있다. 나쁜 습관을 가지고 있는 사람들은 다음과 같은 6가지 패턴에 부합되는 행동을 한다.

- **영웅형** 항상 자기 자신뿐 아니라 부하직원들에게도 지나치게 많은 일을 하도록 몰아세운다.
- **실력지상주의형** 최고의 아이디어가 객관적으로 결정될 수 있고 결정될 것이라고 믿는다. 따라서 그러한 아이디어가 갖는 명확한 장점 때문에 항상 승리할 것이라고 믿는다. 그들은 대부분의 상황에 내재해 있는 정치적 역학관계를 무시한다.
- **우격다짐형** 권력을 추구하여 다른 사람을 짓밟는다.
- **비관형** 변화의 부정적인 측면에만 관심을 기울인다. 어떻게 하면 일을 개선

할 수 있을까 생각하기보다는 잘못될 수 있는 부분을 항상 먼저 걱정한다.
- **반항형** 권위와 관습에 반사적으로 저항한다.
- **홈런타자형** 너무 많은 일을 빠른 시간 내에 하려고 애쓴다. 다시 말해, 안타를 치는 법을 배우기도 전에 담장을 넘기려고 스윙부터 한다.

우리는 관리자에게 심리학 학위를 따거나 직원들을 대상으로 카운슬링을 하라고 주장하는 것이 아니다. 그러나 싫든 좋든 오늘날 관리자는 조립 라인에서 올바른 차체를 맞추는 것 이상의 일을 수행해야 한다. 관리를 위해서는 감정과 이성에 대한 지식을 갖출 필요가 있다. 따라서 당신이 선택할 수 있는 유일한 길은 훌륭한 심리학자가 되거나 나쁜 심리학자가 되는 것이다.

훌륭한 심리학자가 된다는 것은 직원들의 행동 원인을 정확히 파악하기 위해 그의 복잡한 과거를 조사하는 걸 의미하는 게 아니다. 만약 어떤 직원이 "어려서 학대를 받아 나쁜 습관이 생겼다"라고 말을 한다면 그를 전문가에게 데려가야 한다. 그러나 당신은 영웅형, 우격다짐형, 비관형 그리고 기타 유형의 사람들이 더 유능한 직원이 되는 데 그 효과를 검증받는 기법들을 사용할 수 있다.

우리는 실용적인 측면을 강조하고 있다. 우리는 최고의 인재를 어떻게 확보할 것인가에 대해 글을 쓴 바 있다(8장 참조). 이 장에서는 뛰어난 성과를 올리는 직원이 아주 효과적으로 일할 수 있도록 도움을 주는 방법에 초점을 맞추고 있다.

관리자로서 당신이 선택할 수 있는 시나리오는 사람들이 스스로 설정해놓은 장벽을 돌파하도록 도와주는 것이다. 팀원이 최대의 잠재력을 발휘할 때 당사자와 조직 모두 이익을 얻는다. 이를 위해 관리자는 귀중한 시간과 많은 에너지를 기꺼이 투입해야 한다. 관리자가 조직에 이익이 되는 것에 투자하면 다른 어떤 것에 투자하는 것보다 더 나은 보답을 얻을 수 있다. 물론 때로는 투자를 하지 않는 것이 나을 수도 있다. 모든 사람이 우리가 원하는 방향으로 반응하지 않을 수도 있고 또 지속적인 노력이 있어야만 결과를 볼 수 있는 일도 있기 때문이다('노력을 기울일 만한 가치가 있는가?' 참조).

나쁜 습관의 4가지 원인

우리는 지금까지 나쁜 습관의 유형을 단순하고 구체적인 용어로 신중하게 기술했다. 이제 이러한 행동의 배후에 있는 근본적인 심리적 과정을 다소 이해할 필요가 있다. 이러한 행동들은 개인의 유전자와 가족이나 동료관계와 같은 환경적 영향이 혼합되어 생겨난다. 유전적 요인이든 환경적 요인이든 이러한 과정이 함께 나타난다. 일부 사람들은 파괴적 행동 패턴으로 나타난다. 관리자로서 당신은 이러한 과정들을 신중히 파악할 필요가 있다. 당신의 목표는 상담을 하는 것이 아니라 직원들에게 경력을 망쳐놓을 우려가 있는 구체적인 행동을 통제할 수 있도록 도움을 주는 것이다. 나쁜 습관을 유발하는 4가지 심리적 과정은 다음과 같다.

- **타인의 관점에서 세상을 이해하는 능력 결여** 자신의 준거 틀을 벗어나서 타인의 준거 틀을 통해 세상을 이해하려고 할 때 많은 사람이 어려움을 겪는다. 그 이유는 감정이입 능력이 부족하기 때문이다. 어느 면에서 볼 때 그들은 유년기에 흔히 경험하는 나르시시즘을 넘어서지 못했다. 그들은 타인의 관

점에서 세상을 이해하는 법을 누구에게도 배운 적이 없다. 이러한 동료나 부하, 상사, 고객 그리고 경쟁사에 성공적으로 대처하려면 감정이입 능력을 훈련하는 것이 필수적이다.

- **권력 사용의 시기와 방법에 대한 무지** 사람들은 대부분 권력의 효용성과 가치에 대해 매우 이중적인 태도를 보인다. 이러한 감정은 종종 파괴에 대한 우리의 능력을 무의식적으로 두려워하는 데서 생긴다. 실제로 사람들은 권력을 사용하는 것과 남용하는 것을 혼동한다. 그 결과 그들은 권력을 얻는 것을 피하거나 권력을 얻어도 적절히 사용하지 못한다. 그러나 권력은 '사용하지 않으면 잃고 만다.' 물론 권력을 얻는 데 혈안이 된 사람들도 있다. 이런 사람들은 막상 권력을 얻으면 좋은 목적보다 나쁜 목적에 사용한다. 간단히 말해 경영자들은 어떻게 하면 권력을 효과적으로 사용할 것인가 심각하게 고민해보지 않았다.

- **권위와 비타협** 우리는 대부분 권위에 대해서도 이중적인 태도를 보인다. 예를 들어, 어릴 적에 우리는 부모의 보호 아래 안주하기를 원하면서도 부모에게 종종 반항을 한다. 어떤 사람들은 어느 한 극단적인 입장을 고집한다. 극단의 한쪽 끝에는 모든 방법을 동원해 권위를 무시하는 사람들이 있다. 극단의 다른 쪽 끝에는 너무 지나칠 정도로 복종하는 사람들이 있다. 이들은 "만약 CEO가 사실이라고 말하면, 그것은 진짜로 사실이다"라고 믿는 사람들이다. 그러나 대부분의 사람들은 이러한 양극단 사이의 어딘가에 해당된다. 우리 경험으로 볼 때 사람들은 직장 내에 개인지도교사가 있었으면 하고 바라다가도 실제로 그렇게 되면 이에 저항한다.

- **부정적인 자화상** 낮은 자존심은 다양한 모양으로 나타난다. 어떤 사람들은 동료들보다 더 많은 일을 더 빨리 성취해야 한다는 성취 중심적 문화 때문에 압박감을 느낀다. 실패할 가능성은 항상 상존하고 있다. 또 어떤 사람들은 가벼운 우울증 때문에 자존심이 결여되어 있다. 이유가 무엇이든 간에 낮은 자존심의 토대 위에 경력을 구축하는 것은 모래밭에 고층 건물을 세우는 것과 같다.

이러한 심리적 결함은 처음 관리자가 된 사람부터 CEO에 이르기까지 놀라울 정도로 많은 비즈니스맨의 자신감을 해치고 있다. 어느 성공적인 첨단기술 회사의 CEO는 부지불식중에 해고를 당했는데, 후에 자신이 '진정한 어른'인 것처럼 느낀 적이 한 번도 없었다고 고백했다. 항상 완벽하다고 느껴야 한다고 말하는 것이 아니다. 중요한 것은 약점과 인생에서 겪는 실망스러운 일들을 받아들이면서 효과적으로 행동하는 데 있다.

사실상 우리의 핵심은 심리적 결함이 있는 사람들이 나쁜 습관을 극복할 수 있도록 돕는 데 있다. 각각의 행동 패턴을 차례로 자세히 살펴보기로 하자.

영웅형

영웅형은 종종 관리자들이 가장 바꾸고 싶어하지 않는 유형이다. 다른 사람들이 일주일 걸려서 할 일을 하루 만에 끝내는 사람의 행동에 개입해야 하는 이유는 무엇인가? 그 답은 다음과 같다. 즉, 영웅형은 끊임없이 몰아치기 때문에 오히려 이익에 손실을 초래한다. 비록 단기적인 결과로 손실이 감추어질 수는 있다. 그러나 영웅형의 행적을 주의 깊게 살펴보면, 영웅의 초인적인 노력을 따라가려고 노력하다가 결국에는 회사를 떠나버린 뛰어난 사람들의 발자취를 발견할 것이다. 또 조직 내에서는 탈진해버린 동료를 보게 될 것이다. 그리고 영웅 자신도 완전히 지칠 수 있다.

 자기 자신과 타인을 극단적으로 몰아가는 습관을 지닌 사람들은 여러 가지 이유로 그러한 행동을 하게 된다. 어떤 영웅형들은 매우 일찍부터 성공에 중독되기 쉽다. 또 어떤 사람들은 불안정한 자존심에 대처하는 방법으로 영웅형 인물이 된다. 권위자와 마주하고 있을 때 "뭔가를 보여주어야 한다"는 태도는 흔한 것이다. 분명히 영웅형은 다른 사람들이 업무수행 속도를 유지하기 위해 겪는 어려움을 이해하는 감정이입 능력이 결여되어 있다.

 영웅형의 행동을 바꾸려면 먼저 그의 성취결과를 칭찬해주어야 한다. 그러나 칭찬에만 머물지 말고 곧바로 화제를 바꾸어 정신적 탈진상태가 야기하는 손실을 이야기하라. 그와 그의 팀원들에게서 나타난 업무과중의 징후들을 이야기하라. 이것은 매우 심각한 문제이며 오히려 더 좋지 않은 상황이 됐다는 것을 분명히 지적하라. 영웅형은 브레이크를 밟을 필요가 있다.

 영웅형은 팀의 분위기를 정기적으로 파악하는 일이 얼마나 중요한 것인지를 배워야 한다. 눈가에 몰려드는 피로나 억지로 참는 하품처럼 분명하게 알 수 있는 신체적 단서들이 있다. 회의를 할 때, 영웅형은 저항이나 실망감을 미묘하게 나타내는 몸짓, 표정 등에 주의를 기울여야 한다.

 영웅형 직원의 관리자는 영웅형 직원으로 하여금 팀 분위기가 너무 고양되어 있음을 나타내는 경고신호 체크 목록을 작성하도록 지원을 아끼지 말아야 한다. 목록에는 영웅형 인물과 다른 직원들이 음성 메시지나 전자메일을 남기는 횟수, 밤 9시 이후에도 계속 주차되어 있는 자동차의 수, 직원들에게 발생하는 질병의 증가 정도, 특히 아픈데도 회사에 출근하는 사람들의 수, 결혼생활 불화에 대한 소문 등이 포함될 수 있다. 영웅형에게 목록을 매주 작성하게 한 후 당신과 상의하도록 해야 한다.

영웅형은 전쟁에서 이기는 것을 더 많이 생각하고 개인적인 전투는 덜 생각해야 한다. 훌륭한 장군은 싸우기 위해 언제 물러서야 하는지를 잘 알고 있다. 당신은 영웅형의 행동 중에 장기적인 관점에서 비롯된 행동에는 보상을 주고 단기적인 극단적 행동은 질책해야 한다. 예를 들어, 우리가 알고 있는 어느 한 사례에서 어떤 영웅형은 독립기념일이 낀 주말에 출근할 것을 팀원들에게 지시했다. 이럴 때 당신은 전략적 결정을 내리기 위해 그가 필요하다는 것을 강조하라. 가능하다면 실행 부분은 다른 사람에게 위임하도록 그를 설득하라. 그에게 보조원을 채용하도록 권유하여 그가 너무 지나치게 몰아치고 있을 때 그의 행동을 자제하도록 요구할 수도 있다.

만약 영웅형이 집에서 쉬고 있는 부하직원의 시간을 빈번하게 방해한다면 밤이나 주말에 직원들과 접촉하는 것을 금할 필요가 있다. 만약 이런 방법이 너무 엄격하다고 생각되면, 다음날까지 또는 주말이 끝날 때까지는 직원들의 응답을 기대하지 말라고 분명하게 말할 수도 있다.

마지막으로 누군가가 영웅형을 관찰하는 공식적인 역할을 맡는 것이 매우 중요하다. 이러한 나쁜 습관에 대처하는 이유는 소리를 끄기 위해서가 아니라 소리를 낮추기 위해서다. 영웅형에게 수준을 조절하도록 도움을 주기 위해서는 정상적인 청력을 가진 누군가가 필요하다. 당신이 시간을 내서 이 일을 하기로 결정할 수도 있다. 그렇다고 하더라도 다른 사람의 의견을 들어보는 것이 좋다. 영웅형에게 그가 신뢰할 수 있는 동료를 선택하여 이러한 일을 맡기도록 할 수도 있다. 그 일을 맡은 사람은 영웅형이 팀의 분위기를 파악할 수 있도록 도와야 한다. 대부분의 사람들은 쉬고 싶다는 얘기를 영웅형에게 직접 말하기를 꺼린다.

영웅형의 행동을 변화시키는 일은 세심한 주의를 요구한다. 당신은 영웅형들이 지금까지 잘 해왔던 것처럼 앞으로도 훌륭히 계속 해나가기를 원한다. 이와 동시에 당신은 그들에게 자기 자신과 다른 사람들을 몰아쳐서 곤경에 처하게 하는 것은 결코 영웅적이지 않음을 주지시켜야 한다. 회사에 큰 기여를 하는 영웅들을 세심하게 관리하는 일이야말로 절대적으로 필요하다.

실력지상주의형

실력지상주의형은 세상이 공정한 시장과 같아서 최고의 아이디어가 항상 승리할 것이라는 점을 진심으로 믿고 있다. 이러한 사람들은 전형적으로 학교 성적이 뛰어나다. 그들은 시험을 보면 항상 높은 점수를 얻기 때문에 끊임없이 보상을 받는다. 따라서 그들은 객관적이고 측정 가능한 사실을 순진할 정도로 신뢰한다. 그들은 현실 세계에서는 정치 및 조직의 현실에 맞게 아이디어를 판매하고 협상하며 형태를 갖추어야 한다는 사실을 결코 받아들이지 않는다. 그러나 이들은 꼼꼼하게 거래를 해야 하고 해결책을 기꺼이 받아들여야 한다. 이러한 기본적인 사실을 받아들이지 못하는 사람들은 어떤 상황에서도 바라는 만큼 효과를 얻지 못할 것이다.

예를 들어, 할이라는 사람은 뉴욕 투자 은행에서 자산분석가로 활동했다. 그는 계량적 분석능력이 매우 뛰어난 사람이었다. 그는 객장에서 어느 누구보다 빠르고 뛰어나게 재무제표를 분석할 수 있었다. 사람들이 그가 분석한 결과에 의문을 제기하고 그의 권고안을 무시하거나 시장에 대한 자신들의 즉흥적인 영감에 따라서 행동했을 때, 그는 분노로 몸을 떨었다. 이와 마찬가지로 그보다는 덜 똑똑하지만 정치적으로 처신을 잘한 동료들이 먼저 승진했을 때 그는 또다시 격분했다. 물론 이러한 반응은 그가 승진하지 못한 이유에서 나온 것이었다. 그의 실력지상주의적 행동이야말로 그의 경력을 해친 원인이다. 실력지상주의자에게 도움을 주려면 먼저 그의 입장에서 이해해야 한다. 확실한 아이디어를 지원하도록 사람들을 설득하거나 서로 거래를 하거나 잠자는 개들에게 고기를 던져주면서 그 주위를 뼁 둘러 살금살금 지나가는 것이 엄청난 시간낭비임을 알려라. 그리고 무엇보다 우리가 이러한 논의를 하는 데 시간을 보내야 한다는 것이 참으로 유감스럽다는 점을 상기시켜라. 이상적인 세계에서는 개인 감정이나 충성심이 의사결정에 개입할 여지가 없을 것이다.

다음 단계는, 어렵지만 매우 중요한 질문을 제기하는 단계다. 즉, 당신은 얼마나 유능하기를 원하는가? 우리는 지미 카터를 예로 들어 이러한 질문에 답을 찾아보기로 한다. 우리가 알고 있듯이, 지미 카터는 매우 원칙적이고 지성을 갖춘 대통령으로 자신의 이상에 시종일관 충실하였다. 그럼에도 불구하고, 골수 민주당원들조차 로널드 레이건이 의회와 대중의 지지를 얻는 데 지미 카터보다 더 유능했다는 사실에 동의할 것이다. 우리는 당신에게 "지미 카터처럼 100퍼센트 순수하기를 원하는가? 아니면 로널드 레이건처럼 유능하기를 원하는가? 당신은 둘 중 어느 하나를 선택해야만 한다"라고 말하고 싶다.

이러한 대화를 하도록 신경 써야 하는 이유는 무엇인가? 그것은 실력지상주의자들이 전형적으로 가장 근면하고 명석하며 충분한 교육을 받은 사람들에 속하기 때문이다. 애매한 입장을 견지하고도 많은 것을 달성할 수 있으며 그럼에도 여전히 깨끗한 모습, 즉 90퍼센트 순수함을 유지할 수 있다는 점을 이해시킬 필요가 있다.

실력지상주의자에게 이러한 메시지를 받아들일 수 있는 약간의 시간을 주어라. 그러나 자기연민에 빠져 허우적거리게 해서는 안 된다. 그보다는 다음과 같이 구체적인 사안으로 넘어가라. "그러면 당신이 지난주에 언급했던 훌륭한 제안에 대해 이야기해보자. 목표를 달성하기 위해서 누구를 참여시킬 것인가? 누구의 반대를 무마시킬 것인가? 우리는 어떤 거래를 해야 하는가? 최종 의사결정자를 어떻게 설득할 수 있는가? 나중에 포기하겠다고 생각하면서 지금 요구하고 있는 것이 있는가?"

여기에서 중요한 사항은 실제로 일이 이루어지도록 하는 것이 흥미진진하고 도전할 만한 것이라는 점을 전달하는 것이다. 그것은 결과가 정말 중요한 게임을 하는 것과 같다. 개인적으로 유능하다고 느끼는 것만큼 만족을 주는 것은 없으며, 바로 이러한 것이야말로 실력지상주의자들이 간과하는 것이다. 일단 그가 성공의 맛을 보면, 대개는 또 다른 성공을 원할 것이다. 그리고 그다음 차례는 그에게 더 자연스럽게 다가올 것이다.

영웅형처럼 실력지상주의형도 자기 팀에 대해 더 많이 배워야 한다. 그들은 팀원 각각에 대해 다음과 같이 자문해볼 필요가 있다. 이 사람은 무엇을 위해 일하는가? 많은 돈과 명예, 지적인 도전, 혹은 권력 때문에 일하는가? 이 사람이 가장 하고 싶어하는 것은 무엇인가? 문제해결, 큰 계획을 수립하는 것, 혹은 다른 사람을 감독하는 것인가? 그리고 이 사람은 어떤 방식으로 일을 하는가? 세부사항에 주의를 쏟는가, 직관적인가,

네트워크를 활용하는가 아니면 조용한 장소에서 혼자 일하는가? 실력지상주의자가 개인차를 이해하고 이를 고려할 때에만 사람들이 목표를 지지하고 프로젝트에 열정을 갖고 뛰어들게 할 수 있다.

의사결정에 영향을 미치는 개인적 요인을 이해하고 수용하는 일은 처음에는 어렵다. 이들의 관리자로서 당신은 그들이 개인적 요인들을 객관적으로 볼 수 있도록 도와주어야 한다. 물론 모든 사람이 그러한 견해를 쉽게 수용하지는 못할 것이다. 어떤 사람들은 진짜 실력지상주의자를 찾아서 다른 곳으로 떠나는 쪽을 택할 것이다. 그러나 궁극적으로는 가장 다루기 힘든 실력지상주의자들을 설득하여 그들의 행동을 바꾸는 것은 승리의 전율을 느끼게 한다.

우격다짐형

우격다짐형은 세상은 매우 살벌한 곳이기 때문에 사람들이 자신을 어떻게 하기 전에 자신이 타인에게 10퍼센트 더 선수를 쳐야 한다고 처음부터 작정한 사람들이다. 그들은 모든 사람을 위협하고 이간질한다. 그들은 다른 사람들을 믿지 못하며 타인도 그들을 믿지 못한다. 이와 동시에 그들은 극단적으로 자신의 상사에게 매우 충성하며 일을 완수한다.

우격다짐형은 자신의 스타일이 매우 효과적이라고 생각하기 때문에 스타일을 바꾸기를 꺼려한다. 따라서 그들을 변화시키려면 그런 유형의 사람이 되어야 한다. 먼저 그에게 회사 내에 얼마나 많은 적이 있는지 알고 있느냐고 물어보라. 그런 다음 우리가 컨설팅을 하면서 사용했던 매우 강력한 말을 던져보라.

"만약 내가 투표를 한다면 당신은 틀림없이 해고될 것이다."

우격다짐형은 당신이 불공평하다고 이의를 제기할 것이다. 이에 대한 적절한 대답은 이렇다. "나는 당신이 이 세상에서 가장 점잖은 사람인지는 관심이 없다. 심지어 내가 그 사실에 동의한다고 해도 다른 사람들이 동의하지 않을 것이기 때문에 그것은 문제가 안 된다. 그것은 혼자서 지껄이는 코미디언과 같다. 자신은 사람들을 잘 웃긴다고 생각해도 청중들이 그렇게 생각하지 않는다면, 그 사람은 사람을 웃기는 코미디언이 아닌 것이다."

다음과 같은 몇 가지 구체적인 증거를 제시하는 것도 도움이 될 것이다. "당신은 어제 회의에서 질문을 했지만 어느 누구도 대꾸하지 않았다는 것을 알고 있는가?" 또는 "다음은 사람들이 당신을 묘사할 때 한 말이다. '잔인하다, 천박하다, 상종하기 싫은 사람이다.'"

우격다짐형이 이에 저항한다면 다음과 같이 결정적인 말을 할 필요가 있다. "나는 당신의 응석을 받아들이지 않겠다. 당신은 내게 너무 많은 폐를 끼치고 있다. 당신 스스로 변하거나 다른 일자리를 찾아보라."

해고의 위협을 가하는 것은 일반적으로 매우 효과가 있다. 만약 우격다짐형이 경청하는 자세를 보인다면, 다음 단계로 화해의 조치를 취하라. 그에게 그가 회사에서 화나게 했던 사람들, 즉 희생자 명단을 작성하라고 한다. 만약 그가 주저하거나 그가 작성한 명단이 너무 짧다면, 명단 작성을 도와주어라. 그런 다음 가장 큰 피해를 입은 사람부터 적은 피해를 입은 사람에 이르기까지 순위를 매기도록 하라. 가장 적게 피해를 입은 사람, 즉 대면하기 가장 쉬운 사람을 선택해서 "미안하다"라는 말이 꼭 포함된 사과문을 작성하도록 하라.

이러한 것이 사소하게 느껴질지는 모르겠지만 과거의 잘못된 행위에 대해 사과를 하는 것은 매우 중요하다. 그런데 이것은 쉽지 않은 일이다. 우격다짐형이 미안하다는 말을 하는 것에 익숙해지도록 하기 위해서, 그가 화해하려고 하는 사람의 역을 맡아서 역할연기를 해보게 하라. 아마 사과를 받아야 하는 사람들의 명단이 길 것이다. 따라서 당연히 그는 많은 연습을 해야 할 것이다. 늘 첫 번째 단계가 가장 힘든 법이다. 일괄적으로 사과를 한다고 해서 모든 상처가 치유되지는 않을 것이지만, 그것은 필수적인 첫 번째 단계다.

물론 궁극적인 목표는 우격다짐형이 처음부터 다른 사람에게 피해를 입히지 않도록 하는 것이다. 이러한 목표를 달성하기 위해서 그가 언제 타인을 공격하는지 제대로 인식해야 한다. 즉, 어떤 근육이 긴장되고 어떤 생각이 머릿속을 스칠 때 공격본능이 일어나는지 알면, 자기 자신을 제어할 수 있다. 어쩌면 회의를 하는 동안 잠시 휴식을 취하거나 어떤 사람과 대화중에 걸어야 할 전화가 기억난 것처럼 뜬금 없을 수도 있다. 그러나 이러한 단순한 방법들은 실제로 효과가 있다.

우격다짐형과 첫 대면을 할 때는 강력하고도 직접적일 필요가 있다. 또한 그의 행동을 관찰한 후 가능한 한 빨리 그를 대면하는 것이 중요하다. 그가 자신의 외적 행동을 생생하게 기억하고 있을 때 이를 지적한다면 그는 내적 단서를 인식하기 시작할 것이다. 이것은 모든 나쁜 습관에도 해당된다. 범죄현장의 단서와 같이 사람들의 기억은 빠르게 사라진다. 따라서 어떤 사람에게 발생한 일을 재구성하려고 할 때 시간이 흐르면 흐를수록 효과는 적어진다. 영웅형과 마찬가지로, 그의 행동을 모니터할 사람으로 아예 시작 단계에서 의견일치를 보는 것이 좋다. 만약 그가 행동을 변화시키고자 하는 의지를 보인다면 그는 사람들을 압박하지 않고 길을 찾을 수 있을 것이다.

비관형

비관형은 최고의 의도만을 가지고 있는 사람들이다. 그들의 목표는 조직이 분별없는 변화 때문에 당할 불이익을 막는 데 있다. 그런데 문제는 모든 변화가 잘못되었다고 생각한다는 점이다.

비관형이 걱정하는 것들이 때로는 옳은 경우도 있다. 그들의 걱정은 다른 사람들이 과거에 저질러놓은 잘못을 알고 있는 데서 나온다. 그러나 비관형들은 대부분 단지 이런 이유로 창의성을 억누르고 생산적인 기회를 차단한다. 그들은 또한 실수를 사전에 방지하려고 모든 사람을 지켜보며 세세한 사항까지 관리하는 경향이 있다.

그들은 또 잘못되거나 부적절한 행동으로 창피를 당하지 않을까 하는 두려움에 사로잡혀 행동한다. 그리고 창피함을 회피하려는 경향은 조직 문화 전반에 걸쳐 내부적으로 퍼져나가 혁신을 추구하고 위험을 감수하는 회사의 능력에 끔찍한 결과를 초래할 수 있다.

다행히도 비관형의 부정적인 태도를 변화시킬 수 있는 방법들이 있다. 먼저 비관형의 사람들에게 당신이 변화를 위한 제안을 하고자 그의 입장에서 조심스럽게 검토하고 있다고 이야기하라. 이러한 입장을 취하면 당신은 어느 특정한 주도적 조치 때문에 빚어지는 무의미한 논쟁을 피할 수 있다. 그런 다음 늑대와 양치기소년의 이솝우화처럼 그의 경고가 점차로 효과가 없어지고 있다는 것을 지적하라. 더 나아가서 그들이 집단의 구성원들에게 똑같은 우려를 불러일으키고 있다는 것을 다음과 같이 강조하라. "그들은 걱정할 필요가 없으며, 마음속의 우려를 드러낼 필요가 없다. 그들은 그러한 역할을 당신에게 위임했기 때문이다." 여기서 전하고자 하는 메시지는 이렇다. "걱정을 하는 것은 좋다. 그러나 중요한 것은 당신이 불안해함으로써 현 상태를 유지하는 것 이상의 결과가 초래된다는 것이다. 건설적인 접근이 필요하다."

비관형의 걱정을 좀 더 효과적인 도구로 바꿀 수 있는 한 가지 방법은 위험을 평가할 수 있는 방법을 가르쳐주는 것이다. 비관형은 변화의 긍정적인 측면을 무시할 뿐만 아니라 아무 일도 하지 않음으로써 발생하는 부정적 측면도 고려하지 못한다. 비관형에게 앞으로 변화추진 노력을 제안할 때에는 2×2 매트릭스를 그려서 변화추진의 장단점뿐만 아니라 아무 일도 하지 않음으로써 야기되는 장단점을 살펴볼 것을 요청하라. 변화추진 노력을 이처럼 체계적으로 검토하는 방법을 일상화하면 비관형은 위험분석을 좀 더 객관적으로 할 수 있을 것이다.

마지막 단계로 비관형에게 한 가지를 제외한 모든 위험에서 보호해주겠다는 제안을 할 수 있다. 다음 사례를 살펴보자. 어느 상업은행의 경영자는 매번 부정적인 말을 하는 직원을 도와주려고 앞에서 언급한 바와 같이 말했다. 경영자는 그 직원에게 다음과 같이 말했다. "우리가 고객에게 대출을 해줄 때 어느 정도의 위험은 감수해야 한다. 그것이 바로 우리가 이자를 받는 이유다." 그는 직원에게 다음과 같은 말을 통해 위험을 새로운 관점에서 볼 수 있도록 도와주었다. "만약 당신이 새로운 일을 시도해서 실패한다면, 내가 비난을 감수할 것이다. 당신이 새로운 일을 시도해서 성공한다면 당신이 영예를 얻을 것이다. 그러나 만약 위험을 감수하기를 거부하거나 좋은 아이디어를 가지고 있는 다른 사람들을 방해한다면, 당신에게 책임을 물을 것이다." 이후 비관형의 직원은 그의 말이 담고 있는 의미를 깨닫고 위험을 좀 더 분명하게 살펴보는 법을 배우게 되었다.

체스 게임에서 비긴다는 것은 목표가 될 수 없다. 목표는 상대방을 향해 장군을 외치는 것이다. 비관형은 이기기 위해서 게임을 하는 것이지 비기기 위해서 게임을 하는 것이 아니라는 점을 이해해야 한다. 오늘날의 세계에서는 무승부란 없다.

반항형

10대 청소년들은 반항의 표시로 펑키 스타일의 옷을 입고 보기에도 끔찍한 머리모양을 한다. 직장의 반항형들도 현 상태에 무조건적으로 반항한다는 점에서 매우 상투적일 수 있다. 비록 스스로는 혁명가라고 착각하지만 시스템에 대해 그들이 보이는 저항의 대부분은 단순한 불평 그 이상 그 이하도 아니다. 그들은 자신을 귀찮게 하는 것들을 변화시키려는 행동을 거의 취하지 않는다.

반항형은 쉽게 알아볼 수 있다. 그들은 회의에서 언제나 부적절한 질문을 하고, 회사의 경영에 대해 끊임없이 조롱하며, 중요한 변화의 배후에 있는 동기에 대해 공개적으로 의문을 제기하기도 한다. 그들의 모습은 딜버트 만화에 도배질되고 있으며, 회사 규칙에 순응하는 것은 그저 말일 뿐 마음에서 우러나와 하는 행동은 아니다. 요컨대 반항형들은 직원들 사기에 충분히 위협을 가할 수 있다. 만약 그들이 회사의 소중한 인재라면 그들의 행동을 고치려고 노력할 필요가 있다.

반항형들이 가장 즐기는 것은 줄다리기 게임이다. 따라서 당신이 취할 수 있는 첫 번째 방법은 그러한 게임을 거절하는 것이다. 화를 내지 말고 그들이 제기하는 자극적인 언사에 대응하지 말라. 그런 다음 그가 자신의 부정적인 행동 패턴을 깨뜨리는 데 도움이 될 수 있는 2가지 접근방식을 사용하라.

첫 번째는 그에게 다른 사람들의 협력이 없으면 해내기 어려운 과제를 책임지도록 하는 것이다. 그를 야유하는 관중석에서 빼내 무대에 세워서 주목을 받게 한다. 흥미롭고 중요한 프로젝트를 맡는 기회는 본질적으로 뇌물이 되는 셈이다. 어떤 반항형들은 그러한 제안을 받아들일 것이다. 어떤 반항형들은 완강하게 거부할 것이다. 이 경우에는 두 번째 방식을 택하라.

먼저 중립적인 어조로 사전경고 없이 그에게 회사를 그만두는 것을 어떻게 생각하는지 물어보라. 그가 충격을 받으면 단도직입적으로 얘기하라. 당신은 항상 어려운 일을 시킨다고 불평불만을 터뜨려왔고 좌절하는 모습을 보였으며 조직을 헐뜯는 것처럼 보였기 때문에 물어보았다고 말이다. 만약 그가 "아니다. 그렇게 말한 적이 전혀 없다. 농담을 했을 뿐이다"라고 대답한다면, 강한 어조로 다음과 같이 말해두는 것이 좋다. "그 말을 받아들이지 못하겠다. 그리고 당신이 하는 말은 다른 사람에게 해를 끼치고 집단의 사기를 해치고 있다. 앞으로는 어떠한 경우라도 그러한 행동을 해서는 안 된다."

그러고 나서 다음 단계로 넘어가라. "좀 더 얘기해보자. 당신은 이곳의 많은 부분이 바뀌어야 한다고 생각하는 것 같다. 사실인가?" 그는 몇 가지 긍정적인 대답을 할 것이다. 그 시점에서 문제를 제기하라. "당신은 지금 우리집 세 살짜리 아이처럼 반항적이다. 내가 해야 할 일은 당신이 해서는 안 되는 일을 못하게 하는 것인데, 그럼에도 당신은 말을 듣지 않는다. 그 반대의 경우도 마찬가지다. 당신이 '정권'의 비생산적인 부분을 바꾸려고 투쟁하고자 한다면, 진짜 게릴라처럼 제대로 하고 싶은가? 아니면 멋진 연설을 한 후 해고자 명단에 포함되어서 쫓겨나고 싶은가?"

후자의 방법은 호소력이 없는 대안이기 때문에, 이제 당신은 반항형이 변화의 진정한 리더가 되도록 도와줄 수 있다. 그에게 부여할 첫 번째 과제는 1~2주일 정도 문화인류학자의 역할을 맡아서 조직문화의 모든 미묘한 부분을 파악하도록 하는 것이다.

예를 들면, 사람들은 어떻게 옷을 입고 서로 이야기를 나누는가, 사람들은 개인 생활을 얼마나 많이 드러내는가, 어떤 방식으로 집단을 형성하는가, 공식 의사결정은 어떻게 이루어지는가, 누가 비공식적 파워와 영향력을 가지고 있는가 등이다. 그 기간이 지나면 문서를 제출하라고 요구해야 한다.

일단 반항형이 그러한 정보를 수집하고 나면 다음과 같은 질문을 하라. "만약 당신이 독재자에 저항해서 격렬히 투쟁하는 진정한 혁명가라면, 그와 맞서 싸울 것인가 아니면 굴복할 것인가?" 그 답은 분명하다. 따라서 그에게 논리적인 결론을 요구하라. "당신은 선택을 할 수 있다. 당신은 여기서 일을 변화시키기 위해 노력하거나 당신의 과거 패턴을 따라서 단지 남을 자극만 할 수 있다. 만약 후자를 선택한다면 당신의 경력은 심각한 위기에 직면할 것이고 조직 내에서 당신의 영향력은 미비할 것이다. 당신이 옳다고 믿기 때문에 나는 당신이 올바른 선택을 하기를 바란다. 이곳은 완벽하지 않은 곳이며, 이곳을 개선하는 데 우리는 당신과 같은 사람이 필요하다."

어느 규모가 큰 보험회사에 채용되었던 샬럿이라는 젊은 여성 관리자의 이야기는 우리가 말하고 싶은 핵심을 잘 보여주고 있다. 그녀는 고위 경영진이 일반 직원을 대하는 강압적인 태도에 매우 놀랐다. 이러한 태도에 대한 그녀의 반응은 다른 관리자보다 훨씬 더 캐주얼하게 옷을 입고 일선 직원들과 점심을 같이 먹는 식으로 기존의 질서를 무시하는 것이었다. 상사가 그런 그녀의 행동을 지적하자 샬럿은 오히려 더 회사의 문화를 바꿀 필요가 있다고 생각했다. 그리고 그녀는 그것을 해냈다. 자신의 불만을 표현하기보다는 동료들에게 훌륭한 태도를 직접 보여주었다. 그러나 궁극적으로 그녀는 변화가 너무 느리게 진행됨을 깨닫고 다른 업종으로 옮기고 말았다.

회사와 자신의 경력에 진정으로 관심을 갖는 반항형이라면 이 점을 충분히 이해했을 것이다. 단지 비판을 위한 비판을 하기보다는 건설적인 비판과 더 나은 회사를 만들기 위해 노력을 기울일 것이다. 반항형은 하루 아침에 변하지는 않을 것이다. 당신은 당분간 그와 빈번한 미팅을 가져서 상황을 주의 깊게 관찰해야 한다. 그에 따른 이익은 그만큼 가치가 있을 것이다.

홈런타자형

홈런타자형은 자신이 친 공이 외야 담장을 넘어갈 때 들려오는 관중의 함성을 언제나 상상하는 사람이다. 비즈니스 용어로 말하면 그는 매우 유망한 닷컴 기업의 창업자로서 『포춘』의 커버인물로 나오는 것을 상상하거나 최고의 고객을 낚아 올려 기록적으로 짧은 시간 내에 자신이 파트너가 되어 있는 모습을 상상한다. 다시 야구로 되돌아가서 보면, 문제는 홈런타자형이 스트라이크아웃을 당할 가능성이 상당히 높다는 것이다. 그는 팀의 성적에 도움을 주는 안타나 포볼을 위해 배팅을 하기보다는 담장을 넘기기 위해 큰 스윙을 한다. 간단히 말해, 홈런타자형은 매우 큰 것을 최단기간에 이루기를 원한다.

홈런타자형의 상사는 2가지 메시지를 전달할 필요가 있다. 첫째, 그의 추진력과 야망 그리고 자신감에 대해 감사하라. 둘째, 상사는 가능한 한 빨리 그러나 꾸준히 발전하는 모습을 보여주기를 원한다는 것이다.

물론 그의 능력이 의심스러워 붙잡아두고 있지 않다는 점을 그에게 명확히 인식시켜야 한다. 사실, 당신은 그가 매우 성공적이고 올바른 방향으로 가고 있다는 것을 알고 있다. 물론 그는 최고가 되기를 원한다. 그것은 높은 성취욕을 가진 사람들에게는 자연스러운 현상일 뿐이다. 그러나 당신은 그가 치료 프로그램을 잘 따라준다면 그 이상의 성과를 달성할 것이라는 점을 잘 알고 있다.

다음 단계는 치료 프로그램이 무엇인지를 설명하는 것이다. 프로그램을 따르면 해외에서 시간을 보내거나 특정 고객들과 함께 좀 더 많이 일을 하거나 회사의 웹 도입 추진 노력에 참여할 수 있다. 그가 갈망하는 직위에 있는 사람들을 대상으로 그들이 어떤 경력을 통해 그곳에 오르게 되었는지를 설명해주는 것이 유용할 것이다.

홈런타자형은 자신이 결코 성공하지 못할 거라고 걱정하며, 최고가 되기 위해 기울인 엄청난 노력을 제대로 평가받고 있지 않다고 느낀다. 따라서 그들 경력의 발전 속도에 대해 종종 대화를 나누고 커다란 성취뿐만 아니라 작은 성취에 대해서도 자주 칭찬해주는 것이 중요하다. 당신이 할 수 있는 이러한 행동들은 시간만 좀 더 주어진다면 그들이 큰 경기에서 제몫을 할 것이라는 확신을 심어주는 데 도움이 될 것이다.

소프트웨어 엔지니어인 존은 그의 야망과 감정을 자제하지 못하는 성격 때문에 잘못된 선택의 길로 들어서고 있었다. 결국 그는 현재 다니고 있는 회사를 그만둘 결심을 하기에 이르렀다. 하지만 우리는 그것이 현명하지 못한 선택이라고 생각했다. 그래서 그에게 자신의 관심사를 상사에게 직접 털어놓고 발전평가 모임을 더 자주 가지는 것이 어떻겠느냐고 권유했다. 상사와의 미팅을 통해서 존은 좀 더 폭넓은 시야를 얻을 수 있었다. 이에 따라 그는 상사 역시 그의 성공을 위해서 노력하고 있다는 것을 알게 되었다. 과거에는 자신의 경력경로를 시각화하는 능력이 부족했다. 그러나 맡은 일의 가치를 새롭게 인식하게 되자 회사에 남아 있기로 결정했다.

심리적 결함을 함께 관리하라

지식경제에서 훌륭한 관리자들은 직원들의 잠재력을 극대화하기 위해 심리학자처럼 생각해야 한다. 물론 사람들의 마음속 깊은 곳에 있는 심리적 문제들을 고쳐야 할 필요도 없고 그러한 시도도 할 필요는 없다. 관리자로서 당신의 궁극적인 관심은 그들의 행동과 결과에 있다. 우리가 이 장에서 권고한 방법들이 모든 상황에 적용될 수는 없다. 왜냐하면 어떤 사람들은 변화를 진정으로 원하지 않고, 또 어떤 사람들은 조직 내에서 자기 자신을 너무 많이 손상시켰기 때문에 구제할 수 없는 수준인 경우도 있기 때문이다. 그러나 이러한 방법들은 뛰어난 성과를 올리기는 하지만 심리적 결함을 지닌 직원을 자기 자신과 회사에 기여하는 직원으로 바꾸는 데 도움을 줄 수 있다.

:: 노력을 기울일 만한 가치가 있는가?

결함이 있는 사람에게 그의 나쁜 습관을 고치도록 도움을 주기 전에 먼저 한 가지 중요한 결정을 내릴 필요가 있다. 즉, 그는 노력을 기울일 만한 가치가 있는 사람인가? 다시 말해 그를 도와줄 것인가 아니면 그를 버릴 것인가?

이 질문에 대한 답을 얻기 위해 몇 가지 예상되는 결과를 살펴보자. 최상의 경우와 최악의 경우에 해당되는 시나리오는 결과가 분명하다. 그러나 가장 가능성이 높은 결과는 그가 당신의 암시를 받아들여서 변화를 위한 노력을 기울이기는 하지만 문제행동을 결코 억제하지 못할 것이라는 점이다. 그렇다면 '만족할 만한' 기준은 무엇인가? 당신의 마음에 드는 비용수익 비율의 지점은 어느 수준인가? 만약 완벽한 수준을 기대한다면 모든 경우 실패할 것이라는 점을 염두에 두어라.

또한 당신은 직원들의 변화에 도움을 줄 수 있는 적임자인지 자신에게 물어볼 필요가 있다. 어느 직원에게서 한 가지 행동 패턴을 파악한다 해도 그것을 다루는 데는 불편할 수도 있을 것이다. 어쩌면 당신은 그럴 시간이 없거나 에너지를 가지고 있지 않을 수도 있고 직원이 멀리 떨어져서 일을 하고 있을지도 모르기 때문이다. 어떤 경우든 당신은 인적자원 부서나 매우 경험이 많은 기업 심리전문가 또는 경영자 상담가에게 도움을 받을 수 있다.

만약 혼자서 이 일을 하고 싶다면 첫 미팅 계획을 면밀하게 세워야 한다. 상황을 철저하게 토론할 수 있도록 스케줄을 잡아라. 주제를 충분히 탐색할 시간이 없다면 공개적으로 드러내서 다루어서는 안 된다.

뛰어난 성과를 올리는 당신의 직원이 특정 행동 패턴을 나타내고 있다고 확신할 수 있는 근거를 분명하게 표명하는 것이 중요하다. 미팅을 하기 전에 기록을 하여 구체적이고 직접적으로 다룰 수 있도록 하라. 생생하고 구체적인 증거가 가장 좋다. 예를 들어 "돈과 회의를 하는 도중에 그가 당신의 계획에 대해 우려되는 사항을 설명할 때 당신은 중간에 여러 번 끼어들어 그의 말을 중단시켰다." 또는 "나는 당신에게 테레사와 마주 앉아 그녀의 업무량을 논의하라고 했는데, 당신은 한 번도 그렇게 한 적이 없었다. 당신은 그녀에게 계속 과중한 업무를 부여했다." 또한 당신은 개인이 행동을 바꾸도록 도움을 주기 위해 몇 가지 구체적인 아이디어를 제안해야 할 것이다. 이러한 아이디어는 대화 도중에 튀어나오거나 수정될 수도 있을 것이다. 중요한 것은 출발점을 가지는 것이다. 마지막으로, 첫 회의 직후 다음 회의 시간을 정하라. 대략 일주일 후가 좋을 것이다. 누군가의 행동 패턴을 변화시키기 위해 노력하는 것은 한 번으로 끝날 수 있는 일이 아니다. 나쁜 습관은 여러 해에 걸쳐 나타나며 하룻밤 사이에 변화될 수 없다는 사실을 기억하라.

8

채용보다 어려운 인재 유지 전략

티모시 버틀러
Timothy Butler

제임스 왈드롭
James Waldroop

인재를 채용하는 일도 어렵지만 그들을 붙잡아두는 일은 더 어렵다. MBA 프로그램을 마치고 나온 많은 고급인력들은 좋은 교육을 받은데다 성취 지향적이어서 어떤 직무를 맡든 성공적으로 해낸다. 하지만 그들은 어느 순간 회사에 계속 머무를 것인가 하는 문제에 봉착한다. 저명한 경력개발 전문가인 티모시 버틀러와 제임스 왈드롭의 주장에 따르면, 사람들은 직무가 그들의 내면에 깊이 뿌리박힌 관심사들, 즉 오랫동안 유지되어온 감정적인 열정과 맞아떨어질 때에만 회사에 계속 머무른다고 한다. 저자들은 사람들이 직업을 선택하는 8가지 서로 다른 삶의 흥미를 파악하고, 사람들을 진정으로 행복하게 만드는 활동과 조화를 이루도록 하기 위해 사람과 직무를 결합하는 기술인 직무재구성이라는 개념을 소개하고 있다.

관리자들은 직무재구성에 대해 특별 훈련을 받을 필요는 없지만, 직원들이 직무에 대해 좋다거나 싫다고 이야기할 때 이를 주의 깊게 경청할 필요가 있다. 일단 관리자와 직원들이 내면 깊이 뿌리박힌 삶의 관심사들에 대해 논의하면(이상적으로는 이것이 직원의 성과를 검토하는 동안에 이루어지는 것이 좋다), 앞으로 맡게 될 업무를 개인의 가치관과 흥미에 맞게 배치할 수 있다. 어떤 경우 이것은 기존에 맡고 있는 책임에 단지 다른 업무를 덧붙이는 것을 의미할 수도 있다. 어떤 경우에는 전혀 새로운 직책을 부여할 필요도 있을 것이다.

기술은 다양한 방향으로 확장될 수 있다. 그러나 개인이 가진 기술이 개인의 내면 깊이 뿌리박힌 관심사들과 조화되는 방향으로 향하지 않는다면, 직원은 만족하지 못해 열의를 보이지 않을 것이다. 그리고 이러한 일은 기업의 가장 중요한 자산이 사람이 가진 지식과 에너지 그리고 충성심을 위협하는 일일 뿐이다.

업무에 흥미를 느끼지 못하는 직원들

마크는 웨스트코스트 은행에서 3년간 일해온 스타급 직원이었다. 그는 일류 경영대학원에서 MBA를 취득했으며, 탁월한 계량분석가이자 숙련된 대출담당 직원으로 두드러진 활약을 보였다. 그는 높은 급여를 받았으며, 고위경영자들은 그를 곧 승진시킬 계획이었다. 따라서 그가 회사를 그만두는 것을 심각하게 고려 중이라고 생각한 사람은 아무도 없었다.

경영자들은 좋은 사람을 채용하는 일도 어렵지만 그들을 붙잡아두는 일은 더 어렵다는 것을 잘 알고 있다. 사실 대부분의 경영자들은 큰 환영을 받으면서 회사에 들어와 몇 년 간 엄청난 기여를 하다가 어느 날 갑자기 떠나버린 직원을 한두 명 정도는 겪어보았을 것이다. 이러한 퇴사를 두고 사람들은 대부분 다음과 같은 말로 넘겨버린다. "그녀는 분명 거절할 수 없는 제안을 받았을 거야." 혹은 "요즘에는 한 회사에 오래 근무하는 사람이 없다니까."

지난 12년에 걸쳐 우리가 수행한 연구결과, 직장에서 아주 다른 역동성이 빈번하게 나타나고 있음을 알 수 있었다. 고위경영자들이 직무만족의 심리를 이해하지 못하기 때문에 많은 유능한 전문가들이 직장을 떠나고 있다. 즉, 고위경영자들은 사람들이 뛰어난 성과를 올리면 언제나 일에 만족할 것이라고 생각한다. 논리적으로는 맞는 말이지만 사실 뛰어난 기량이 항상 직무만족을 반영하거나 직무만족을 가져다주지는 않는다. MBA 프로그램을 마치고 나온 많은 고급인력들은 좋은 교육을 받은데다 성취 지향적이어서 거의 모든 직무에서 성공한다. 하지만 그들은 어느 순간이 되면 회사에 계속 머무를 것인가 말 것인가 고민한다.

그들은 직무가 그들의 내면에 깊이 뿌리박힌 삶의 관심사들과 맞아떨어지는 경우에만 회사에 계속 머무른다. 흥미는 오페라나 스키 등의 취미도 아니고 중국 역사, 주식시장, 해양학과 같은 특정 주제에 대한 열정도 아니다. 그보다 내면 깊이 뿌리박힌 관심사들은 오랫동안 유지되어온 감정적인 열정으로서 성격과 복잡하게 얽혀 있으며 천성과 후천적인 교육이 뒤섞인 상태에서 생겨난 것이다. 그리고 이것은 어떤 사람이 유능한지를 결정해주지 않는다. 이러한 관심사들과 흥미는 사람들을 행복하게 만드는 활동이 어떤 것인지를 결정하는 원동력이다. 직장에서는 이러한 행복이 종종 헌신으로 표현된다. 행복감은 일에 몰두하게 만들며 퇴사를 막는다.

우리는 연구결과, 사람들을 직장으로 끌어들이는 8가지 내면 깊이 뿌리박힌 삶의 흥미를 발견하였다('8가지 흥미 유형' 참조). 삶에 대한 흥미는 어린 시절부터 나타나기 시작하며, 비록 인생의 여러 시점에서 다른 방식으로 표출되기는 하지만 인생 전반에 걸쳐 비교적 안정적으로 유지된다. 예를 들어, 새로운 것을 만들거나 일을 새로 시작하는 것과 같이 창작에 대해 깊은 관심과 흥미를 가진 어린이는 소설이나 연극 시나리오를 쓰는 일에 끌릴 수도 있다. 10대의 관심사는 기계적 장치를 고안하는 취미를 통해서 표현되거나 고교 시절에 과외활동으로 운동이나 문학잡지를 읽는 것으로 표현된다. 성인이 되었을 때 창작에 대한 흥미는 창업가나 설계기술자가 되고자 하는 동기로 표출된다. 심지어 이것은 또다시 소설에 대한 관심으로 나타나 영화 제작하는 일을 직업으로 선택하기도 한다.

이러한 흥미를 뜨거운 지하수의 저수지라고 생각해보자. 지하수는 지표면으로 올라와 어떤 곳에서는 온천이 되고 다른 곳에서는 간헐천이 되기도 한다. 그러나 지표면 밑(개인의 핵심)에서는 저수지가 끊임없이 끓고 있다. 내면 깊이 뿌리박힌 흥미는 개인이 직장이나 직업을 바꾸어야 하는 경우에도 언제나 표출된다.

직무재구성이란 사람과 직무를 결합시켜 내면 깊이 뿌리박힌 흥미를 나타낼 수 있게 해주는 기술이다. 이것은 개인 각각에 맞는 경력경로를 다듬어주는 기술로, 인재를 붙잡아줄 가능성을 높여준다. 실수를 해서는 안 된다. 직무재구성은 매우 어려운 일이며, 이를 위해서 경영자는 탐정뿐만 아니라 심리학자 역할까지 담당해야 한다. 그 이유는 무엇인가? 많은 사람이 내면 깊이 뿌리박힌 자신만의 흥미를 아주 어렴풋하게 인식하고 있기 때문이다. 사람들은 자신에 대한 다른 사람들의 기대를 충족하느라 일생을 보내고 있을 수도 있고 "당신이 잘하는 것을 하라"는 가장 흔한 조언을 따르며 삶을 보내고 있을 수도 있다.

우리는 대학에서 전공한 화학지식을 기초로 노력해서 의사가 된 어느 여성을 알고 있다. 그녀는 신경과 전문의로 크게 성공했으나 42세에 의사를 그만두고 보육원을 열었다. 그녀는 아이들을 사랑했으며, 자기가 어디에 진정 흥미를 느끼고 있는지를 상담과 개인지도 과정에서 알게 되었다. 그리고 무엇보다 중요한 것은 그녀 또한 기업의 전체 운영을 책임지고자 하는 욕망, 즉 기업통제에 대한 마음의 이끌림을 따랐다는 것이다. 오랜 시간이 지나서야 비로소 그녀는 삶의 흥미를 깨달았다.

다른 사람들은 저항이 가장 적은 길을 택했기 때문에 자신의 내면 깊이 뿌리박힌 삶의 흥미가 어떤 것인지 알지 못한다. 즉 "나의 아버지가 변호사였다"는 식이다. 또는 인생의 결정적 시점에서 얼마나 많은 직업적 선택안들이 있었는지 전혀 인식하지 못하기도 했다. 대부분의 대졸 상급자들과 신참 MBA 출신 직원들은 바다에 점점이 박혀 있는 수많은 섬들을 제대로 알지도 못한 채 직업의 항해를 시작한다. 그리고 마지막으로 어떤 사람들은 금전적 보상이나 지위에 대한 유혹에 넘어가기 때문에 결국에는 잘못된 직업을 갖게 된다. 이유를 불문하고 많은 사람이 적어도 중년에 이를 때까지는 자신이 원하는 일이 어떤 것인지를 전혀 알지 못한다('능력, 가치, 흥미의 상관관계' 참조).

웨스트코스트 은행의 유능한 대출담당 직원인 마크의 이야기로 되돌아가자. 마크는 샌프란시스코에서 태어났으며, 의사였던 아버지와 어머니는 아들이 전문직업인으로 성공하기를 바랐다. 고등학교 때 그의 성적은 전부 A였다. 그는 프린스턴 대학교에서 경제학을 전공했다. 졸업하자마자 그는 유명 경영컨설팅 회사에서 일하기 시작했는데, 그곳에서 뛰어난 기량을 보여주었다. 그러나 그는 곧 컨설팅 회사를 그만두고 유명 경영대학원을 다닌 후 다시 은행에 취직했다. 은행은 그의 가족이 살고 있는 곳과 가까운 곳에 있었으며, 은행의 규모나 성장속도로 보아 승진 기회가 많을 것이라고 그는 생각했다.

마크는 예상대로 은행에서 담당하는 업무마다 능력을 발휘했다. 그는 모든 업무를 깔끔하게 처리했다. 그러나 시간이 흐를수록 그의 불만은 점점 더 쌓여갔다. 그는 매사 이론적이고 전략적으로 사고했기 때문이다. 대학을 졸업한 후에, 그는 학문연구 쪽으로 진로를 정하고 싶었지만 부모의 반대로 뜻을 이루지 못했다. 사실 마크 내면에 깊이 뿌리박힌 삶의 흥미는 이론 개발과 개념적 사고였다. 그는 자신이 맡은 대출업무를 훌륭히 수행했지만, 결코 그 일들을 좋아하지는 않았다.

마크나 은행 모두에게 다행스러운 일은 그가 회사를 그만두기 전에 어떤 종류의 일에 진정으로 흥미를 가지고 있는지 발견할 수 있었다는 것이다. 직업상담가의 조언을 받은 그는 자신의 흥미에 맞는 일이 무엇이고 그 일이 현재 맡고 있는 직무와 어떻게 다른지를 알게 되었다. 마크는 이러한 통찰력을 사용하여 신규 시장개발 분야에서 자신의 내면에 깊이 뿌리박힌 흥미와 조화를 이룰 수 있는 일이 무엇인지 알게 되었다. 마크가 현재 맡고 있는 업무는 경쟁분석과 전략수립이다. 그는 발전을 거듭하고 있으며, 그가 노력할수록 은행도 큰 이익을 얻고 있다.

표준화된 인력 배치의 문제

관리자는 직원들이 직무에서 발군의 기량을 발휘하면 그 자체로 만족할 것이라고 생각하기 때문에 직원들의 경력개발과 인재 확보에 실패한다. 그러나 경력개발이 잘못되는 또 다른 이유가 있다. 첫째는 직무를 배치하는 방식에 문제가 많으며, 둘째는 경력개발의 책임이 인적자원 부서로 넘어가는 경우가 많다는 사실이다.

예를 들어 대부분의 사람들은 18개월마다 새로운 업무를 배정받듯이 사전에 정해진 일정에 따라 회사 내에서 승진하거나 또는 회사 내 다른 자리가 비어 있을 때 승진한다. 어느 경우든 관리자는 사람들을 뒤섞어야 한다. 만약 8월 1일자로 6명의 직원에게 새 업무를 할당하는 계획을 세워야 한다면, 관리자는 사람과 직무를 서로 짝지어야 하는데 이때 능력을 기준으로 하는 것이 보통이다. "누가 어떤 일을 가장 잘할 것인가?"라고 관리자는 자신에게 질문을 던질 것이다. 이와 마찬가지로, 어느 자리가 비어 있어서 곧바로 채워야 할 필요가 있을 때 관리자는 이렇게 질문을 던질 것이다. "이 직무를 수행하는 데 필요한 기술은 무엇인가? 누가 그 기술을 가지고 있으며 가장 빨리 개발할 가능성이 높은가?"

때로는 사람들이 원하기 때문에 조직 내에서 승진하기도 한다. 예를 들어 재능이 뛰어난 직원은 현재 하고 있는 일에서 더 이상 발전을 기대할 수 없기 때문에 새로운 역할을 원한다고 상사에게 알릴 수도 있다. 이때 전형적인 관리자라면 그 직원의 능력을 검토하고 조직 내에서 그의 능력을 적용할 수 있는 자리를 찾으려고 노력할 것이다. 하지만 이 노력은 직무를 약간 확대한 것뿐이다.

확장된 업무는 내면 깊이 뿌리박힌 흥미를 다루는 데 거의 도움이 되지 않는다. 투자관리 회사에서 조사보조원 역할을 훌륭히 수행하던 사람을 신용분석가 역할로 자신의 기술을 확장하여 계속 성공한 후에 고정소득 포트폴리오 관리자의 직책으로 이동시킬 수는 있을 것이다. 그러나 그의 뿌리 깊은 흥미가 사람들을 관리하는 데 있다면 어떻게 될 것인가? 또는 조사보도에 흥미를 느끼는 최신 뉴스 담당 기자에게 관리업무를 확장시켜 맡긴다면 어떻게 될 것인가?

기술은 다양한 방향으로 확장될 수 있다. 그러나 개인이 가진 기술이 내면 깊이 뿌리박힌 삶의 관심사들과 조화되지 않는다면 직원은 불만족스러워 열의를 보이지 않을 것이다. 이러한 상황에서, 직원은 자신의 불행을 통상적으로 상사나 조직의 탓으로 돌린다. 예를 들어 그들은 조직의 문화가 잘못되었다고 생각할 것이다. 이러한 종류의 사고방식은 종종 다른 회사를 두리번거리며 지금의 회사를 떠나는 일을 반복함으로써 생기는 '이주치료migration cure'의 원인이 되는데, 직업 불안의 뿌리를 파악해서 제대로 다루지 못했기 때문에 결국 계속 불만족을 느끼게 된다. 우리가 상담했던 첨단기술 산업의 어느 관리자는 세 군데나 회사를 옮겨 다닌 후에야 자신에게 필요한 것은 회사를 바꾸는 일이 아니라 업무를 바꾸는 일이라는 것을 깨달았다. 그는 관리자가 되기를 원한 적이 한 번도 없었지만, 더 많은 급여와 지위가 보장되기 때문에 관리자로 승진하는 것에 동의하였다. 하지만 그가 진정 원했던 것은 복잡한 기계와 장치를 설계하는 일이었다. 그는 또다시 엔지니어가 되기를 원했다.

이 이야기에서 우리는 경력개발이 잘못 다루어지는 두 번째 이유를 알 수 있다. 그 엔지니어는 원래는 인적자원 부서의 제안에 따라 관리자로 승진되었다. 일반적으로 경력개발 업무를 인적자원 부서에 넘기면 문제가 발생한다는 것을 우리는 알 수 있다.

많은 인적자원 담당 관리자들은 MBTI와 같은 표준화된 검사를 활용해 경력개발 문제를 해결하려고 노력한다. MBTI나 그와 비슷한 다른 검사들에는 잘못된 것이 없다. 실제로 이러한 검사들은 팀이 자체의 역동성을 이해할 때 사용하면 매우 유용하다. 그러나 성격유형이 경력개발의 기초가 되어서는 안 된다. 어떤 인적자원 담당 관리자들은 삶의 흥미를 이해하기 위해 SII검사를 사용하기도 하는데, 이는 좀 더 나은 방법이기는 하지만 너무 일반적이라는 데 문제가 있다. 흥미검사는 해군하사가 되고 싶다거나 발레리나가 되고 싶은 사람에게는 도움이 되지만, "나는 기업에서 일하고 싶다. 정확히 어떤 일이 나에게 가장 좋은가?"라고 말하는 사람들에게는 거의 도움이 되지 못한다.

　인적자원 부서에서 경력개발을 다룰 때 생길 수 있는 더 큰 문제는 관리자를 경력개발 과정에서 배제시킨다는 점이다. 일반적으로는 경력개발 그리고 구체적으로는 직무재구성을 위해서는 부하와 상사가 지속적으로 대화를 나누어야 한다. 어떤 경우에도 이를 다른 부서에 맡겨서는 안 된다. 이 경우 인적자원 부서는 관리자를 경력개발자로 훈련하고 지원하는 데 가치를 부가할 수 있다.

다양한 직무재구성 기법

　직무재구성은 관리자가 직원의 내면 깊이 뿌리박힌 삶의 흥미를 파악하는 데서 시작된다. 부하직원이 느끼는 삶의 흥미는 때로는 분명하게 보이기도 한다. 그들은 어떤 일에는 흥분하지만 어떤 일은 싫어한다. 그러나 관리자가 면밀하게 조사하고 관찰해야 하는 경우가 더 많다.

　어느 관리자들은 직무재구성을 위해서 자신들이 심리학자가 되어야 하는 게 아니냐고 걱정하기도 한다. 그러나 걱정하지 않아도 된다. 그들이 훌륭한 관리자라면 이미 직관적으로 심리학자 역할을 하고 있다. 관리자는 직원들의 동기를 유발하는 심리상태에 적극 관심을 가져야 한다. 관리자는 직원들의 경력을 구축하는 데 도움을 주며 재능이 뛰어난 인재를 붙잡기 위해 어떤 노력과 수고도 마다하지 않겠다는 의지를 공개적으로 표명해야 한다.

　덧붙여 말하면 새로 직원을 채용할 때 직무재구성을 외부에 맡길 수도 있다. 이렇게 하면 특별한 이익을 얻을 수 있다. 우리는 지난 20년 동안 매년 수천 명의 새로운 전문직업인들이 채용되는 것을 보았다. 새로 채용된 MBA들이 가장 중요히 여기는 것은 돈이 아니라 '경력 관리'다.

최근의 채용 기간 동안, 월스트리트에 있는 어느 기업의 기업주는 경력개발에 대한 약속을 강조하여 경쟁사에 비해 많은 이익을 보았다. 그 기업의 경영자들은 전문직 사원들이 자신의 경력을 생각하고 관리하도록 도움을 주기 위해 관심과 열의를 가지고 있다는 것을 설명하였다. 많은 취업 대학생들이 그 기업을 선택했을 때 핵심 요소로 작용한 것이 바로 이 점이라고 열거했다.

관리자가 직무재구성을 약속했다면 당연히 실천에 옮겨야 한다. 하지만 어떻게 할 것인가? 할당업무에 변화를 줄 때마다 직무재구성의 기회가 있다. 예를 들어 계량분석에 흥미를 지닌 판매원에게 판매업무를 계속 수행하면서 제품 마케팅 관리자나 시장조사분석가와 함께 일하는 새로운 임무를 줄 수도 있을 것이다. 또는 '언어와 아이디어를 통한 영향력'에 흥미가 있는 엔지니어에게는 엔지니어로서의 일차적 역할을 계속 유지하도록 하면서 마케팅 커뮤니케이션 담당 직원들이 판매 보조자료나 사용자 매뉴얼을 설계하도록 도움을 주는 과제를 부여할 수도 있을 것이다.

그러나 이렇게 땜질식으로 업무를 끼워넣으면 정기적 성과검토를 통해서 직무를 재구성하는 것만큼 효과적이지 않다는 것을 발견했다. 효과적인 성과검토에서는 과거의 실적과 미래의 계획을 논의하는 데 시간을 쏟는다. 성과검토에서 직무재구성을 화제로 삼을 때는 체계적으로 다루어야 한다. 이렇게 하면 경력이 잘못 다루어질 가능성은 최소화될 것이다.

그렇다면 관리자는 직무재구성에 관해 특별 훈련을 받을 필요가 있는가? 물론 그렇지는 않지만 관리자는 직원이 직무에 대해 좋아하고 싫어하는 것을 이야기할 때 좀 더 주의 깊게 경청할 필요는 있다. 30명의 판매원을 관리하는 어느 제약 회사 경영자의 사례를 살펴보자. 성과검토에서 어느 여직원은 지난 해 자신이 가장 마음에 들었던 일이 새로운 사무실을 구하는 데 도움을 주고 임대관계를 협상했던 것이었다고 말했다. 그 직원은 "아주 즐거웠고, 그 일이 마음에 들었다"고 상사에게 말했다. 과거에는 경영자가 이러한 이야기에 거의 귀를 기울이지 않았다. 그것이 그 여직원의 판매 실적과 무슨 관계가 있는가? 그러나 그 경영자는 직무를 재구성하는 과정에서 그녀의 이야기를 경청했다. 그리고 "당신이 새 사무실을 찾는 일이 즐거웠던 이유는 무엇인가?" "그것은 당신이 매일 하는 일과 어떻게 다른가?"라는 질문을 통해 좀 더 깊이 파고들었다. 대화를 통해 얻은 것은 그 여직원이 현재 맡은 직무에 만족하지 못했고 싫증을 내고 있으며 회사를 떠날 생각을 하고 있었다는 것이다.

사실 그 여직원은 '언어와 아이디어를 통한 영향력' 및 '창작'과 관계가 있는 일을 갈망했던 것이다. 그녀가 맡은 판매업무는 전자를 포함하고 있었지만, 그녀의 창의력이 충분히 표현될 수 있었던 것은 그녀가 새로운 사무실의 입지와 설계 및 배치관계에 대해 생각할 기회를 가졌을 때뿐이었다. 경영자는 여직원을 본사로 옮겨 마케팅과 광고 자료를 설계하는 일을 맡도록 도와주었다.

성과검토를 하는 동안 주의 깊게 경청하고 구체적으로 질문하면 관리자는 직무를 재구성하는 일에서 직원에게 적극적인 역할을 맡도록 요구할 수 있다. 대부분의 기업에서는 직원이 성과검토를 위해 준비해야 할 사항으로 성취결과에 대한 평가, 다음 번 성과검토 기간 동안의 목표, 개발할 필요가 있는 기술 영역, 목표와 성장을 모두 달성하기 위한 계획 등이 포함된다.

성과검토를 하는 동안 이러한 평가와 상사의 평가를 비교하게 된다. 그러나 직원에게 경력 만족에 대해 개인적인 생각을 적어보라고 하면 어떤 일이 일어날 것인지 상상해보라. 자신이 좋아하는 일에 대해 몇 마디 작성하거나 자신이 맡은 직무에서 마음에 드는 활동을 기술했다면 어떻게 되는지 상상해보라.

많은 사람이 상사와 대화를 나누는 데 익숙하지 못한 것은 자신의 내면 깊이 뿌리박힌 삶의 흥미를 알지 못하기 때문이다. 따라서 처음에는 대화가 쉽게 이루어지지 않을 수 있다. 그러나 이러한 방식은 논의를 위한 훌륭한 출발점이 될 것이며, 궁극적으로는 단기적으로나 장기적으로 직원들이 일에서 자신이 원하는 바가 무엇인지를 분명하게 이야기할 수 있을 것이다. 그리고 이러한 정보는 직무재구성을 한층 더 효과적으로 만들 것이다.

일단 상사와 부하직원이 내면 깊이 뿌리박힌 삶의 흥미에 대해 대화를 나누면, 할당업무를 개인에 알맞게 구성할 단계를 만나게 된다. 부하직원이 자신이 수행하는 활동에서 작은 변화만을 요구하는 경우에는 새로운 책임을 덧붙여줄 수도 있다. 예를 들어, '상담과 개인지도'에 깊은 흥미를 가지고 있는 엔지니어에게는 신규 채용자 오리엔테이션 계획과 관리업무를 맡도록 요구할 수도 있다. '언어와 아이디어를 통한 영향력'에 깊은 흥미를 가진 물류관리자에게는 대학에 가서 채용업무를 맡도록 할 수도 있을 것이다. 여기서 목표는 직무를 즉각적이고 실질적으로 변화시켜 즉각적 만족을 주며 개인을 충분히 만족시키는 역할로 옮겨가도록 하는 과정을 시작하는 데 있다.

그러나 때로는 직무재구성을 위해서는 상당한 변화가 필요하다. 은행의 대출 담당자로서 불만을 가진 마크가 그 예다. 또 다른 사례는 월스트리트에 있는 선진 기업에서 스타급 산업분석가로 있는 캐롤린의 경우다. 그녀는 주식 발굴에 대한 복잡한 새로운 계량적 방식을 설계해서 활용하는 데 재능이 뛰어났다. 어느 사업 부문 관리자는 한때 이렇게 말한 적도 있다. "캐롤린은 우리 사업을 21세기 사업으로 만들었다." 같은 해에 그녀는 전체 그룹 내에서 100여 명의 재능이 아주 뛰어난 재무 전문가들 중 수익률 부문에서 2위를 차지했다. 지난 여러 해 동안, 고위경영자들은 급여인상과 후한 보너스를 지급하여 그녀의 회사에 대한 충성심을 확보하려고 애썼다. 그래서 그녀는 회사 내에서 가장 급여를 많이 받는 사람 가운데 한 명이 되었다.

그러나 캐롤린은 회사를 떠나고 싶어했다. 심지어는 회사 기준에 비추어 막대하게 급여를 인상받자 오히려 화를 내면서 친구에게 말했다. "회사가 하는 꼴이 이렇다니까. 돈을 퍼부어서 모든 문제를 해결할 수 있다고 생각하다니."

그녀는 분석과 수학을 좋아하기는 했지만, 조사팀의 의사결정과 방향에 좀 더 영향력을 미치고자 하는 강한 욕망을 지니고 있었다. 그녀는 어떤 사람을 채용해야 하는지, 팀을 어떻게 조직하고 일을 할당할 것인지 그리고 부서들이 서로 효과적으로 일하려면 어떻게 해야 하는지에 관해 분명한 의견을 가지고 있었다. 다시 말해, 그녀는 '기업통제' 및 '사람과 관계의 관리'라는 2가지 부문에 흥미를 가지고 있었다.

성과검토 과정에서 캐롤린은 자신의 꿈과 좌절을 상사에게 표명할 기회를 가졌다. 그녀와 상사는 그녀가 조사 조정관으로서 '선수 겸 코치' 역할을 하기로 함께 결론을 내렸다. 그녀는 여전히 분석가로서의 업무를 수행하지만, 더불어 여러 팀을 이끌고 지휘하며 채용과 승진에 대해 결정을 내리며 전략적 결정을 설정하는 데 도움을 주는 일을 담당하였다.

1년 뒤, 조사팀은 지금처럼 성과가 높은 적이 없었다는 데 동의했다.

직무재구성을 통해 회사는 분석가로서의 그녀의 탁월한 기술을 확보함은 물론 관리자가 되고 싶어하는 그녀의 욕망을 충족시켜주었다. 그러나 직무를 재구성할 때 회사 측에서 더 많은 희생을 치르는 경우가 종종 있다. 마크가 사업개발의 새로운 직무로 옮겨갔을 때 은행은 재능이 뛰어난 대출 담당자를 잃었다는 것을 기억하라. 때로는 직무재구성을 위해서는 장기적 이익을 얻기 위해 단기적으로 고통을 감수해야 할 필요가 있다.

마지막으로 직무를 재구성할 때 주의해야 할 사항을 살펴보자. 직무재구성을 위해서 직원이 싫어하는 직무의 일부를 제거할 필요가 있을 때, 이것은 또한 그것을 담당할 새로운 누군가를 찾아야 한다는 것을 의미한다. 충원 규모가 충분하다면 문제가 되지 않을 것이다. 어느 한 사람에게 흥미가 없는 일이 다른 사람에게는 이상적인 일이 될 수도 있기 때문이다. 그러나 남이 버린 일을 떠맡고자 하는 사람은 없을 것이다. 그리고 관리자는 직원이 원하거나 심지어는 필요로 하는 직무재구성을 달성할 방법이 전혀 없다는 것을 알게 될 때도 있다.

예를 들어 어느 엔지니어링 회사에는 '언어와 아이디어를 통한 영향력'에 흥미를 가진 개인을 만족시켜줄 활동이 없을 수도 있다. 이러한 경우, 관리자는 회사를 떠나려고 하는 인재를 상담해야 하는 난처한 입장에 처해질지도 모른다.

이러한 어려움에도 불구하고 직무재구성은 노력할 가치가 있다. 지식경제에서 회사의 가장 중요한 자산은 사람의 열정과 충성심이다. 이러한 지적 자본은 기계나 공장과는 달리 회사를 떠나기도 할 뿐만 아니라 경쟁사를 위해 일하기도 한다. 그럼에도 불구하고, 많은 관리자는 훌륭하게 수행하고 있지만 근본적으로는 흥미가 없는 직무에 재능 있는 직원들을 계속 머물게 함으로써 헌신성을 떨어뜨리고 있다. 이러한 점은 이해가 되지 않는다. 인재를 붙들어두기 위해서는, 먼저 직원들의 마음과 정신상태를 파악해야 한다. 그러고 난 후 관리자와 직원 모두에게 즐거움을 가져다주는 직무재구성에 착수해야 한다. 물론 이 일은 힘들지만 할 만한 가치가 있는 과업이다.

:: 8가지 흥미 유형

우리는 기업에서 일하는 대부분의 사람들이 내면 깊이 뿌리박힌 한두 가지 삶의 흥미, 즉 어떤 활동에 대해 오랫동안 유지되고 감정에 의해 추진되는 열정에 의해 동기부여 된다는 것을 발견하였다. 내면에 깊이 뿌리박힌 삶의 흥미는 취미나 열광과는 다르다. 이것은 성격과 복잡하게 얽혀 있는 선천적인 열정이다. 삶의 흥미는 우리가 무엇을 잘 하는지를 결정하지 않고 우리가 어떤 종류의 일을 좋아하는지를 결정한다.

내면 깊이 뿌리박힌 삶의 흥미의 종류와 중요성에 대해 우리가 내린 결론은 직업만족의 원동력에 대한 10여 년간의 연구에서 나왔다. 1986년, 우리는 광범위한 산업과 직능 분야에 종사하는 전문직업인들을 면접했을 뿐만 아니라 어떤 요인들이 직무만족을 초래하는가를 평가하기 위해 수많은 심리검사를 실시하였다. 그 후 12년에 걸쳐서 우리가 수집한 데이터베이스는 650명에 이르렀다.

연구결과는 인상적이었다. 우리가 사용한 여러 검사에 대한 척도들은 8개의 독립된 집단을 형성하였다. 다시 말해, 모든 업무는 8가지 유형의 핵심 활동으로 세분할 수 있었다. 우리는 각 집단에서 척도의 내용을 더욱 면밀하게 검토하고 이 정보를 면접 자료와 상담 경험에 서로 연결해서 소위 '사업 핵심기능' 모델을 개발하고 검증하였다. 이들 핵심기능은 내면 깊이 뿌리박힌 삶의 흥미가 업무에서 어떻게 표현되는지를 보여준다. 각각의 핵심기능을 요약하면 다음과 같다.

기술의 적용
실제로 엔지니어로 일하고 있거나 엔지니어로 훈련을 받은 경험과는 상관없이 기술의 적용에 흥미를 가진 사람들은 사물의 내부 작용에 호기심을 가지고 있다. 그들은 비즈니스 문제를 해결하기 위해 기술을 사용하는 더 나은 방법을 찾는 데 호기심을 가지고 있다. 우리는 암호를 해독하는 어려운 문제를 좋아해 회사에서 비공식적으로 컴퓨터 컨설턴트 역할을 수행하고 있는 어느 성공적인 자산관리자를 알고 있다. 그는 본연의 업무보다 이 일을 더 좋아한다. 기술의 적용에 흥미를 가진 사람들은 생산과 운영체제의 계획과 분석 그리고 비즈니스 프로세스 재설계와 같은 업무를 즐긴다.

기술의 적용에 강한 흥미를 가지고 있는 사람을 식별하는 일은 쉽다. 일반적으로 그들은 컴퓨터 과학이나 공학을 전공한 대학시절에 대해 이야기하기를 좋아한다. 그들은 소프트웨어 잡지나 매뉴얼을 재미로 읽는다. 그들은 회사에서 새로운 하드웨어를 도입할 때 흥분한다.

그러나 때로는 이들을 식별하는 기준이 모호한 경우도 있다. 기술의 적용에 흥미를 가진 사람들은 문제에 접근할 때 "이것을 분해하여 해결해보자"는 사고방식을 가지고 있다. 그리고 업무에 새로운 공정을 접할 때, 그들은 키를 꽂아서 운전하기보다는 덮개를 열고 그것이 어떻게 작동하는지를 더 알고 싶어한다. 간단히 말하면 기술의 적용에 흥미를 가진 사람들은 기술에 흥분하기 때문에 시계가 어떻게 작동하는지를 알고 싶어한다.

계량분석

어떤 사람들은 숫자에 유난히 밝을 뿐만 아니라 숫자를 잘 다룬다. 이들은 숫자야말로 기업을 이해하는 최선의 방법이라고 보며 심지어 유일한 방법이라고 본다. 이와 마찬가지로 그들은 현금흐름 분석, 투자성과 예측, 기업의 최적 자본구조 설계 등 다른 사람들이 단조롭고 고된 일이라고 생각하는 업무에 흥미를 느낀다. 또한 최적 생산일정을 결정하거나 회계절차를 수행하기 위해 컴퓨터 모델을 구축하는 일을 즐긴다.

계량분석을 좋아하는 사람들이라고 해서 이러한 흥미를 반영하는 일에 모두 종사하고 있는 것은 아니다. 사실 이들 중 많은 사람은 열정을 따르면 직업 전망의 폭이 좁아질 것이라는 이야기를 듣고 다른 종류의 업무에 종사한다. 보통 이러한 사람들은 놓치기가 쉬운데, 그들이 어떤 업무를 맡는가에 관계없이 숫자에 이끌리기 때문이다. 예를 들어, 급여 수준과 복리후생을 검토하고 관리자와 직원의 비율을 검토하여 조직을 분석하는 인력 관리 전문가를 살펴보자. 중점회의 집단의 주관적 결과에 비교하여 고객 조사자료를 분석하는 일을 좋아하는 마케팅 관리자는 아마도 계량분석에 흥미를 가진 사람일 것이다.

이론개발과 개념적 사고

어떤 사람들은 추상적인 아이디어를 생각하고 이야기하는 것을 즐거워한다. 마크를 살펴보자. 웨스트코스트 은행의 직원인 그는 전략적 구상을 할 기회를 가지지 못했기 때문에 자신이 맡은 업무에서 좌절하였다. 마크와 같이 이러한 유형의 흥미를 가진 사람들은 이론에 이끌린다. 그들은 '어떻게' 라는 방법보다는 '왜' 라는 전략적 이해에 더 흥미를 느낀다. 이러한 유형의 사람들은 특정 산업 내에서 이루어지는 경쟁을 설명하는 사업모델을 구축하거나 특정 시간 내에서 기업의 경쟁 위치를 분석하는 일에 흥미를 가진다.

우리가 수행한 연구에서 이러한 흥미를 가진 사람들은 종종 학문적인 직업을 선택했다. 일부 사람들은 이 분야에서 직업을 선택하지만 많은 사람은 그렇지 못하다.

이러한 흥미를 가진 사람들을 어떻게 파악할 수 있는가? 이들은 이론에 밝을 뿐만 아니라 추상적인 개념을 이야기하는 것을 즐긴다. 종종 이러한 유형의 사람들은 완전히 다른 차원에서 상황을 생각한다. 또한 이들은 학구적인 성향이 강해 정기간행물을 구독하는 경우가 많다.

창작

어떤 사람들은 알려진 것이 적고 할 수 있는 것이 적을 때 프로젝트를 시작하는 것을 즐긴다. 이들은 종종 상상력이 풍부하고 별난 생각을 하는 사람처럼 보인다. 그들은 브레인스토밍을 하거나 판에 박히지 않은 해결책을 창안할 때 가장 몰두하는 것처럼 보인다. 그들은 새로운 일을 맡았을 때 활발하게 행동한다. 왜냐하면 창작은 그들의 내면 깊이 뿌리박힌 주요 흥미 중 하나이기 때문이다. 제품이든 프로세스이든 독창적인 어떤 것을 만들어낸다.

우리는 연구를 통해 많은 창업가, 연구개발 분야의 과학자, 엔지니어들이 이러한 흥미를 가지고 있음을 알 수 있었다. 그들 가운데 많은 사람은 예술에 흥미를 느끼고 있지만 또한 다른 많은 사람은 그렇지 못하다. 우리가 알고 있는 어느 창업가는 예술에 거의 관심을 가지고 있지 않았다. 여러 해에 걸쳐 그는 종이봉투와 봉인테이프 제조에서 성공을 거두었다.

물론 기업의 세계에서는 이러한 흥미를 가진 사람들이 신제품 개발이나 광고와 같이 만족스러운 일을 찾을 수 있는 곳이 많다. 이러한 흥미를 가진 사람들은 엔터테인먼트와 같이 창의적인 산업에 끌리기도 한다. 그러나 우리가 알고 있는 어느 투자분석가와 같이, 다른 사람들은 기업 측면에서 '너무나 소프트하다' 고 느끼기 때문에 종종 이러한 흥미를 억제하기도 한다. 그들은 창작 업무는 일과 후에 하는 것이라고 생각한다. 관리자들에게 다행인 것은 이 유형에 속하는 사람들을 식별하기가 그다지 어렵지 않다는 것이다. 그들은 자신의 흥미를 기탄없이 드러낸다. 때로는 자유롭게 옷을 입기도 하지만, 사업이나 제품의 새로운 요소에 대해 이야기할 때에는 항상 열광한다. 종종 그들은 이미 확립된 것에 대해서는 그것이 이익이 많든 최신식이든 관계없이 거의 관심을 갖지 않는다.

상담과 개인지도

어떤 사람들에게는 가르치는 것보다 더 즐거운 일은 없다. 기업에서 이것은 일반적으로 코칭과 개인지도로 표현된다. 이들은 상담과 개인지도라는 내면 깊이 뿌리박힌 흥미에 의해 행동하며 직원과 동료 그리고 심지어는 고객까지도 지도하여 더 나은 성과를 얻으려고 한다. 이런 유형의 사람들은 높은 사회적 가치를 부여하는 제품이나 서비스를 제공하는 박물관, 학교, 병원과 같은 조직에 종종 이끌린다. 사람들은 많은 이유로 상담과 조언을 하기를 좋아한다. 어떤 사람들은 다른 사람이 성공할 때 만족을 얻는다. 또 어떤 사람은 자신이 타인에게 필요한 존재로 느끼는 것을 좋아한다. 이 유형의 사람들은 타인의 성장과 개선에 도움을 줄 수 있는 곳에서 일하는 것을 좋아한다. 예를 들어, 우리는 소비재 판매 회사에서 제품의 마케팅과 유통 계획을 책임지는 어느 브랜드 관리자를 알고 있다. 그는 매주 직원들을 일일이 만나서 성과에 대해 피드백하고 회사와 그들의 경력에 대해 지니는 의문에 대답해주는 데 열심히 시간을 보냈다. 그러나 업적검토 시기가 되었을 때, 브랜드 관리자의 상사는 상담과 조언을 하는 일이 기술적으로는 브랜드 관리자의 직무가 아니라고 말하면서 이에 대한 평가를 해주지 않았다. 그러나 그러한 일은 그가 좋아하는 부분이었다.

상담과 조언에 흥미를 가진 사람들은 그들의 일에 상담과 조언을 할 수 있는 기회가 포함된다면 자신을 알릴 수 있을 것이다. 그러나 이 범주에 속하는 많은 사람은 그러한 기회를 갖지 못한다. 특히 새로 입사한 MBA 출신들은 여러 해가 지나도록 다른 직원들을 지도하지 않도록 요구받는다. 그러나 취미나 봉사활동 차원에서 상담과 조언을 하는 사람들을 때때로 발견할 수 있다. 많은 사람은 형제자매결연조직이나 문맹퇴치 프로그램과 같은 지역사회 서비스에 참여하기도 한다. 이 유형의 사람들은 그들이 과거의 일을 이야기할 때 그들 밑에서 일한 사람들에 대해 그리고 현재 그들이 어디에 있는지에 대해 종종 이야기하기를 좋아한다는 사실로 쉽게 구별된다.

사람과 관계의 관리

타인을 상담하고 지도하는 일과 타인을 관리하는 일은 전혀 다른 일이다. 그들은 직장 내의 관계에서 많은 만족을 얻지만, 상담과 지도 범주에 속하는 사람들보다 일의 결과에 더 많은 관심을 집중한다. 즉, 이 유형은 타인이 성장하는 것을 지켜보는 것보다는 제품을 생산하든 판매를 하든 사업 목표를 달성하기 위해 타인과 함께 일하는 데 더 많은 관심을 둔다. 이러한 유형의 사람들이 현장관리직이나 판매업무에서 행복을 발견하는 이유는 바로 이 때문이다.

하버드 MBA 출신으로서 실리콘밸리에 있는 어느 인터넷 신생기업에 들어간 톰의 예를 살펴보자. 이것은 그의 모든 학교동료들이 선택했던 것이다. 톰은 학사학위를 가지고 있고 엔지니어링에서 일한 경험이 있다. 그는 새로 들어간 회사에서 기술 부문의 일을 맡았다. 톰에게는 부하직원도 고객도 없었으며, 다른 엔지니어들과 이야기를 나누고 프로토타입을 테스트하는 데 시간을 보냈다. 톰과 같은 배경을 가진 사람에게는 이러한 일이 더할 나위 없는 것이지만 사람과 관계를 관리하는 데 흥미가 있는 톰에게는 그렇지 못했다. 6개월이 지났을 때, 그는 회사를 그만두기로 결정했다. 그런데 톰이 막 회사를 그만두려고 했을 때 회사는 텍사스에 새로 설립한 공장을 운영하는 데 사람이 필요하다는 공고를 했다. 톰은 다행히 그 직무를 붙잡았다. 그 일은 300명의 직원을 이끌고 공급자와 빈번하게 협상하는 것이었다. 그는 5년이 지난 현재에도 그 일을 하고 있다. 사람들을 동기부여하고 조직하며 지휘하고자 하는 그의 욕구가 충족되었던 것이다.

기업통제

변호사인 사라는 어린 시절부터 줄곧 일을 운영하는 것을 좋아했다. 5세에 처음으로 레모네이드 판매점을 설립했으며 그녀보다 나이가 많은 오빠와 언니가 주스를 따르고 계산해주는 것을 싫어했다. 대신 오빠와 언니에게는 손님을 끌어들이는 일을 맡겼다. 10대 때는 뒤뜰에서 여름캠프를 운영했다. 그리고 대학에 다닐 때에는 학생자치회를 포함해 3개의 집단에서 회장을 맡았다. 사람들은 그녀가 통제광이라고 비난하지만,

그녀는 그들과 논쟁하지 않는다. 그녀는 최종적인 의사결정 권한을 가지고 있을 때가 가장 행복했다. 그녀는 일을 실현하는 책임을 질 때 만족감을 느낀다.

너무 많은 통제를 원하는 것은 자기 자신뿐만 아니라 조직에 유해할 수 있다. 그러나 어떤 사람들은 기업통제라는 내면 깊이 뿌리박힌 흥미 때문에 매우 건강하게 행동한다. 사람을 관리하는 것을 좋아하든 그렇지 않든 간에 이 유형의 사람들은 작업팀, 사업단위, 기업 사업 부문 또는 전체 조직이 나아갈 방향을 결정할 때 만족을 얻는다. 사라는 변호사라는 직업에서 그다지 행복을 느끼지 않았다. 대학교수이자 변호사였던 어머니의 간절한 부탁으로 변호사의 길을 선택했기 때문이다. 그러나 육아휴가에서 되돌아온 후에 변호사, 사무원 그리고 기타 직원을 포함하여 600명이나 있는 뉴욕 사무소를 운영하게 되자 그녀는 마침내 기업통제에 대한 자신의 흥미를 충족시킬 수 있었다.

사람들은 기업통제의 흥미를 조직에서 쉽게 발견할 수 있다. 그들은 프로젝트나 일을 운영할 때 가장 행복한 것처럼 보인다. 그들은 무역이나 영업과 같이 거래하는 행위를 즐긴다. 이들은 어떠한 작업 상황에서도 가능한 한 많은 책임을 요구하는 경향이 있다. 기업통제에 대한 진짜 흥미는 협상이나 전략에 대한 흥미다. 이 유형에 속하는 사람들은 최고운영관리자가 아닌 CEO가 되기를 원한다. 예를 들어, 투자 은행가들은 일상적인 운영업무를 관리하지만 기업통제에 강한 흥미를 나타내는 경우가 많다.

언어와 아이디어를 통한 영향력

어떤 사람들은 아이디어 그 자체를 사랑하지만, 어떤 사람들은 이야기를 하고 협상하며 설득하는 데서 나오는 순수한 즐거움을 얻기 위해 아이디어를 표현하는 것을 좋아한다. 이런 사람들은 언어와 아이디어를 통해 타인에게 영향력을 미치는 데 흥미를 가지는 사람들이다. 이들은 글을 쓰거나 말을 할 때 가장 만족을 느낀다.

이 범주에 속하는 사람들은 홍보나 광고 분야의 직업에 몰리지만, 말하기와 글쓰기가 직업이라기보다는 주로 기술로 간주되기 때문에 다른 곳에서도 많이 볼 수 있다. 그러나 어떤 사람들에게는 효과적인 의사소통이 단순한 기술 이상의 것이다. 즉, 효과적인 의사소통은 열정이다. 조직에서 이런 유형을 식별하는 한 가지 방법은 문서업무를 자원하는 사람이 누구인가를 눈여겨보는 것이다.

우리가 상담했던 사람 가운데 대형 컨설팅 회사에 입사한 어느 MBA 출신을 살펴보자.

이 컨설팅 회사에서 그녀는 산업의 동태적 흐름을 분석하는 표준 분석 업무를 3년간 수행해왔다. 어느 날 '상황을 문서로 보기를 좋아하는' 새로운 고객에게 제출할 보고서를 파트너 컨설턴트가 작성해야 한다는 이야기를 들은 그녀는 재빨리 자신이 그 일을 하겠다고 제안했다. 그녀가 작성한 보고서는 설득력이 뛰어나 그녀는 곧 회사의 보고서 작성 업무를 전담하게 되었다. 의사소통에 대해 그녀의 가슴 깊이 박혀 있는 흥미가 사내에서 충족되지 않았다면 그녀는 분명 다른 곳에서 그것을 모색했을지 모른다. 이러한 유형의 사람들은 말로써든 글로써든 또는 언어적이든 시각적이든 온갖 종류의 설득을 좋아한다. 그들은 청중에 대해 그리고 그들에게 이야기하는 최선의 방법에 대해 생각하기를 즐긴다. 그리고 그들은 회사 안팎에서 의사소통을 하는 데 시간을 보내는 것을 즐긴다.

엔터테인먼트 회사에서 전략기획의 관리자로 있는 어느 여성은 이렇게 말한다. "나는 우리가 발견한 결과를 CEO와 다른 임원들에게 어떻게 설득할 것인가에 대해 생각하는 데 적어도 내 시간의 75퍼센트를 사용한다." 이 관리자가 설득에 쏟는 정신적 에너지의 양은 바로 이 유형의 사람을 특징적으로 나타내고 있다. 우리가 앞에서 언급한 바와 같이 직원이 하나 이상의 흥미를 가지고 있다고 관리자가 느끼는 것은 보기 드문 일이 아니다. 충분히 가능한 일이다. 가장 보편적으로 발견되는 형태는 다음과 같다.

- **'사람과 관계의 관리'와 '기업통제'가 결합된 경우**
  이러한 유형의 사람들은 사업을 매일 운영하기를 원하면서도 사람을 관리하는 일에 도전을 하며 또한 이를 즐긴다.

- **'사람과 관계의 관리'와 '상담과 개인지도'가 결합된 경우**
  이러한 사람들은 궁극적으로 인간 지향적 전문가들이다. 서비스 관리 역할을 매우 좋아하며 고객과의 접촉이 많은 환경에서 일하는 것을 즐긴다.

- **'계량분석'과 '사람과 관계의 관리'가 결합된 경우**
  이러한 유형의 사람들은 금융이나 금융관련 직무를 좋아하지만, 또한 목표를 향해 사람들을 관리하는 데서 즐거움을 발견한다.

- '기업통제'와 '언어와 아이디어를 통한 영향력'이 결합된 경우

  이것은 영업을 좋아하는 사람들에게서 가장 흔히 나타나는 유형이다. '사람과 관계의 관리'에 대한 흥미는 또한 만족하는 세일즈맨들에게서 높게 나타난다. 이러한 결합은 또한 총책임자, 특히 카리스마 리더십을 지닌 사람들에게서 광범위하게 발견된다.

- '기술의 적용'과 '사람과 관계의 관리'가 결합된 경우

  엔지니어, 컴퓨터 과학자 그리고 팀을 이끄는 것을 좋아하는 기술 지향적 사람들이 여기에 속한다.

- '창작'과 '기업통제'가 결합된 경우

  이 유형은 창업가들 가운데서 가장 흔히 나타난다. 이들은 일을 시작하기를 원하며 프로젝트의 방향을 지시하기를 원한다. "내게 공을 주면 득점을 올리겠다"는 것이 그들의 신조다.

:: 능력, 가치, 흥미의 상관관계

지난 수십 년 동안 사람들을 직무에 만족하게 만드는 요인을 발견하기 위해 수많은 연구가 실시되었다. 연구들은 항상 능력, 가치, 삶의 흥미라는 3가지 변인에 초점을 두고 있다. 이 장에서는 삶의 흥미가 가장 중요하다고 주장하고 있다. 그렇다면 다른 두 변인은 어떤가? 능력과 가치는 중요하지 않은가? 이 질문에 대한 대답은 흥미보다는 덜 중요하다는 것이다.

기술과 경험, 지식을 의미하는 능력은 직원에게 할 수 있다는 자신감을 갖게 한다. 이것은 중요하다. 연구결과 자신이 무능하다는 생각은 생산성은 물론 창의성도 저해한다는 사실이 드러났다. 유능하면 취업에 도움이 되는 것은 분명하다. 하지만 그 효과는 대체로 일시적이다. 일을 잘하는 사람이라고 해서 반드시 일에 몰두하지는 않는다.

경력 만족의 맥락에서 볼 때 가치는 사람들이 추구하는 보상을 의미한다. 어떤 사람은

돈을 중요하게 여기고, 어떤 사람은 지적 도전을 원하며, 또 어떤 사람은 지위나 편안한 생활을 추구한다. 똑같은 능력과 흥미를 갖고 있더라도 가치에 따라서 다른 직업을 추구할 수 있다. 계량분석에서 뛰어나면서 이를 좋아하는 세 사람을 살펴보자. 한 사람은 지적 도전을 위해 재무관리 교수가 될 수도 있다. 다른 사람은 금전적 보상을 얻기 위해 월스트리트로 직행할 수도 있다. 또 다른 한 사람은 권력과 영향력의 욕구에 이끌려 CEO가 되는 길을 택할지도 모른다.

능력과 마찬가지로 가치도 중요하다. 실제로 사람들은 가치에 부합되지 않는 일은 하려고 하지 않는다. 여행을 싫어하는 사람은 경영컨설팅 회사에 취직하려 하지 않을 것이다. 재정적인 안정을 중시하는 사람은 독립 계약자의 직업을 택하려 하지 않을 것이다. 그러나 사람들은 흥미가 없는 일임에도 불구하고 능력이 있고 보상을 좋아하기 때문에 어떤 직업경로로 들어설 수 있다. 단기간의 성공을 거둔 후에 그들은 환상에서 깨어나 흥미를 잃고 그 일을 그만두거나 마지못해 일을 하게 된다.

삶의 흥미가 직업만족의 3가지 변인 가운데 가장 중요하다는 결론을 내린 이유는 바로 이 때문이다. 당신은 어떤 일을 잘할 수 있고 거기서 얻는 보상을 좋아할 수도 있다. 그러나 사람을 장기적으로 행복하게 만들고 만족하게 만드는 것은 삶의 흥미뿐이다. 그리고 바로 이것이 인재 확보의 관건이다.

| 출처 |

1장 Robert H. Waterman, Jr., Judith A. Waterman, and Betsy A. Collad, "Toward a Career-Resilient Workforce", *Harvard Business Review*, July-August 1994.

2장 Peter Cappelli, "A Market-Driven Approach to Retaining Talent", *Harvard Business Review*, January-February 2000.

3장 Claudio Fernández-Aróz, "Hiring Without Firing", *Harvard Business Review*, July-August 1999.

4장 Herminia Ibarra, "Making Partner: A Mentor's Guide to the Psychological Journey", *Harvard Business Review*, March-April 2000.

5장 Suzy Wetlaufer, "Who Wants to Manage a Millionaire?", *Harvard Business Review*, July-August 2000.

6장 Diane Coutu, "Too Old to Learn?", *Harvard Business Review*, November-December 2000.

7장 James Waldroop and Timothy Butler, "Managing Away Bad Habits", *Harvard Business Review*, September-October 2000.

8장 Timothy Butler and James Waldroop, "Job Sculpting: The Art of Retaining Your Best People", *Harvard Business Review*, September-October 1999.

| 주석 |

4장

1) Donald Gibson's, "Inspiration and Imagination: The Role of Composite Role Models in Organizations", Yale School of Management working Paper, A91, 1999.
2) Hazel Markus and Paula Nurius, "Possible Selves", *American Psychologist*, September 1986.

옮긴이 **이상욱**

현 조직혁신연구소 소장. 변화관리, 조직개발, 성과관리, 팀 리더십 개발, 팀 문제 해결 분야의 교육과 컨설팅 활동을 하고 있다. 역서로는 『닷컴에서 수익으로 e-Profit』『협상의 기술』『수익지대』『열정 컴퍼니』 등이 있다.

KI신서 1912
하버드비즈니스클래식

인재 확보 전략

1판 1쇄 인쇄 2008년 12월 19일
1판 1쇄 발행 2009년 1월 2일

지은이 로버트 워터맨 외　**옮긴이** 이상욱　**펴낸이** 김영곤　**펴낸곳** (주)북이십일 21세기북스
기획 엄영희　**편집** 윤영림　**디자인** 네오북　**마케팅** 주명석　**영업** 최창규 이종률 서재필
출판등록 2000년 5월 6일 제10-1965호
주소 (우413-756) 경기도 파주시 교하읍 문발리 파주출판단지 518-3
대표전화 031-955-2100　**팩스** 031-955-2151　**이메일** book21@book21.co.kr
홈페이지 www.book21.co.kr　**커뮤니티** cafe.naver.com/21cbook

값은 뒤표지에 있습니다.
ISBN 978-89-509-1649-7 13320
ISBN 978-89-509-1670-1 13320(세트)

이 책은 2002년에 발간된 『최고 인재 확보와 유지 전략』의 개정판입니다.

이 책 내용의 일부 또는 전부를 재사용하려면 반드시 (주)북이십일의 동의를 얻어야 합니다.
잘못 만들어진 책은 구입하신 서점에서 교환해 드립니다.